성창수
박명일
박주연
윤재승
조용국
전병훈

기술사업화로 비상하라!

꼭 알아야 할 기술사업화 바이블

TECHNOLOGY COMMERCIALIZATION

도서출판 청람

들 어 가 면 서

"기술사업화는 오늘날 국가 경쟁력을 좌우하는 핵심 요소입니다."

맞는 말입니다. 하지만 일상에서는 막연히 어렵게 느껴지고 실제로 기술사업화의 성공은 매우 어려운 일입니다. 그럼에도 불구하고, 기술사업화는 하루가 다르게 변화하는 세상에서 기술기반 창업을 꿈꾸고 도전하는 청년이라면 꼭 알아야 합니다.

본 교재는 미흡하지만, 기술기반 창업에 관심 있는 학생들과 청년 창업자들에게 기업가정신을 발현하여 '기술사업화' 의 실무 역량을 함양하고 '준비된 창업' 의 중요성을 인식하는데 작은 도움이 되고자 집필되었습니다.

본 교재가 출간되기까지 많은 분들께서 도움을 주셨습니다. 아낌없는 고언을 해주신 중앙대학교 김진수 교수님, KAIST 배중면 교수님, 숙명여자대학교 김규동 교수님, 국민대학교 김도현 교수님, 건국대학교 이철규 교수님, 한국산업기술대학교 고혁진 교수님, 삼성전자 남민우 부장님께 감사드립니다. 또한 기대와 격려를 보내주신 (사)한국엔젤투자협회 고영하 회장님, 동덕여자대학교 김익성 교수님, IOWA대학교 이호신 교수님, 중앙대학교 강병오 교수님, ㈜엔씨웍스 윤형보 대표님, ㈜르호봇 목영두 대표님, 배재대학교 한상국 교수님, 씨엔티테크(주) 전화성 대표님, 동국대학교 이의수 교수님, 이광근 교수님, 두일철 교수님, 이송현 교수님께 감사드립니다. 그리고 교재의 편집과 교정을 도와주신 동국대학교 일반대학원 기술창업학과 박사과정 최만규 선생님, 최대수 선생님, 정경희 선생님, 김지영 선생님, 최윤주 선생님, 석사과정 강만규 선생님, 경희대학교 박규영 선생님께 감사드립니다. 아울러 본 교재의 청년창업 사례를 제공해 준 성정학, 신준범, 나수현 외 창업가의 꿈에 도전하고 있는 사랑하는 제자들에게 응원의 박수를 보냅니다.

본 교재의 출간을 위해 적극적인 지원을 해주신 SK청년비상 프로젝트 관계자분들께 깊은 감사를 드립니다. 끝으로, 지금 이 순간에도 기술기반 창업을 꿈꾸고 도전하는 청년들에게 이 책을 바칩니다.

2016년 2월

대표저자 성 창 수

교신저자 박 명 일, 박 주 연, 윤 재 승, 조 용 국, 전 병 훈

독자들에게 전하는 말

기업가정신은 강의실에서 배워서 습득하는 지식역량이 아닌 기업가적 사고에 머무르지 않고 끊임없이 도전하는 활동을 통해 체득된다고 합니다. 성공을 꿈꾸는 청년이라면 학창시절에 꼭 한번 창업에 도전해보기를 바랍니다. 도전없는 성공은 없습니다. 본 교재가 작은 도움이 되기를 바랍니다.

– **성창수**, *동국대학교* –

준비되지 않는 창업으로 많은 기업들이 실패합니다. 특히 창업자가 경영자가 되기 위해서는 다양한 역량을 갖추어야 됩니다. 본 교재를 통해 창업자들이 훌륭한 경영자가 되는데 도움이 되었으면 합니다.

– **박명일**, *기술보증기금* –

본 교재의 기술사업화 과정을 따라해 보면서 기술사업화를 이해하고 기술사업화 분야에 관심을 가질 수 있는 계기가 되길 바랍니다.

– **박주연**, *연세대학교* –

흔히들 창업은 오케스트라와 같다고 합니다. 하나의 악기라도 부족하면 성공적인 음악이 연주될 수 없듯이 창업자가 기술, 지식재산법률, 금융, 마케팅 등을 두루 이해하고 있다면 그만큼 성공가능성이 높아질 것이 분명합니다. 본 교재가 창업의 필수요소들을 이해하는 데 분명히 도움이 될 것입니다.

– **윤재승**, *예준국제특허법률사무소* –

누구에게나 적용되는 성공공식은 없습니다. 끊임없는 고민과 시도로 나만의 길을 만들고 내 아이템에 최적화된 솔루션을 스스로 찾는 방법 외에는 없는 것 같습니다. 스스로 노력하는 분들에게 본 교재가 도움이 되길 바랄뿐입니다.

– **조용국**, *노스마운틴(주)* –

불안정한 취업시장으로 창업에 관심을 가지고 있는 학생들이 많아졌지만, 통계자료에 의하면 실제 창업성공률은 15%에 불과합니다. 아이템 선정이 성공창업의 중요한 요소이지만 나만의 아이템을 최적화하기 위해 체계적인 창업교육과 실전이 뒷받침되어야 합니다. 여러분들의 성공적인 창업을 위해서 본 교재가 도움이 되기를 바랍니다.

– **전병훈**, *동국대학교* –

PROLOGUE

본 교재의 개발목표 및 활용방법

◎ 최근 우리사회는 지식정보사회에서 ICT 융합기술사회로 급속한 패러다임의 변화를 맞이하고 있다. 이에 우리나라를 비롯한 세계 각국에서 국가 경쟁력 강화를 위해 기술혁신의 산물인 기술사업화에 대한 중요성을 인식하고 다양한 지원정책을 마련하고 있다. 대학에서도 보유기술의 사업화를 촉진하는 전담조직을 구성하여 활발한 산 · 학 · 연 협력 활동을 전개하고 있다. 또한 대학 창업문화 조성을 위한 창업 친화적 학사제도 구축 및 창업교육지원 체계를 마련하고 본격적으로 기술창업교육을 시작하고 있다.

◎ 본 교재는 기술기반 창업에 관심 있는 학생과 창업을 준비하는 창업동아리 및 초기 창업기업의 관점에서 아이디어 구현과 실제 비즈니스 환경을 연계한 실행 계획을 목표로 하였다. 이를 위해 사업계획서 작성부터 구체적인 실행 계획 수립에 이르기까지 기술사업화 전 과정을 학습하는 것을 목표로 집필되었다.

◎ 본 교재의 전체 집필진들은 대학 창업교육 경험을 보유한 전문가들로 구성되었다. 관련 전공 교수진, 현재 관련 업무를 공공 및 민간기관에서 전담하고 있는 전문가(변리사, 엑셀러레이터, 벤쳐캐피탈 투자자)로 구성하여 각 부문별 집필을 담당하였다. 또한 관련 분야 전문가들의 자문을 받고 진행하였다.

◎ 지금까지 창업교육의 기초 · 기본서인 기업가정신과 일반적인 창업실무 과정을 설명하는 다수의 교재가 출간되어 왔지만, 이에 비해 창업교육의 심화 · 실전과정인 기술사업화 관련 서적은 많지 않다. 대다수 기존 교재는 소수의 관련 전공 연구자 및 실무분야의 전문가 양성을 목적으로 출간되어 왔다. 기술사업화의 중요성에도 불구하고 실제 청년창업자들과 대학 창업교육현장에서 교수님들과 학부생들이 쉽게 이해하고 학습할 수 있는 수준의 교재는 부족한 실정이다.

◎ 본 교재는 학습자의 다양성을 고려하여 학습자를 A-트랙(기술창업을 준비하는 청년 창업자), B-트랙(기술사업화에 관심 있는 학부생)으로 구분하고 창업자 관점과 투자자(심사역) 관점에서 학습목표를 달성할 수 있도록 제시하였다. 특히, 모든 학습자들이 기술사업화를 전반적으로 이해하여 창업자 관점에서 아이디어 발굴과 전 주기 사업화 과정의 단계별 학습을 통해 실무적인 일을 할 수 있도록 자료를 제공하였다. 또한 기술창업 아이템을 분석하고, 사업타당성을 검증하여 투자여부를 결정하는 투자자 관점도 함께 서술하였다. 즉 기술창업 아이템을 보유한 기술창업자 관점과 기술사업화 투자자 관점의 균형 잡힌 시각으로 학습목표를 달성할 수 있도록 구성하였다.

학습대상		학습목표
트랙(A)	기술기반 창업동아리 참여 학생 및 청년창업자 (전공 + 학년 무관)	기술창업자 관점 학습 (실제 아이템 적용 → 창업자 실무역량 함양) → 기술창업 준비 및 창업자의 IR연계 실무역량 함양
트랙(B)	기술창업 및 사업화에 관심 있는 학부생 (공학 + 경영학 관련 전공 3, 4학년)	기술사업화 투자자 관점 학습 (가상 시뮬레이션 → 엑셀러레이터/VC 기본역량 함양) → 신제품 개발 및 기술사업화 과정 관심 있는 학생의 직무 역량 함양

◎ 본 교재에서 제시하는 통합 프레임워크는 전체 기술사업화 프로세스 모델을 기반으로 대학 창업 교육현장과 학습자를 고려하여 적용할 수 있도록 3단계로 구성하였다.

- 기술사업화 교과목(창업 강좌, 1학기, 15~16주)의 일반 수강생 및 창업동아리 참여 학생의 실무역량 향상을 목표로 전체 5부, 10장으로 내용을 구성하였다.

구체적으로 말하자면,

◎ **1부는 학습자가 기술 환경의 패러다임 변화 및 트렌드를 파악하고, 기술사업화의 기본 개념 및 전체 프로세스를 이해하는 것을 목표**로 한다.

대단원	중단원	학습목표
Part I. 기술사업화 이해	1장. 기술사업화 이해하기	1부에서는 기술사업화의 전반적인 개념 및 본 교재의 전체 구성에 관한 설명과 다음의 주제들로 구성됨 - 기술융합의 시대 - 기술과 사회적 패러다임의 변화 - 기술사업화 개념 및 특성 이해 - 기술사업화 전주기 과정을 4단계로 구성 아이디어 선별 → 아이디어 개발 → 시장 진입 → 기술창업 실행

1장은 기술사업화 이해하기 부문이다. '기술융합의 시대' 에서는 기술과 사회적 패러다임의 변화 및 미래기술융합 트렌드를 파악하고자 국내외 전문기관의 자료를 소개하였다. 또한 기술사업화의 개념과 전체 프로세스를 이해하기 위해 기술사업화 현황과 본 교재의 전체적인 구성 및 학습방법을 제시한다.

◎ **2부는 기술사업화 프로세스의 첫 번째 단계인 아이디어 선별**(Idea Screening) **단계**이다. 시장 적합성 조사와 기술타당성 분석으로 구성하였다. 시장, 고객, 비즈니스 모델에 대한 전반적인 이해와 확보 기술에 대한 체계적인 분석방법에 관한 이해를 목표로 구성한다.

대단원	중단원	학습목표
Part II. 아이디어 선별	2장. 시장적합성 조사하기 3장. 기술타당성 분석하기	2부 아이디어 선별단계는 다음의 주요 사항들로 구성됨 – 기술사전조사분석을 위한 기술예측방법 – 시장조사방법(KANO모델), 시장수요예측방법(페르미 추정) – 기술 타당성 분석을 위한 기술성 분석 및 평가 – 기술우위성 및 활용성 평가 – 사업 타당성 분석을 위한 사업역량 평가, 비즈니스 모델 적합성 평가, 시장 적합성 / 수익성 평가

▎**2장은 시장적합성 조사하기** 부문이다.

창업자 관점에서는 창업 아이템이 목표시장의 고객이 필요로 하는 가치를 제공하는지 조사 분석할 수 있는 방법을 습득하도록 한다. 새로운 분야의 사업을 구상하는 창업자들은 목표시장의 규모를 과대평가하는 오류를 범할 수 있으므로, 정확한 시장규모를 산정할 수 있는 수요예측 방법론을 학습한다. 또한 실제 사업화하려는 기술이 목표고객이 원하는 가치 있는 기술여부 및 사업화까지 연계할 수 있는 자원의 보유 유무를 판단할 수 있다.

투자자 관점에서는 창업 아이템이 고객 입장에서의 가치를 제공하고 있는지, 사업화를 하였을 때 충분한 사업성을 갖는 목표시장의 선정 방법을 학습한다. 창업자 관점의 이익보다 고객 관점의 가치판단 및 기술사업의 타당성 분석 여부를 판단할 수 있다.

3장은 기술타당성 분석하기 부문이다.

창업자 관점에서는 창업 아이템을 구현할 수 있는 기술을 확보할 수 있는지를 확인하고, 기존에 유사한 기술이 구현된 여부를 확인하는 역량을 갖출 수 있도록 한다. 또한 창업자가 사업화하려는 기술이 경쟁기술과 차별화되기 위해서는 어떻게 해야 하는지를 학습하고, 경쟁자를 효과적으로 차단할 수 있는 진입장벽 전략 등 명확한 수익모델을 갖춘 사업계획서를 작성할 수 있다.

투자자 관점에서는 창업기업이 실제로 기술을 구체화할 수 있는 역량을 확보하고 있는지, 기술적 차별화가 경쟁우위를 갖출 만큼 매력적인지 등을 판단할 수 있다. 또한 창업자가 제시하는 수익모델이 지속가능한지를 분석할 수 있다.

◎ **3부는 아이디어 개발(Go To Develop) 단계**이다. 창업자 관점으로 자체보유의 아이디어를 사업화한다면 고려해야 할 창의적 아이디어 발굴, 기술 구현, 시제품 개발까지 일련의 과정을 단계별로 학습한다. 또한 자체 보유기술이 부족하거나 아이템의 구현을 위해 필요 기술을 외부에서 확보할 때 내 기술 만들기를 가정하여 기술도입 및 제휴 등 일련의 과정을 이해하고, 창업기업의 보유기술과 사업아이템을 경쟁자로부터 보호하고 침해에 대응하기 위해 지적재산권을 보호하는 전략을 학습한다.

<table>
<tr><th>대단원</th><th>중단원</th><th>학습목표</th></tr>
<tr><td rowspan="3">Part III.
아이디어
개발</td><td>4장. 아이디어
구현하기</td><td rowspan="3">3부 아이디어 개발단계는 다음의 주요사항들로 구성됨
– 아이디어를 기술로, 시제품 개발 및 평가
– 기술(technology) & 기능(function)의 이해
– 기술보호 전략으로서 지식재산권
– 지식재산권 개념 및 유형
– 특허의 검색, 출원, 등록 전체과정 이해
– 외부기술 활용을 위한 공동 및 위탁연구
– 기술도입의 유형 및 절차
– 기술제휴, M&A 목적 및 유형</td></tr>
<tr><td>5장. 외부기술
활용하기</td></tr>
<tr><td>6장. 아이디어
보호하기</td></tr>
</table>

▎**4장은 기술 구현하기** 부문이다.

창업자 관점에서는 실제 글로벌 혁신기업에서 도입 적용하고 있는 고객관점의 디자인 사고 방법을 통해 아이디어를 구체화하고, 제품 · 서비스를 만들어 낼 수 있는 역량을 함양하도록 한다. 또한 린 프로세스 기법을 적용하여 빠르게 시제품을 만들고, 고객의 반응을 확인한 다음 다시 개선한 제품을 시장에 내놓는 패스트 프로토타입(Fast Prototyping) 방법을 학습한다.

투자자 관점에서는 실제 대다수 창업자가 오류를 범하는 기술과 기능의 명확한 이해여부 및 기술기반 창업기업의 보유 기술개발 역량 평가 및 기술개발 프로세스를 이해하고 판단할 수 있다.

▎**5장은 외부기술 활용하기** 부문이다.

창업자 관점에서는 대학 및 공공연구기관들이 보유한 기술들을 탐색 및 발굴하는 기법을 습득하고, 기술 도입에 필요한 다양한 방법과 절차를 이해함으로써 외부기관(대학과 출연연구소 및 민간기업)이 보유한 기술을 효과적으로 활용할 수 있다.

투자자 관점에서는 기술창업기업이 사업에 최적화된 외부기술을 효과적인 방법으로 도입하여 사업화를 추진여부를 판단할 수 있으며, 자체 기술로만 사업화를 추진하려는 기술창업기업에게 외부기술 활용 전략에 대한 컨설팅 역량을 함양할 수 있다.

▎**6장은 아이디어 보호하기** 부문이다.

창업자 관점에서는 기술사업화 대상기술관련 지식재산권 확보를 위해 선행특허조사에서 출원 및 등록까지의 일련의 과정을 이해하도록 한다. 기술사업화에 필요한 지식재산권의 활용 전문가팁과 사례학습을 통해 기술사업화에 필요한 지식재산권 전략을 이해한다. 또한 지식재산권으로 경쟁사에 대한 공격과 방어 전략을 학습하고 효과적인 대처방안을 수립할 수 있다.

투자자 관점에서는 창업기업의 기술 보유여부 및 기술보호를 위한 특허장벽 수립여부, 특허정보를 활용한 기술사업화 비즈니스 모델의 가치평가 및 성장가능성을 판단할 수 있다.

◎ **4부는 시장 진입(Go To Launch) 단계**이다. 본격적으로 시장에 출시하기 위해 보유 기술의 정확한 가치산정 방법, 시장과 커뮤니케이션할 수 있는 마케팅 기법 및 자금 확보 방안을 학습한다. 기술창업기업은 정확한 기술가치 평가를 통해 기술금융 활용 및 기술이전을 통한 다른 기업과의 협업가능성을 높이는 역량을 갖추게 된다. 또한 창업기업의 부족한 자원을 고려한 효과적인 기술마케팅 방안을 학습하고, 기술기반 창업기업의 지속가능한 성장을 위해 가장 중요한 부문인 기술금융을 활용하는 방안을 이해할 수 있다.

대단원	중단원	학습목표
Part IV. 시장 진입	7장. 기술가치 평가하기	4부 시장 진입 단계는 다음의 주요사항들로 구성됨 – 마케팅 vs. 기술마케팅, 기술PR – 기술마케팅 로드쇼 및 전략 이해 – 기술가치 평가의 이해 및 기술이전 방안 – 기술금융의 이해 및 활용방안
	8장. 기술마케팅 실행하기	
	9장. 기술금융 투자받기	

▎**7장은 기술가치 평가하기** 부문이다.

창업자 관점에서는 기술이전 전반에 대한 절차를 이해하고 기술이전 시 가장 이슈가 되는 기술가치금액 산출에 대한 이론과 사례를 학습한다. 실제 매출발생 이전단계인 초기 기술창업기업의 현실은 보유 기술가치에 대한 이해가 부족하다. 그러므로 기술가치평가의 목적과 이해를 통해 기술가치금액 산정 시 유리한 기법들을 활용할 수 있어야 한다.

투자자 관점에서는 기술가치평가의 대표적인 3가지 방법론들을 학습하고 각 방법론의 장단점 파악하여 기술가치평가를 타당하게 수행할 수 있다.

PROLOGUE

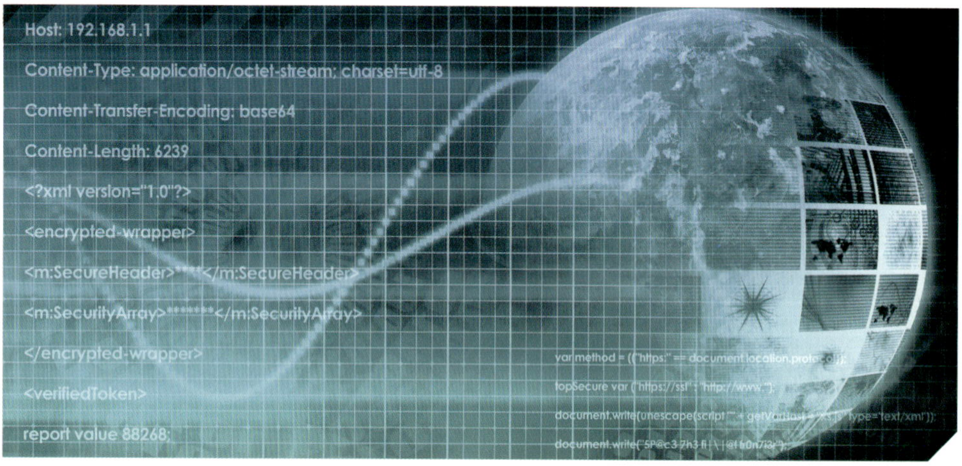

| 8장은 **기술마케팅 실행하기** 부문이다.

창업자 관점에서는 실제 사업화하려는 기술의 마케팅을 이해할 수 있다. 즉, 초기 창업기업의 자원의 한계를 고려한 마케팅 전략을 이해한다. 기술마케팅 로드쇼 사례학습과 다양한 기술마케팅 기법들을 학습하여 실전에 활용할 수 있는 지식을 습득할 수 있다.

투자자 관점에서는 기술창업기업의 기술마케팅 전략과 기법들의 이해를 통해 심사대상 기술창업기업들에게 최적화된 전략과 기법들을 판단하고 컨설팅할 수 있다.

| 9장은 **기술금융 투자받기** 부문이다.

창업자 관점에서는 다양한 금융지원제도의 장단점을 명확히 이해하고 사업화하려는 창업기업의 재무구조(현금흐름)를 이해하고 전반적인 사업 일정 계획 수립 및 투자 계획서를 작성해 볼 수 있다. 또한 자사에 적합한 잠재적인 전략적 투자자를 찾아 볼 수 있다.

투자자 관점에서는 창업기업의 소요예산과 자금조달계획에 대한 객관적인 평가 방식을 이해하고, 투자자로서 사업에 최초 투자자로 투자 의향 여부를 판단할 수 있다.

◎ **5부는 기술사업화의 마지막 단계인 기술창업 실습**(Action Learning) **단계**이다. 앞서 기술사업화 역량진단을 통해 9장까지 작성해왔던 사업계획서를 창업 실행계획서로 구체화하는 실습을 진행한다. 또한 투자자 관점의 실제 사업화 역량평가모델을 활용한 심사보고서를 작성할 수 있도록 구성하였다.

대단원	중단원	학습목표
Part V. 기술창업 실습	10장. 기술창업 따라하기	5부 창업실습 단계는 다음의 주요사항들로 구성됨 – 기술창업 진단 (시장성, 기술성, 사업성, 투자유치역량, 경영능력 평가) – 기술창업 실행을 위한 실제 기술사업 계획수립, 분야별 기술사업화 노하우 학습 – 기술창업 실무 (진단평가/사업실행계획서/심사보고서 작성 실무)

| 10장에서는 기술창업 실습 부문이다.

창업자 관점에서는 이전 단계의 전반적인 학습을 통해 실제 사업화하려는 창업 준비상태의 점검을 진단평가를 통해 실제 점검해 보고 기술사업화 역량과 투자유치 준비 역량을 확인할 수 있다. 특히 기업진단평가를 통해 현 단계에서의 취약점을 파악하고 이를 반영한 구체적인 사업 실행계획서를 작성해봄으로서 기술사업화의 성공가능성을 높일 수 있다.

투자자 관점에서는 기술창업기업의 기술사업화역량과 투자유치 준비역량을 확인함으로써 기술창업기업을 진단할 수 있다. 특히 두 가지 역량 평가를 통해 전반적인 기업 진단 및 최종 투자 판단 시 이를 적극적으로 활용할 수 있다.

CONTENTS

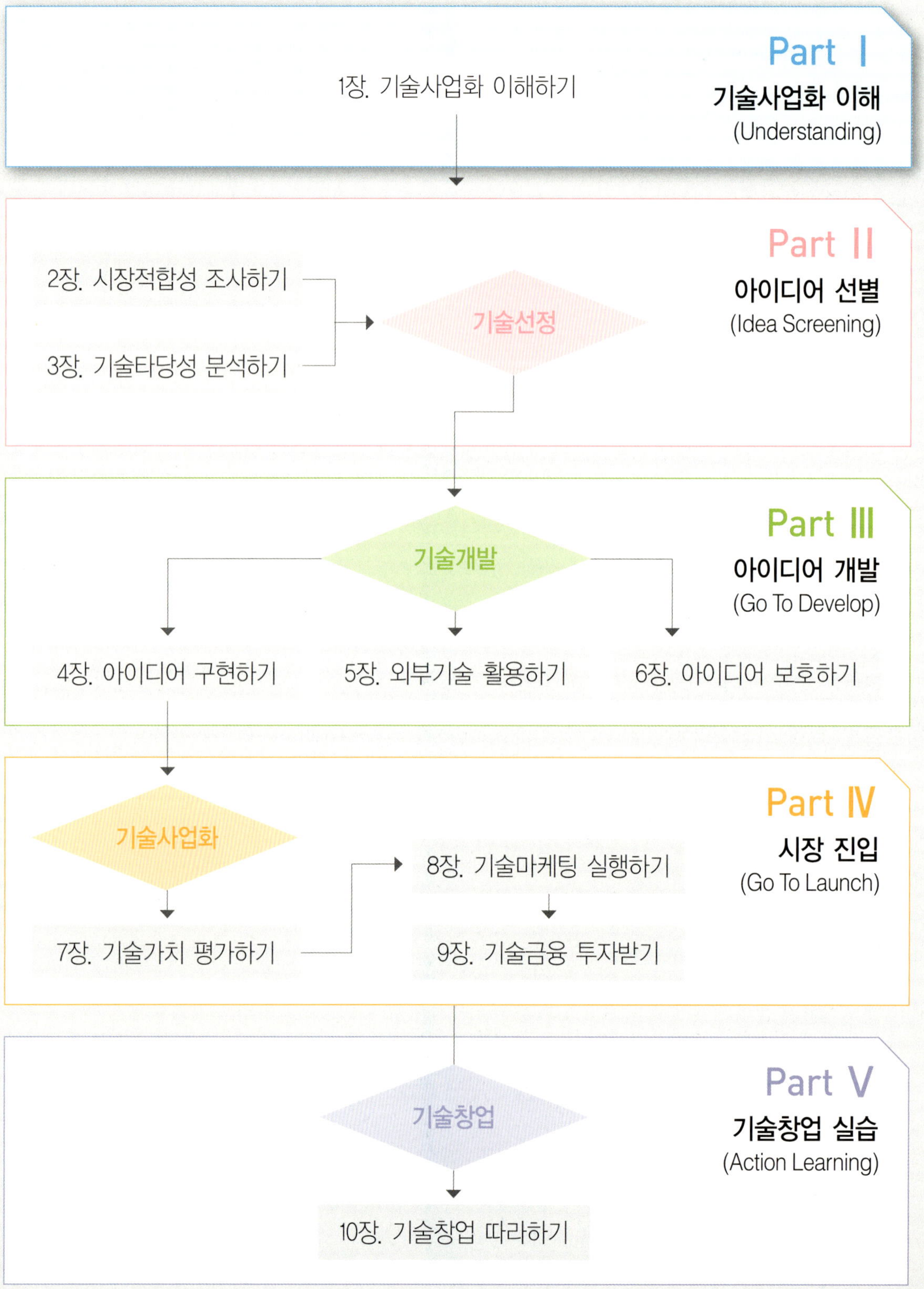
Part Ⅰ
기술사업화 이해
(Understanding)
1장. 기술사업화 이해하기
Part Ⅱ
아이디어 선별
(Idea Screening)
2장. 시장적합성 조사하기
3장. 기술타당성 분석하기
기술선정
Part Ⅲ
아이디어 개발
(Go To Develop)
기술개발
4장. 아이디어 구현하기
5장. 외부기술 활용하기
6장. 아이디어 보호하기
Part Ⅳ
시장 진입
(Go To Launch)
기술사업화
7장. 기술가치 평가하기
8장. 기술마케팅 실행하기
9장. 기술금융 투자받기
Part Ⅴ
기술창업 실습
(Action Learning)
기술창업
10장. 기술창업 따라하기

Understanding

기술사업화 이해

Part I

1장. 기술사업화 이해하기

Chapter 1

기술사업화 이해하기

학습목표 1

기술과 사회적 패러다임의 변화를 이해할 수 있다.

학습목표 2

기술융합의 시대에서 미래유망 기술트렌드를 전망할 수 있다.

학습목표 3

기술사업화의 개념과 중요성을 이해할 수 있다.

학습목표 4

기술사업화 학습프로세스를 이해할 수 있다.

Chapter 01

단원도입사례

기술(Technology)은 인류의 도약을 선도하는 혁신(Innovation)

기술은 더 이상 생활의 편리함을 추구하기 위한 도구가 아니다. 사회 전 영역에 걸쳐 새로운 형태로 다양하게 접목되어 변화를 일으키고 있다. 다시 말해 열악한 환경과 사회적 문제를 해결하려는 인간의 욕망에서 새로운 혁신적 기술이 창조되어 인간의 삶이 변화되고 향상되어 왔다. 이러한 기술의 변화는 사회적 패러다임이 변화할 수 있는 모태가 되었으며 정치, 경제, 문화 등의 연쇄적인 변화를 초래하였고, 오늘날에는 기술 간의 융합으로 진화되어 전반적인 혁신과 변화의 가속도를 높여가고 있다. 그 대표적인 것이 최근 언급되고 있는 '제4차 산업혁명 (the Fourth Industrial Revolution)' 이다.

2016년 다보스 세계경제포럼(WEF)의 주제이자 세계 지도자와 엘리트들의 관심 주제였던 제4차 산업혁명은, 로봇, 사물인터넷(IOT), 3D 프린팅, 드론, 자율주행차, 빅데이터, 인공지능 발전 등으로 대표되는 기술융합과 변화를 의미한다. 이러한 기술들은 개별 기술보다는 기존에 출현된 모든 기술을 활용한 새로운 기술융합의 결과물로, 생산성 향상과 비용을 절감시켜 인간의 삶의 질을 향상시켜 줄 수 있다. 그러나 일자리 감소, 사회적 불평등 심화 등 사회적 문제를 야기할 수도 있다.

제 1차 산업혁명 당시 1784년 영국에서 증기기관의 발명으로 수공업시대가 저물고 기계가 재화를 대량생산하는 기틀이 마련되었고, 제 2차 산업혁명 때에는 1900년 이후 미국을 비롯한 독일, 일본에서 전기 동력을 활용하여 대량생산체계가 구축되면서 분업화와 함께 생산성을 높이고 전기, 화학, 연소기관의 등장으로 가전제품과 함께 자동차, 항공기 등이 등장하였다. 제 3차 산업혁명은 1970년 이후 주요 선진국에서 시작된 컴퓨터 제어시스템에 의한 자동화로 설명할 수 있다. 그리고 제 4차 산업혁명은 사람, 제품, 설비가 연결되는 사물인터넷 혁명이 시작되는 것으로 말할 수 있다. 이렇게 새로운 기술이 제조 산업과 정보통신기술의 융합으로 폭발할 제 4차 산업혁명은 기술 혁신 에너지가 집약된 미래기술의 거대한 트렌드라 할 수 있다.

TECHNOLOGY COMMER-CIALIZATION
|기술사업화|

1.1. 기술융합의 시대

1.1.1. 기술과 사회적 패러다임의 변화

기술은 단순히 생활의 편의를 도모하는 도구로서의 기능만 있는 것이 아니다. 새로운 기술이 탄생하여 도입되면 사회 전 영역에 걸쳐 다양한 변화가 일어난다. 거시적으로 보면 인류 문명의 변화란 결국 기술의 변화라고 할 수 있다. 기술의 변화는 18세기 증기기관 발명에 의한 1차 산업혁명과 19세기 말 전기와 대량생산 시스템의 2차 산업혁명, 그리고 컴퓨터로 인한 정보화를 의미하는 3차 산업혁명을 일으켰다. 이러한 기술의 변화는 개인의 삶과 사회 전반적인 혁신에 큰 영향을 미치게 되었다.

생활에 유용한 무언가를 만들어내는 인간 활동을 기술의 개념으로 정의한 과거와 달리 현재의 기술은 도구나 기계 그리고 무형의 지식과 소프트웨어에 이르기까지 모든 영역으로 간주한다. 기술은 인간을 둘러싼 열악한 환경과 조건을 개선하고자 하는 인간의 욕망에서 나오는 것으로 인간은 새로운 기술을 창안하여 삶의 조건들을 변화시켜왔다.

새로운 기술의 등장은 인간의 삶을 변화시키고, 이 변화에 의해 더 큰 사회문화적 변화가 일어난다. 새롭게 창안된 기술은 정치, 경제, 사회, 문화 등 각 분야에 걸쳐 변화를 초래하였고, 서로 긴밀한 관련을 가지고 있는 사회 각 분야에는 연쇄적 변화가 일어났다. 그러나 기술의 발달로 인한 변화는 늘 긍정적인 변화로만 이어지는 것은 아니어서 인류의 삶에 부정적 상황을 초래하기도 하였다. 따라서 기술이 인류 사회에 긍정적으로 작용할 수 있는 방안들에 대하여 함께 고민할 필요가 있다.

1.1.2. 미래 유망기술 트렌드

현대 기술발전의 패러다임은 IT기술을 기반으로 하는 지식정보사회에서, 각기 다른 기술을 융합하여 사용자 중심의 새로운 가치를 창출하는 ICT 융합 사회로 진화하고 있다. 더 나아가 디지털 기기들이 네트워크로 연결되는 사물 인터넷(Internet of Things)을 넘어 만물 인터넷(Internet of Everything) 시대가 열리고 있다. 이른바 '4차 산업혁명의 시대' 가 도래하였다. 세계경제포럼의 크라우스 슈바브 회장은 4차 산업혁명은 산업과 경제, 고용, 사회, 정부의 형태까지 망라한 우리사회의 모든 것을 바꾸게 될 것이라고 전망한다. 이는 개인의 삶과 정치 경제, 사회 문화 전반에 걸쳐 기술융합 패러다임의 급속한 변화를 의미한다. 이러한 기술융합은 새로운 기술과 기존 제조업이 융합해 생산성과 효율성을 향상시키고 우리 삶의 질을 높여줄 것으로 기대되지만, 기계가 사람의 일을 대체함으로써 일자리 감소, 사회적 불평등 심화 등의 부정적 측면도 부각되고 있다. 이와 같이 과거와는 비교할 수 없을 정도로 더욱 빨라지고 있는 기술의 발전 상황을 예측하고 미래를 대비하는 전략수립은 국가적인 과업으로 기술창업의 중요성을 부각시키고 있다.

본 절에서는 앞으로 다가올 '기술융합의 시대' 를 맞이하여 국내외 대표적인 전문기관에서 전망하고 있는 핵심 트렌드를 살펴보고 우리사회의 변화를 주도할 미래 유망기술을 예측해 본다. 이러한 미래에 대한 고민은 새로운 기술의 출현 그 자체도 중요하지만 개인의 삶과 우리사회에 미치는 전반적인 영향을 파악하는 것으로 기술사업화를 통해 새로운 기술창업의 기회를 만들 수 있다.

/ 국내 전문기관

국내에서는 특허청, 한국과학기술기획평가원(KISTEP), 한국과학기술정보연구원(KISTI), 한국정보화진흥원(NIA) 등의 공공기관과 주로 대기업 등에서 운영하는 민간기관으로 구분할 수 있다. 공공기관은 기관별 특성에 따라 미래유망기술의 조사 및 선정에서 차이를 보이지만 중장기적으로 산업적 관점에서 국가연구개발사업의 정책방향을 결정하는 핵심이슈를 중심으로 트렌드를 선정하고 있다. 반면에 민간기관은 주로 단기간 내에 제품이나 서비스를 상용화할 수 있는 기술적 관점에 초점을 두고 있다.

한국과학기술기획평가원

향후 10년간 사회경제적 파급효과가 높은 '10대 미래유망기술' 에 초점을 두고 선정한다. 특히 매년 변화하는 핵심트렌드를 반영하여 다음의 〈표 1.1.〉와 같이 시장수요를 반영한 미래유망기술을 선정하는 것이 특징이다.

〈표1.1.〉 KISTEP 10대 미래유망기술_ 2015

기술명	내 용
스마트폰 진단기기	스마트폰 센서, 카메라, 악세사리를 통해 생체정보를 측정 후 결과를 바로 전송 스마트폰 앱을 통해 의료접근성이 용이함
의료 빅데이터 기술	환자들의 병원서비스, 치료데이터 등을 수집 · 분석하여 유용한 정보를 제공 맞춤 의료서비스 제공으로 의료비 절감 가능
바이오스탬프 (신체부착 센서)	신체부착센서(스티커 등) 활용 건강상태 모니터링 실시간 바이오데이터를 전송으로 노약자의 상시 건강모니터링 가능
Li-Fi 기술	LED와 WI-FI를 융합한 가시광 무선통신 기술로 고효율, 저비용, 초고속 육안으로 볼 수 없는 LED 조도에서 통신 가능 및 초고속 통신서비스 제공 공공 WI-FI 대체기술로 인터넷 접근성 향상
가상촉감기술	사용자가 접촉하는 표면에서 대상체를 실제 만지는 촉감 구현 기술 가상으로 손의 터치 느낌을 재현, 노년층과 장애인의 터치스크린 사용성 문제 해소
비콘 기술	한정된 지역 내 유용한 정보를 사용자에게 자동 제공하는 근거리 통신기술로 광고, 편의정보, 결제정보 등 근거리 알림을 통해 특정지역 내 필요정보를 자동 제공
진공단열 물질기술	진공기술 활용 단열소재 기술 활용 냉난방에너지 절약 및 에너지 손실을 최소화로 에너지 빈곤문제의 대안 가능
에너지 하베스팅 나노소재	주변에서 버려지는 에너지를 전기에너지로 변환하는 하베스팅 나노 소재기술 도로, 철도 등 교통수단을 통해 발생하는 미활용, 인체활동의 진동 이용 에너지 수집까지 활용가능하며 언제 어디서나 전기에너지 생산 가능
개인맞춤형 스마트러닝	사용자를 중심으로, 지능적 콘텐츠와 서비스가 편리하고 효율적인 학습효과 기술을 제공 학습자의 특성에 따라 학습콘텐츠 세분화 및 맞춤형 학습환경 제공 가능
실감공간 구현기술	실제 사물이나 가상 물체를 3차원 공간에 재현하는 가상공간 재현 기술 가상현실 기술 활용 테마파크, 박물관, 공연장 등 다양한 특정 현실공간에 구현가능

한국과학기술정보연구원

국내외 과학기술에 관한 모든 지식정보 연구를 전담하는 연구기관으로, 다음의 〈표 1.2〉와 같이 매년 미래유망기술을 발표하고 있다. 이외에도 홈페이지(www.kisti.re.kr)에서 MIRIAN의 미래기술 지식베이스, 미래기술 디렉토리를 접속하여 다양한 정보와 지식 콘텐츠를 얻을 수 있다.

〈표 1.2.〉 2015 KISTI 미래유망기술 11선

유망기술	내 용
진단 · 치료용 나노머신	생체 내외부 자극을 에너지원으로 사용함. 생체 내 정밀 반응 매커니즘을 모방한 구동기관을 가지며, 질병의 진단 및 치료가 가능한 나노 구조체
뇌신경 모방 반도체 소자	인간의 뇌신경회로망의 작동원리를 모방한 기존 실리콘 반도체보다 지능적인 차세대 컴퓨터 소자
소프트 로봇	부드럽고 변형이 쉬운 신소재와 신축성 있는 구동기 · 센서 등을 기반으로 한 로봇. 로봇공학의 난제였던 구조화되지 않은 환경에 대한 유연한 대응, 복잡한 생물 형상의 구현, 높은 작업 안전성 확보로 극한 환경 탐사, 의료 서비스, 인간과의 협력, 생물모방 정찰 등 폭넓게 활용 가능
자연모사 감각센서	인간과 동식물의 감각기관을 모사한 고감도 / 초소형 / 저전력 감지소자를 의미. 산업, 군사, 환경 등 다양한 분야 활용 가능
생각대로 움직이는 기계 제어기술 (뇌 · 기계인터페이스)	인간의 뇌를 기계와 연결시켜 뇌신경신호를 실시간으로 해석 · 활용하거나 외부 정보를 입력하고 변조시켜 인간 능력을 증진시키는 침습적 및 비침습적 융합기술
기능성 분자전자소자	다양한 기능을 가진 유기 분자를 핵심소재로 이용하여 정보처리, 정보저장 등을 수행할 수 있게 제작된 나노미터 크기의 아주 작은 전자소자
양자컴퓨팅	양자 고유의 특성인 중첩, 얽힘, 결맞음 등 양자역학적 현상을 이용한 고성능 컴퓨팅 기술
슈퍼박테리아 대응기술	항생제에 내성을 갖고 있는 병원균을 대상으로 내성을 공격하는 새로운 물질을 만들어내어 약제의 내성을 극복하고 치료하는 기술
친환경 탄소제로 엔진	탄소 배출을 최소화 하거나 배출을 전혀 하지 않는 고효율 친환경 엔진으로, 선박, 대형자동차, 항공기에 적용 가능한 동력장치

유망기술	내 용
인공광합성 기반 청정에너지 생산기술	녹색식물의 광합성 매커니즘을 모방하여 태양빛과 이산화탄소, 수분(물)을 이용하여 청정에너지원(수소/산소/탄소)을 대량 생산할 수 있는 광촉매 기술
도시·해양·사막 녹색화 기술	기후변화, 인구증가, 산업화 등으로 인한 도시, 해양, 사막의 생태계 파괴를 억제하고 궁극적 해결을 위해 필요한 친환경 녹색화 기술

특허청

2012년 이후 매년 4대 산업분야를 대상으로 3-5년 내에 원천기술의 확보 가능성이 높은 기술을 발표하고 있다. 최근 2015년에는 국가 특허전략 청사진 사업 6대 산업(디스플레이, 반도체, 육상수송, 전력/원자력, 정보통신미디어, 제조기반)분야별 미래 유망기술 선정결과를 발표하였다. 이를 통해 미래 시장가치가 높고 원천 · 핵심특허를 확보할 수 있는 미래 유망기술을 선정하여 산업별 기술의 발달과 예측을 할 수 있다.

/ 해외 전문기관

해외 전문기관으로 MIT, 가트너(Gartner), 맥킨지(McKinsey), 테크캐스트(Techcast) 등과 민간기업인 IBM을 비롯한 유네스코, 세계경제포럼 등이 대표적이다. 구체적으로 MIT는 테크놀리지 리뷰(Technology Review)를 통해 전 세계적으로 향후 3-5년 이내 사회경제적 파급효과가 높은 10대 혁신기술을 〈표 1.3.〉과 같이 발표하고 있다. 가트너는 향후 시장관점에서 ICT 메가트렌드에 초점을 두고 3년간 기업에 영향을 미칠 10대 유망기술을 발표하고 있다. 맥킨지는 미래 10-20년간 세계경제의 혁신을 선도할 12가지 기술을 선정하고, 테크캐스트는 10년 이상 장기적 관점의 7개 분야 70여개 기술의 출현시기와 시장규모를 전망하고 있다.

〈표 1.3.〉 2015년 MIT 10대 혁신기술

10대 기술	주요 내용	실용화 시기
매직리프	가상 객체를 현실 공간에서 보이도록 하는 3D 영상장치	1-3년
나노 아키텍처	높은 강도와 유연성을 띠면서도 매우 가벼운 구조의 소재	3-5년
차량 간 통신	기술적으로 단순하지만 운전 안정성을 크게 향상시킬 무선기술	1-2년
프로젝트 룬	인터넷 접속이 어려운 지역에 헬륨 기구를 띄워 네트워크 제공	1-2년
액상생체검사	고속 DNA 사업 분석 장치를 통한 간단한 혈액검사로 암 검사	현재
대규모 해수담수화	신기술을 활용하여 비용을 대폭 저감한 역삼투압 담수화 플랜트	현재
애플페이	여러 기술을 스마트하게 조합한, 빠르고 안전한 모바일 결재	현재
뇌 오르가노이드	인간의 뉴런을 배양하는 새로운 방법으로 치매 등 신경질환 치료	현재
초강력 광합성	첨단 유전공학 기법으로 작물 수확량을 크게 향상시키는 기술	10-15년
DNA 인터넷	수많은 게놈 정보의 글로벌 네트워크	1-2년

또한 민간기업인 IBM은 2006년부터 매년 '향후 5년간 일어날 5가지 혁신기술(Next 5 in 5)' 을 발표하고 있다. 다음의 〈그림 1.1〉과 같이 2015년에는 개인의 삶과 사회변화를 설명하는 5가지 주제를 선정하고 클라우딩 컴퓨터, 빅데이터 분석기술의 융합을 통해 실현될 것으로 전망하고 있다. 또한 전 세계 IBM 연구소에서 개발 중인 신기술을 토대로 분야별 스토리 맵과 동영상을 제작 발표하고 있다.

〈그림 1.1.〉 IBM 'Next 5 in 5' 의 스토리 맵

이외에도, 유네스코(UNESCO)는 2008년부터 매년 '세상을 바꿀 10대 IT기술'을 선정 · 발표하고 있다. 또한 다보스 포럼으로 알려져 있는 세계경제포럼(World Economic Forum)은 매년 국가 경쟁력, 글로벌 리스크와 같은 전 세계적 이슈를 토대로 〈표 1.4.〉와 같이 미래혁신기술을 선정하고 보고서를 발간하고 있다.

〈표 1.4.〉 세계경제포럼 2015년 10대 유망기술

번호	기술명	번호	기술명
1	연료전지자동차	6	응급 인공지능
2	차세대 로봇공학	7	분산 제조업
3	재활용 가능한 열경화성 고분자	8	감지와 회피 '드론'
4	정밀 유전공학 기술	9	뉴로모픽기술
5	첨삭가공	10	디지털 게놈

지금의 ICT 스마트 패러다임의 사회에서 기술융합이 가속화된 미래의 사회는 어떻게 변화될 것인가, 앞으로의 과학기술은 어떠한 방향으로 발전하고 있는가 등의 미래를 예측하고 올바른 전략을 수립하기 위해서는 기술의 발전 가능성 여부에만 집중해서는 원하는 답을 얻기 어렵다. 중요한 것은 새로운 기술이 접목되어 개인의 삶과 우리사회의 변화상을 발 빠르게 예측해야 한다는 것이다 따라서 이러한 기술의 변화는 새로운 기술기반 창업의 기회가 될 수 있다.

미래 학자들은 미래는 예측하는 것이 아니라 함께 꿈꾸고 만들어 가는 것이라고 한다. 구체적인 꿈을 실현하기 위한 도구가 미래 기술이 되는 것이다. 이는 지속적으로 새로운 제품과 서비스를 생산하고 공급하여 수익을 창출해야하는 창업기업의 새로운 성장기회가 될 수 있다. 또한 국가의 미래 성장 동력 확보에서 창의적 아이디어를 기반으로 한 미래유망기술의 연구개발에 대한 투자는 매우 중요한 문제이다. 급변하는 미래 기술 환경에서 글로벌 메가트렌드의 변화를 다른 경쟁국가보다 빠르게 선점하여 효과적으로 기술사업화 정책방향을 준비하고 대응하는 것은 국가의 경쟁력 확보를 위한 출발점이다.

Chapter
01

읽어보기

영화 ‘마션(The Martian)’ 은 앤디 위어(Andy Weir)의 장편소설을 원작으로 한, 미래 2030년 우주비행사가 화성을 여행하는 시대를 상상하며 화상에 홀로 남겨진 우주비행사의 이야기이다. 영화 속 기술들이 대부분 상상에 기초한 것이지만, 등장 기술 중 일부는 이미 미국 항공우주국 나사(NASA)가 개발 중이라 한다. 또한 공상 과학 소설가 아서 클라크(Arthur C. Clark)의 상상력은 대체로 과학기술을 수십 년 이상 앞서 갔다. NASA의 과학자들은 그의 1997년 소설 ‘3001년 최후의 오디세이’ 의 우주 엘리베이터 건설 이야기에서 영감을 얻어 나노튜브를 이용한 우주 엘리베이터 건설 가능성을 연구했다. 이것은 마치 타임머신을 타고 미래에서 훌륭한 사람으로 성장한 자기 모습을 보고 온 아이가 미래의 모습으로 성장 하기에 더욱 노력한다는 이야기와도 같다.

창의적 상상이
기술혁신과 사업화로
이어진 사례

쉽게 말해 창의력이 뛰어난 누군가가 미래를 상상하여 구체화시키면 그것을 보고 영감을 얻은 과학기술자와 위대한 창업자들이 그 상상력을 실현시키기 위한 연구와 창업을 시작한다는 것이다. 이것이 바로 미래비전이 주도하는 연구개발과 기술사업화의 모습일 것이다. 현대사회로 진입하면서 과학과 기술발전의 변화 속도는 더욱 빨라졌고, 특히 스마트사회로 진화하는 과정에서 핵심기술이 되는 ICT분야는 미래 예측이 매우 어렵다. 미래예측을 구체적으로 그림, 사진, 동영상 등으로 표현하는 과정에서 다양한 창의적인 상상력과 치밀한 예견이 필요하다.

미래비전 동영상이란 당시의 제작 시점에서 미래생활 등을 예측하고 그림이나 사진합성, 동영상 제작 등을 통해 자사의 기술개발 비전을 홍보하고 가시화 하는 것을 말한다. 글로벌 혁신기업들은 최근 주요 홍보수단으로 이를 활용하여 UCC 사이트에 공개하고 있다. 이는 자사의 주력기술 분야가 발전된 다른 기술들과 융합되는 생활을 예측하고 기술전략 및 개발로드맵의 방향을 영상으로 가시화하여 기술력을 홍보하는 과정으로 해석할 수 있다. 이러한 미래비전 영상들은 창의적 상상이 신기술과 신제품 개발을 주도할 수 있다는 가능성을 제시한 대표적인 사례이다. 신제품 및 기술개발의 방향을 영상기획과 제작을 통해 창의적인 상상력을 기초로 제시함으로써 잠재된 고객의 욕구를 찾는 것이다.

1.2. 기술사업화의 이해

1.2.1. 기술사업화란 무엇인가

기술사업화(Technology Commercialization)의 개념은 국내외 관련 전문가와 연구자마다 다양하게 정의하고 있다. 그 중 법률적 개념을 보면, '기술의 이전 및 사업화 촉진에 관한 법률' 제2조에서는 기술사업화를 '기술을 이용하여 제품을 개발 · 생산 및 판매하거나 그 과정의 관련 기술을 향상시키는 것' 으로 정의한다. 일반적으로 기술사업화는 기술 개발의 결과물인 기술 자산을 활용해 부가가치를 창출하는 포괄적인 활동을 의미한다. 또한 학술적으로 기술혁신과 사업화 단계의 전주기적 관점에서 세분화하여 설명되기도 한다. 이러한 기술사업화 단계는 연구개발 단계에서 사업화 단계로 넘어갈 때 필연적으로 거치게 되는 기술과 시장과의 간극(gab)인 '죽음의 계곡(Death Valley)' 을 극복해나가는 과정으로 비유하여, 기술창업, 기술투자, 기술이전의 관점에서 논의되고 있다. 또한 기술사업화는 사업화 대상 기술의 원천에 따라 공공기관과 민간기관의 기술사업화로 구분되어 진다.

기술사업화와 유사 또는 동일한 개념으로 기술실용화, 기술상용화, 기술상업화, 기술산업화 등이 일반적으로 사용되고 있다. 이는 〈그림 1.2.〉와 같이 연구 또는 관련기관에 따라 기술개발, 제품수명주기, 창업 등 일반적인 기술사업화의 전주기 단계에서 목적과 용도에 따라 다르게 구분되기도 한다. 본 교재에서 의미하는 기술사업화란 기술을 활용한 사업화, 다시 말해 아이디어 개발 단계에서 자체 및 외부 연구개발 활동을 통해 제품으로 개발 · 사업화 되는 일련의 과정으로 정의하고 기술기반의 창업자와 투자자 관점에서 설명한다.

〈그림 1.2.〉 기술사업화의 개념

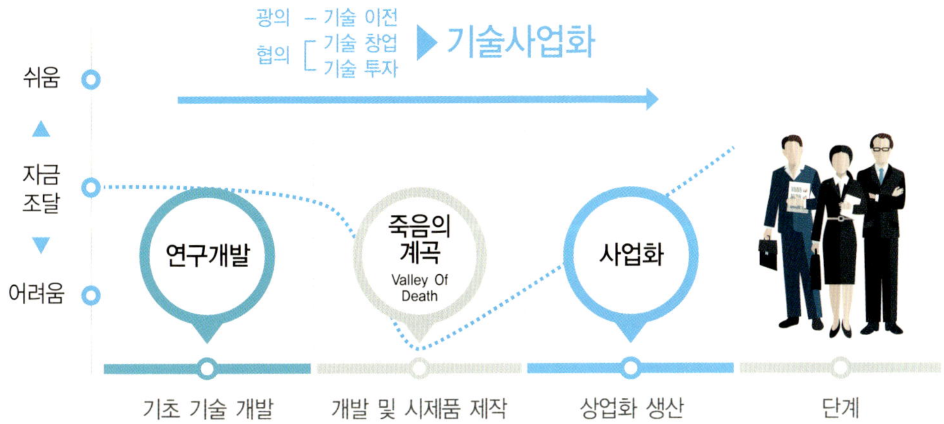

출처 : 이민화(2014), 창조경제의 씨앗, 기술사업화_창조경제연구회 제9회 정기포럼발표자료

이러한 기술사업화의 유형은 〈표 1.5.〉와 같이 일반적으로 기술양도, 실시권 허락, 기술지도, 공동연구, 사내벤처, 합작투자, 인수 · 합병, 기술지주회사 로 구분된다. 보다 자세한 내용은 5장, '외부기술 활용하기' 부문에서 다루기로 한다. 또한 기술사업화의 성공에 대한 기준은 기술사업화의 활용 목적에 따라 다르지만 일반적으로 기술개발과 활용으로 경제적 수익을 창출하는 시점에 도달하는 것을 말한다.

〈표 1.5.〉 기술사업화의 유형과 주요 내용

유 형	주요 내용	구 분
기술 양도	기술 보유자(공공기관, 민간기업)가 기술 도입자(민간기업 등)에게 기술 소유권 이전	기술이전 기술거래
실시권 허락	기술 보유자가 기술 도입자에게 소유권의 변화 없이 일정기간 로열티 지불, 기술 실시권(라이센싱) 허락	기술이전 기술거래
기술 지도	기술 보유자가 기술 도입자에게 기술 적용을 위한 교육훈련 제공 (양도 또는 실시권 허락과 병행하여 수행)	기술이전 기술거래
공동 연구	기술보유자(공공연구기관 등)가 기술 도입자에게 기술이전 목적 공동연구 수행	기술이전

사내 벤처 (Spin-Off)	기술보유자의 연구자 등 소속직원이 직무발명 등을 이전받아 창업 또는 창업에 참여	기술이전
합작 투자 (Joint Venture)	기술 보유자와 기술 도입자의 합작으로 제3의 기업 설립 및 사업화 추진. (기술보유자가 공공연구기관인 경우 주로 보유기술 현물출자 참여) 상호 보완적 기술과 자원보유 기업간 전략적 목적으로 추진.	기술(출자) 이전
인수 · 합병 (M&A)	기술도입자(민간기업 등)가 사업화 추진을 위해 필요한 기술과 경영 인프라를 보유한 기술 보유자(민간기업 등)를 인수 · 합병	기술(기업) 거래
기술 지주회사	기술보유자(공공연구기관 등)가 기술지주회사를 설립. 보유기술을 출자하여 기술사업화가 목적인 자회사 운영	기술(출자) 이전

출처 : 한국과학기술기획평가원(2015), 창조경제 실현을 위한 국가연구개발사업 기술이전.사업화 활성화 방안 연구, 연구보고서, p.9. 재정리.

읽어보기

기술창업의 A to Z 팁스를 아시나요?

팁스(TIPS)란 'Tech Incubator Program for Startup' 의 약자로 정부와 민간 엔젤투자사, 엑셀러레이터가 함께 만들어가는 민간투자주도형 기술창업 지원프로그램이다. 팁스는 성공벤처인 또는 기술대기업이 주도하는 엔젤투자사가 유망 창업팀을 선별하여 투자한 후 정부에 추천하고, 전문가 심사를 통해 창업팀을 최종 선정한 후 기술사업화 전주기(R&D, 창업자금, 해외시장 마케팅 지원 등)에 이르는 지원을 한다. 우수한 아이디어를 가진 고급인력에게 창업자금이 없더라도 과감하게 기술창업에 도전할 수 있는 기회를 제공하고, 초기 기술창업기업이 죽음의 계곡을 극복할 수 있도록 지원해 기술창업의 성공률을 높이고 있다.

요즘 창업시장에서 단연 인기가 높은 팁스는 민간주도 기술창업 플랫폼으로 안착해가고 있으며 이를 통해 고급기술 인력들이 벤처창업도전을 확대하고 있다. 선배창업자들이 후배기업에 성공회수자금을 재투자하고, 엔젤 투자시장, M&A시장, 벤처캐피털 후속투자시장도 활성화하는 등 창업생태계가 선순환되는 효과가 기대된다.

팁스는 그간의 정부주도 창업지원을 탈피하여 민간주도 투자방식으로 창업팀을 엄선한다. 선택과 집중을 통해 집중 멘토링, 인큐베이팅을 통해 창업 성공률을 근본적으로 높여가도록 새로운 기술창업 지원방식을 채택하고 있다. 팁스 프로그램은 기술창업 활성화를 위한 근본적인 대책을 마련하기 위해 2012년부터 이스라엘식 인큐베이팅 사례를 벤치마킹한 것으로 2013년 케이큐브벤처스, 패스트트랙아시아를 비롯한 5개 운영사에서 시작하여, 2015년 5월 기준 18개 운영사를 통해 90여 개 창업팀을 선정해서 운영하고 있다.

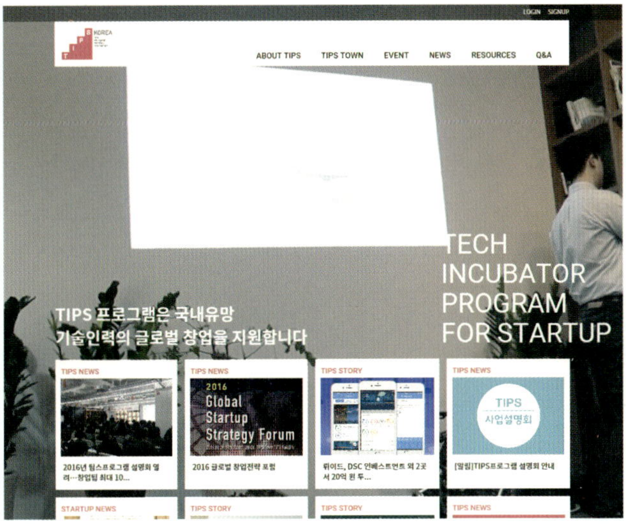

출처 : http://www.jointips.or.kr/

1.2.2. 왜 기술사업화가 중요한가

/ Start-down 이 될 수 있다!

기술은 새로운 창업을 창조하는 중요한 수단이며, 기술개발의 목적은 사업화를 통한 수익 창출이다. 하지만 기술이 사업화되기 전에 사라지거나 무용지물이 되는 경우가 많다. 기술개발로 사업화를 시도했지만 생존하지 못하고 폐업하는 경우도 부지기수이다. 통계청에 따르면, 창업 후 1년 내 창업기업의 60.1%만이 생존하고 39.9%는 폐업을 한다고 한다. 즉 창업기업 중 무려 40%의 기업이 창업한 지 1년도 되지 않아 사업을 접는다는 것이다. 더욱 부정적인 사실은 기업 생존율이 매년 감소하여 창업 후 5년 후에는 창업기업 중 29%만이 생존한다는 것이다. 이 수치는 간암 환자의 5년 생존율 30.1% 수준에 해당된다. 다시 말해 대한민국 창업기업은 창업하는 순간부터 간암 환자 수준의 수명을 기대해야 한다. 물론 이러한 현상은 일반적인 통계 수치에 불과하지만, 무시할 수 없는 현실이다. 예비창업자들은 자신의 사업계획을 자만하지 말고 이러한 현실을 냉정하게 받아들여야 한다. 대다수 창업기업들이 'Start-up' 으로 성공하지 못하고, 준비 없는 창업으로 인해 'Start-down' 이 될 수 있다는 사실을 유념하자.

전문가 Tip

현존하는 세계 최장수 기업은 578년에 설립된 일본의 건설회사인 곤고구미(金剛組)로, 이 기업은 무려 1,400년을 넘게 존재하고 있다. 조선왕조의 역사가 대략 500년인 것을 감안하면, 곤고구미의 역사가 얼마나 대단한지 알 수 있다. 마치 자식의 무병장수를 바라는 부모의 마음처럼, 창업자라면 누구나 자신이 설립한 기업이 장수하기를 희망할 것이다. 하지만 실제로 곤고구미 같은 장수 기업보다는 단기간에 사라지는 기업이 더 많다. 창업 시장에서는 성공보다는 실패가 주류라는 사실을 강조해서 말해주고 싶다. 이로 인해 창업자들의 사기를 저해할 수 있지만 창업 시장의 현실을 직시하고 사전에 충분한 준비와 위험을 감수할 수 있는 창업역량인 기업가정신을 함양하는 것이 때로는 사기 증진보다 더욱 중요하기 때문이다.

여러 연구들에서 많은 초기 창업기업들이 실패하는 이유 중 하나는 기술 사업화의 역량부재라고 할 수 있다. 아무리 뛰어난 기술력이 있어도 그것이 발견되지 못하거나 적시에 사업화되어 활용되지 못하면 좋은 기술로 평가되거나 기억되지 못하는 것이다. 창업기업의 성공요인으로 기술 사업화를 성공적으로 수행했느냐의 과제는 매우 중요한 부분이다. 즉 기업의 수익창출 더 나아가 국가의 가치창출에 있어 기술사업화는 중요한 역할을 한다.

/ 먹고 살 기술은 있어야

기술보증기금의 보고서에 따르면, 〈그림 1.3.〉에서 보이는 것과 같이 기술창업기업들의 생존율은 창업 후 1차년도 99.9%에서 4차년도 95.9%로 점진적으로 감소하다가 5차년도에 82.5%로 급격하게 감소한다.

〈그림 1.3.〉 기술창업기업 생존율 추이

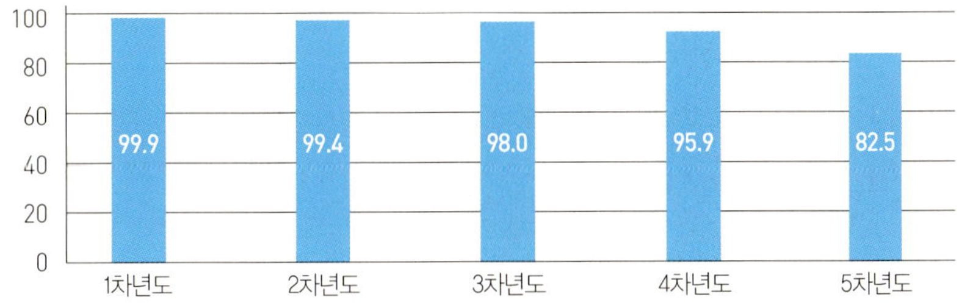

출처 : 기술보증기금(2014), 기보 지원기업의 생존율 및 영향요인 분석 보고서

일반창업기업들과 달리 기술창업기업들의 생존율은 4차년도까지 95% 이상을 유지하고 있으며 생존율이 급격히 하락한 5년차에도 80%를 초과하고 있다는 사실을 주목하자. 즉 기술창업기업들은 일반창업기업들에 비해 상대적으로 높은 생존율을 보인다. 기술창업기업들은 주로 제조, IT, 문화콘텐츠, 바이오 등에서 영업활동을 펼치고 있는데, 이들 분야에는 기술적 진입장벽이 존재한다. 경쟁사와 차별화된 기술 노하우를 보유한 기업만이 시장에 진입할 수 있기 때문에, 기술창업기업들의 생존율이 상대적으로 높은 것이다.

정리해보면, 기술창업기업은 일반창업기업에 비해 기술적 장벽이 존재하는 시장에 진입하기 때문에 일반창업기업에 비해 상대적으로 양호한 생존율을 보여주고 있으며, 생존위기가 오는 시점은 5년차로 일반창업기업에 비해 4년이 더 길다는 장점이 있다. 따라서 일반창업보다는 기술창업을 추진하는 것이 생존율과 생존기간을 높일 수 있는 방안이 된다. 쉽게 말해, 남들과 경쟁하려면 기술은 하나쯤 필요하다는 이야기다.

세계 각국은 공통적으로 글로벌 경제위기에 직면하고 있는 현실에서 기술사업화는 개별 창업기업의 지속가능한 성장과 국가 경쟁력 강화를 위해 매우 중요하다. 그럼에도 불구하고 우리나라는 주요 선진국(OECD) 대비 연구개발 투자 대비 실제 기술이전 수입과 사업화의 수준은 상대적으로 낮은 편이다. 〈그림 1.4〉는 기술창업기업이 기술사업화 단계에서 공통적으로 경험하게 되는 세 가지 어려움을 제시하고 있다. 첫째, 기술 연구개발단계에서 자금부족으로 나타나는 '악마의 강' 이다. 둘째, 제품개발과 시장정보와 관련하여 사업화단계에서 역량부족으로 나타나는 '죽음의 계곡' 이다. 마지막으로 사업화 단계에서 시장확대와 변화에 적응하기 위한 '다윈의 바다' 이다. 이와 같이, 기술사업화 단계의 어려움을 극복하고 투자대비 불균형을 해소히기 위해 우리나라는 국가적 차원에서 공공연구기관이 보유한 기술의 민간 기술사업화를 촉진하는 관련 법률제도를 정비하고 있으며, 관련기관별로 다양한 형태의 기술사업화 지원방안을 마련하고 있다.

〈그림 1.4.〉 기술사업화 단계의 3가지 어려움

[악마의 강] [죽음의 계곡] [다윈의 바다]

최근에는 100여개의 정부 창업지원프로그램이 'K-스타트업' 이라는 브랜드로 통합 · 연계되어 국가 기술사업화정보망(NTB)의 구축과 사업화연계기술개발사업(R&BD) 및 기술사업화 자금지원 정책을 촉진하고 있다. 또한 대학이 보유한 연구기술의 사업화를 촉진하기 위해 기술이전전담기구(TLO)와 기술지주회사의 설립 및 청년의 기업가정신이 기술기반 창업으로 연계되는 대학 창업문화 조성을 위해 다양한 창업교육과 지원 사업들이 추진되고 있다.

읽어보기

이제 더 이상 기술사업화는 남의 이야기가 아니다

취미활동이 창업으로 이루어지는 사례가 점차 증가하고 있다. 이제 기술사업화는 기술을 전공하는 공학도들의 먼 이야기가 아닌 내 옆의 친구에게 일어나는 일이 되고 있다.

얼마 전 공중파의 방송에서 나온 내용이다. 중국 상하이, 웬 스케이트보드가 공장 굴뚝에서 떨어지고 곧 콘크리트 바닥에 부딪친다. 하지만 스케이트보드는 놀랍게도 멀쩡하다. 놀라서 뛰어가는 청년이 안도의 한숨을 내쉬며 스케이트보드를 타고 거리로 사라진다. 주인공인 26살 청년 첸정상, 그는 시속 30킬로미터 속도를 낼 수 있으며, 높은 곳에서 떨어져도 아무 이상이 없는 견고함을 지닌 전동스케이드, '스타리보드' 를 개발한 창업자이다. 평소 보드를 즐기며 여가를 보내는 그는 친구들과 함께 하는 스케이트보드 모임에서 가볍고 내구성이 있는 스케이트보드를 만들고 싶다는 생각을 한다.

그렇게 시작된 '스타리보드' 의 개발은 처음에는 2-3명의 친구들로 시작되었다. 개발을 시작한 직후 여러가지 기술적인 문제에 부딪쳤지만, 그들은 곧 해결책을 찾았다. 기술에 관한 자료와 소스들은 온라인과 오프라인에서 생각보다 쉽게 구할 수 있었다. 첸정상이 도움을 받은 곳은 그가 평소에 다니고 있는 '신차젠 해커스페이스' 로, 이곳은 엉뚱한 상상력으로 뭔가를 만들기를 좋아하는 사람들이 모여 다양한 개발을 하는 곳이다. 그들을 통해 첸정상은 필요한 기술에 대한 장비를 사용할 수 있었고, 그렇게 '스타리보드' 가 탄생했다.

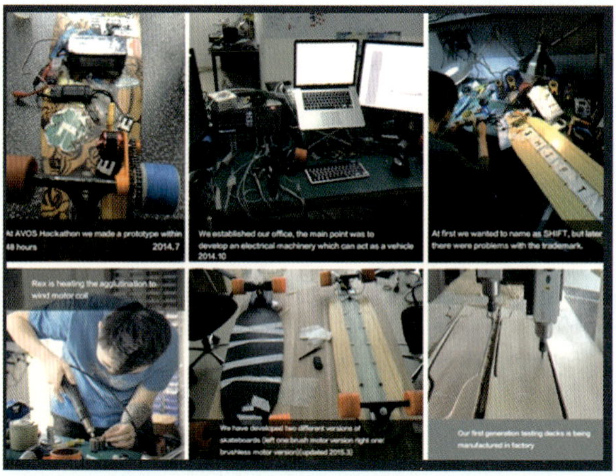

스타리보드는 리모컨으로 3단계의 속도 조절이 가능하며, 모터 배터리가 바퀴 안에 있어 무게를 현저히 줄일 수 있었다. 기존 스케이트보드가 갖고 있던 무게의 단점을 보완한 것이다. 보드를 만든 청년들은 스타리보드에 관한 홍보영상을 올리는 바이럴 마케팅으로 한 달 만에 우리 돈으로 7억 5천만 원의 수익을 올렸다. 30일 동안 자금을 모아 회사를 설립한 첸정상. 그는 취미활동으로 창업을 시도한 사례가 되었다.

이제 더 이상 기술사업화는 남의 이야기가 아니다. 거리에서, 집에서, 학교에서, 모임에서 기술을 모르는 사람들조차. 아이디어만 있다면, 손쉽게 기술창업을 할 수 있는 그런 세상이다.

1.3. 기술사업화 학습 프로세스

기술사업화 프로세스는 다양한 연구자들에 의해 아이디어 발굴에서 시장 진입까지 일련의 과정을 설명해왔다. 본 교재에서는 기술사업화 학습 프로세스를 쿠퍼(Cooper)의 기술사업화 모형을 기초로 기술창업의 관점에서 (1) 기술사업화의 중요성과 개념 이해 (2) 각 단계별 지식과 실무 학습 (3) 실제 기술창업 실습을 설명하였다. 각 단계에서 이루어지는 활동과 연계한 교재의 구성은 〈그림 1.5〉와 같다.

〈그림 1.5.〉 기술사업화 학습 프로세스

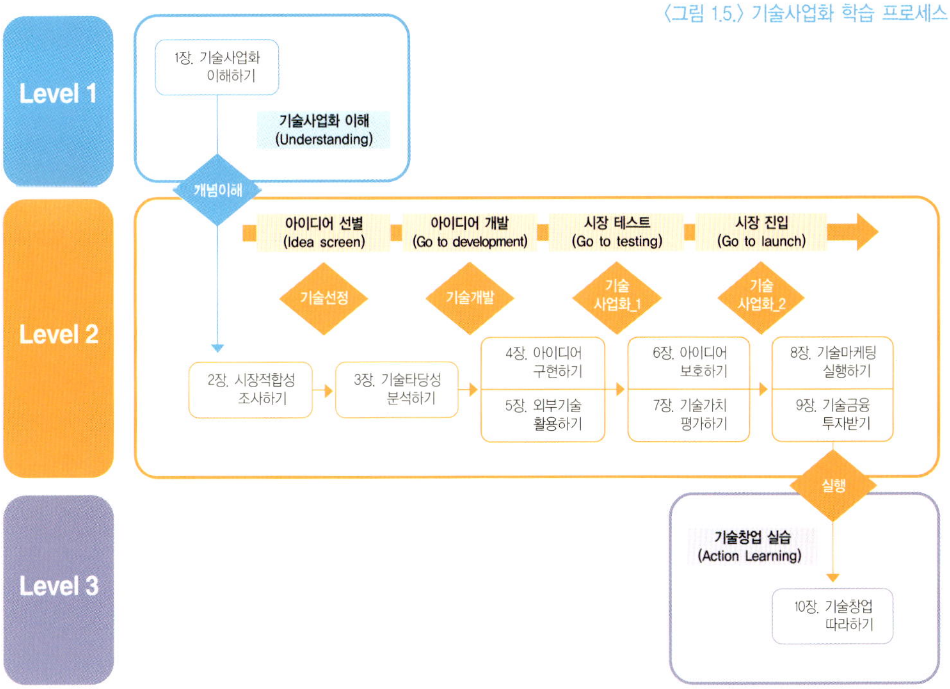

Chapter 01

[Level 1] 은 기술사업화 강좌에 대한 전반적인 소개 및 전체 학습 목표를 제시한다.

1부에서는 기술사업화의 전반적인 개념을 이해하기 위해, 1장 기술융합의 시대에서 미래기술 환경과 트렌드를 파악하고자 국내외 주요연구기관의 자료를 토대로 메가트렌드를 전망한다. 또한 글로벌 기술환경에서 기술사업화의 중요성과 현황을 살펴볼 것이다.

[Level 2] 는 기술사업화 전주기 프로세스를 매주별 강의와 토론 및 다양한 팀 프로젝트 활동을 통해 기술사업화 이론과 전문 역량을 체득할 수 있다.

2부는 기술사업화 프로세스의 첫 번째 단계인 아이디어 선별(Idea Screening) 단계이다. 2장에서는 사업화 하려는 기술의 기획에서 타당성 분석까지, 시장의 고객이 원하는 기술 여부, 기술사업화를 할 수 있는 자원의 보유 여부를 판단하고 기술 · 시장 · 기업관점에서 의사결정 프로세스를 이해한다. 3장에서는 아이템을 구현할 기술의 확보여부와 함께 기존 유사 기술의 구현 여부를 확인하고 경쟁기술과 차별화 및 진입장벽 전략을 수립해본다.

3부는 아이디어 개발(Go To Develop) 단계이다. 4장에서는 창업자 관점의 자체 보유한 아이디어를 사업화한다면 고려해야 할 창의적 아이디어 발굴, 기술 구현, 시제품 개발까지 일련의 과정을 단계별로 학습한다. 5장에서는 자체 보유기술의 한계와 연구개발 역량이 부족할 때 아이템의 구현을 위해 필요 기술을 외부에서 확보할 경우 내 기술 만들기를 가정하여 기술도입 및 제휴 등 일련의 과정을 이해하고 적용해 본다. 6장에서는 창업기업의 보유기술과 사업아이템을 경쟁자로부터 보호하고 침해에 대응하기 위해 지적재산권을 보호하는 전략을 학습한다.

4부는 시장 진입(Go To Launch) 단계이다. 7장은 기술가치 평가하기 부문이다. 본격적으로 시장에 출시하기 위한 보유 기술의 정확한 가치를 산정해 본다. 기술이전 시 가장 이슈가 되는 기술 가치 금액 산출에 대한 이론과 사례연구를 통해 관련 지식을 습득한다. 8장에서는 실제 사업화하려는 기술마케팅 즉, 초기 창업기업의 자원의 한계를 고려한 마케팅 전략을 학습한다. 기술마케팅 로드쇼 사례를 통해 다양한 기술마케팅 기법들을 습득하고 활용해 보자. 9장은 기술금융 투자받기 부문이다. 다양한 금융지원제도의 장단점을 파악하고 사업화하려는 창업기업의 재무구조(현금흐름)를 이해할 수 있다. 전반적인 사업 일정 계획 수립 및 투자 계획서를 작성해본다.

[Level 3] 는 이전 단계에서 학습한 모든 지식역량을 토대로 실제 또는 가상의 기술창업 시뮬레이션 학습이다.

5부는 기술사업화 학습 프로세스의 마지막 단계인 기술창업 실습(Action Learning) 부문이다. 10장에서는 본 교재의 전반적인 학습을 통해 체득한 기술사업화 역량과 투자유치 준비역량을 확인한다. 특히 기술사업화 성공과 실패 사례연구를 통해 기술사업화의 성공을 위한 시사점을 파악할 수 있다. 또한 실제 창업기업 진단평가를 통해 현 단계에서의 취약점을 파악하고 이를 반영한 구체적인 사업 실행계획서를 작성해봄으로서 기술사업화의 성공 가능성을 높일 수 있다.

TECHNOLOGY COMMERCIALIZATION
|기술사업화|

Chapter 01

단원요약

- 새로운 기술의 등장은 인간의 삶을 변화시키고 더 나아가 사회전반에 걸쳐 변화가 일어난다.
- 기술융합은 새로운 기술과 기존 산업이 융합해 생산성과 효율성을 극대화하여 우리 삶의 질을 높여줄 것으로 기대되지만, 동시에 부정적 측면도 부각되고 있다.
- 급변하는 미래 기술 환경에서 글로벌 메가트렌드의 변화를 예측하고 준비하는 것은 기술기반 창업의 기회이다.
- 기술사업화는 개별 창업기업의 지속가능한 성장과 국가 경쟁력 강화를 위해 매우 중요한 문제이다.
- 기술사업화는 기술 확보 방식에 따라 내부화, 부분적 내부화, 외부화로 구분할 수 있다. 세부적으로 자체개발, 인수합병, 공동개발, 라이센싱, 완제품 구매, 벤처 지분 참여 등의 유형으로 구분된다.

핵심용어 정리

- ICT 기술융합
- 제4차 산업혁명
- 기술사업화
- 미래유망기술
- 세계경제포럼
- 죽음의 계곡

학습하기

1. 국내 · 외 글로벌 혁신기업의 미래비전 영상을 조사하고 차이점과 시사점을 찾아보자.
2. 기업과 함께 국가 경쟁력 강화를 위해 기술사업화는 매우 중요하다.
   개인의 관점에서 기술사업화가 중요한 이유는 무엇인가?
3. 급변하는 기술융합의 시대에서 국내외 전문기관에서 전망하는 미래융합기술을 살펴보고 개인의 삶과 우리사회에 일어날 변화를 예측해보자.
4. IBM의 향후 5년내 실현될 개인의 삶과 사회변화를 예측하는 5가지 혁신기술은 무엇인가?
5. 기술사업화의 성공을 위한 많은 지원정책에도 불구하고 실패율이 높은 이유는 무엇인가?
   또한 대안이 있다면 무엇인지 생각해 보자.

참고문헌 및 보충자료

- 기술보증기금, 기보 지원기업의 생존율 및 영향요인 분석, 2014.
- 김성민, 류태규, 박종복, 김종주, 봉선학, 유영철, 이성상, 이승호, 정문교, 기술사업화의 이해와 적용, 경문사, 2015.
- 김혜민, 한정희, 김연배, 기술사업화 정책 변화 방향 예측에 관한 연구, 산업경제연구, 2013.
- 두일철, 창의적 상상과 문화기술의 융합, 넥스텍스트, 2013.
- 생명공학정책연구센터, 2015 바이오 미래유망기술 발굴, 연구보고서, 2015.
- 세계경제포럼 홈페이지, http://www.weforum.org/agenda/2015/03/top-10-emerging-technologies-of-2015-2/
- 여인국, 기술사업화 이론과 실제. 학현사, 2013.
- 유인오, 민희, 똑똑한 제품+사물 인터넷, 기계와 사랑에 빠지다, 동아비즈니스리뷰, 2015.
- 이민화, 창조경제의 씨앗, 기술사업화, 창조경제연구회. 제9회 정기포럼발표자료, 간행물, 2014.
- 좋은정보사, ICT기반 융합산업의 유망시장 동향 및 주요 기술현황, 좋은정보사, 2015.
- 테크놀로지리뷰 홈페이지, http://www.technologyreview.com/lists/technologies/2015/
- 통계청, 2014년 기준 기업생멸행정통계, 2015.
- 티브이캐스트 홈페이지, http://tvcast.naver.com/v/705837
- 팁스 홈페이지, http://www.jointips.or.kr/
- 한국과학기술기획평가원, 2015년 KISTEP 10대 미래유망기술 선정, 연구보고서, 2015.
- 한국과학기술기획평가원, 기술사업화 특성분석 및 전략적 추진방안, 연구보고서, 2014.
- 한국과학기술기획평가원, 미래 한국의 스마트 에이징을 위한 KISTEP 10대 미래유망기술, 2013.
- 한국과학기술기획평가원, 정부 R&D 성과의 기술사업화 실패 사례 연구, 2015
- 한국과학기술기획평가원, 창조경제 실현을 위한 국가연구개발사업 기술이전 · 사업화 활성화 방안연구, 연구보고서, 2015.
- Arthur C. Clarke, 고호관 역, 아서 클라크 단편 전집, 황금가지, 2009.
- KT경제경영연구소, 2016 한국을 바꾸는 10가지 CIT 트렌드, 한스미디어, 2015.
- Kyu-Won Jung, Young-Joo Won, Hyun-Joo Kong, Chang-Mo Oh, Hyunsoon Cho, Duk-Hyoung Lee, Kang-Hyun Lee. Cancer Statistics in Korea: Incidence, Mortality, Survival, and Prevalence in 2012. Cancer Res Treat. 2015; 47(2): 127-141.
- Liou, D., From Concept to Commercialization : A Strategic Approach for Bringing Everyday Ideas to Market, Createspace, 2011.
- Paola A., Udo K., Exit to Tomorrow : History of the Future, World's Fair Architecture, Design, Fashion 1933-2005, 2006.

Chapter
01

단원 사례연구

아두이노(Arduino) 새로운 기술사업화 문화를 만들다

"더 이상 제조는 진입장벽이 높은 산업이 아니다"

학생들이 미디어 아트를 쉽게 만들 수 있도록 아두이노를 만들어 오픈소스로 배포한 아두이노 개발자 마시모 반지가 3D프린터와 더불어 현재 진행 중인 혁명 중 하나는 오픈소스 하드웨어와 메이커 운동이다. 아두이노의 진가는 어린아이도 이를 이용하여 쉽게 아이디어를 기술화하고 제품화한다는 것에 있다. 그럼 어린이도 쉽게 다루는 아두이노는 어떤 제품인가?

〈아두이노 구성〉

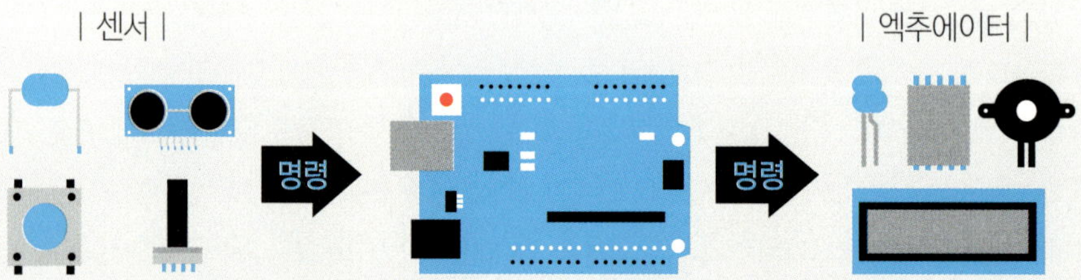

기존의 기술 사업화는 아이디어가 있으면 아이디어 구체화를 위해 전문가가 모여서 비싼 기기와 고난도 소프트웨어를 이용해 제품을 개발하여야 하는 단계적 어려움이 있었다. 하지만 아두이노 같은 오픈소스 하드웨어가 등장하면서 시제품 개발의시간과 비용이 절감되고 새로운 생태계가 생긴다. 예를 들어 소형 아두이노 기판에 압력 센서를 연결한 LED 신발 제작비는 불과 5만원이다. 이렇게 누구나 기술을 몰라도 아이디어를 기술화 할 수 있는 생태계를 아두이노가 만들기 시작했다.

아두이노 홈페이지에는 모든 설계도가 공개되어 있다. 이 오픈소스를 사용하는 메이커들은 설계도와 더불어 제작 과정을 공개함으로써, 개방과 공유의 선순환을 만들고 있다. 이는 배타적 관리와 경쟁을 통해 이윤을 남기는 자본적 시장과 다른 방식이다. 아두이노는 무한대 기호를 회사의 로고로 사용하면서, 오픈 소스에 대한 사명감을 나타내고 있다. 이처럼 이두이노는 기술사업화의 문화를 재창조한다고 해도 과언이 아닐 것이다.

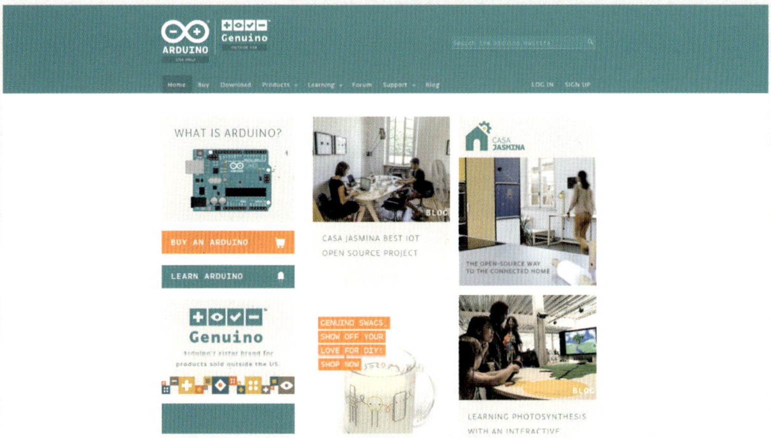

출처 : http://www.arduino.cc/

토/의/문/제

1. 아두이노의 홈페이지를 방문하여, 학습자의 아이디어 구현에 도움이 되는 소스를 찾아보고 이를 활용할 수 있는 방안을 생각해 보자.
2. 아두이노와 같은 오픈소스를 활용하여 일어나고 있는 사회적 변화에 대해 논의해 보자.

Chapter 01

그룹 프로젝트

대학에서 기계공학을 전공한 S군은 2014년 캐논에 지원할 친구의 자기소개서를 봐주다가 문득 들고 다닐 수 있는 프린터가 있으면 좋겠다고 생각했다. 술자리에서 나온 재밌는 얘기일 수도 있는 이 아이디어를 S군은 현실화시키기로 마음을 먹고, 이를 토대로 3명의 사업 멤버들과 함께 Crinter라고 하는 소형 프린터 개발을 시작했다.

창업 초기에 S군은 프린터 시장에 대한 이해도가 없었으며, 무엇보다 사업화 경험이 전혀 없는 상태였다. 이에 학교에서 실시하는 청년 창업자지원과 관련된 교육과 코칭을 받으며 아이디어를 사업화 해 나가기 시작했다.

출처 : https://www.youtube.com/watch?v=z5bWMmrzgsw

그렇게 탄생한 회사명은 '주만지(Zoomanzi)' 이다. 기존 프린터는 책상면적의 30%정도를 차지하는 크기로서 휴대가 불가능한 크기였다. 이에 대응하여 포포, 인스탁스와 같은 휴대용 프린터가 등장 했으나 크기가 작은 만큼 종이의 크기도 축소해야하며, 기능 역시 축소되었다. 뿐만 아니라 각종 자료들이 스마트폰으로 교류가 가능하고, 활성화된 현재 고정된 프린트의 위치는 스마트폰과의 연동 효율이 제한적이다.

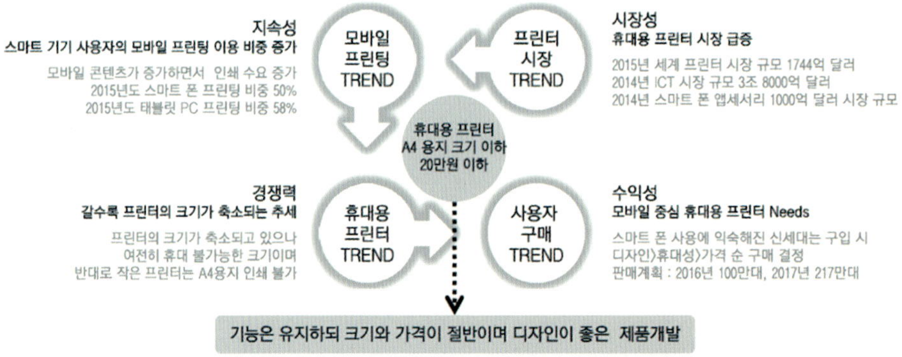

기존 프린터의 문제점		솔루션
불필요한 크기	▶▶▶▶	휴대용 프린터
축소된 기능		
제한적 연동성		

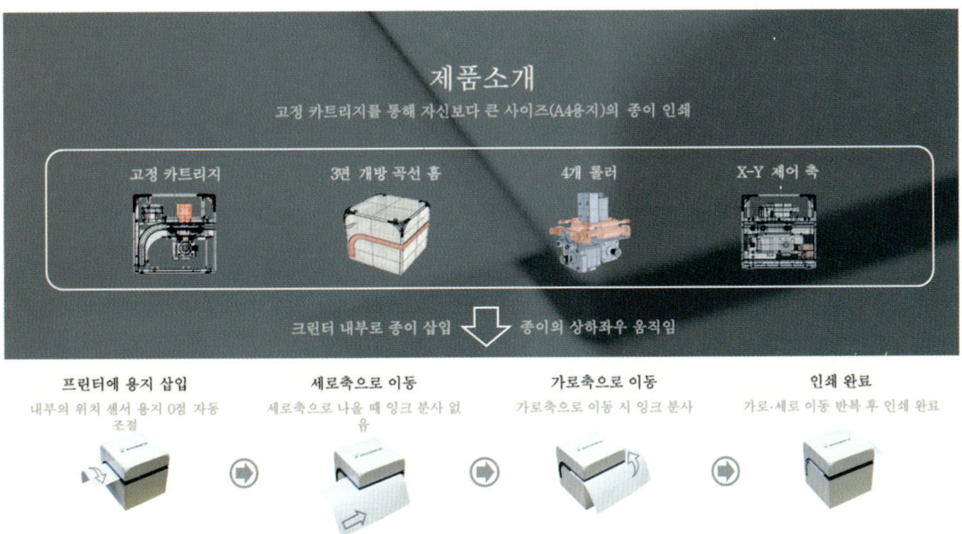

하지만 프린터의 핵심 소모품인 잉크의 구매 문제와 몇몇 기술 부족, 사업성에 대한 이해력 부족으로 인하여 현재 까지 제품 사업화가 지연되고 있는 상황이다

본 교재에서는 그룹 프로젝트 부문을 통해 '주만지' 팀의 사업계획서를 예시로 각 장마다 창업자와 투자자(투자자) 관점의 시사점을 제시한다. 학습자들은 실제 또는 가상 시뮬레이션으로 아이디어 개발에서 사업화에 이르는 기술사업화 전 과정을 적용해보자.

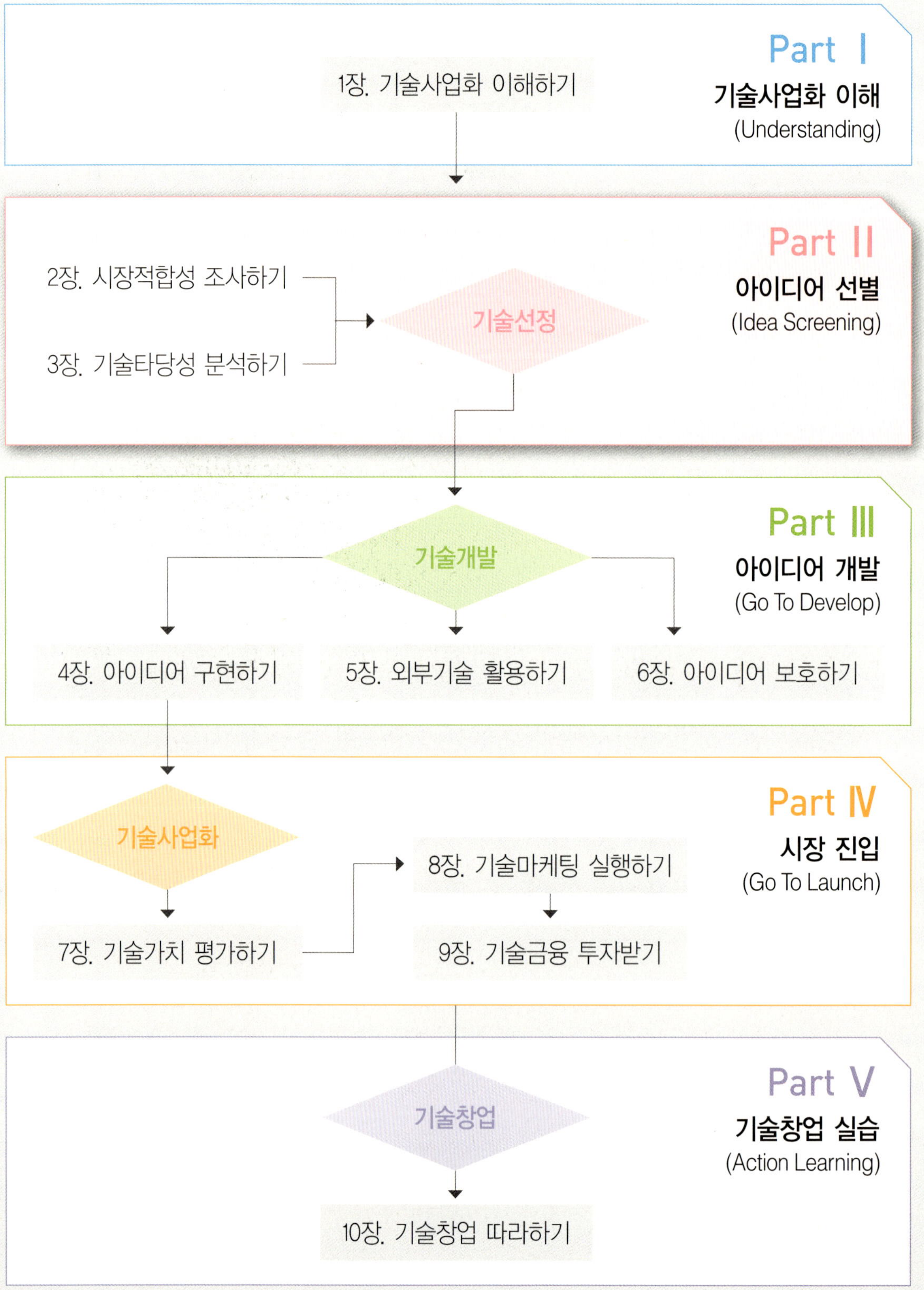
Part Ⅰ
기술사업화 이해
(Understanding)
1장. 기술사업화 이해하기
Part Ⅱ
아이디어 선별
(Idea Screening)
2장. 시장적합성 조사하기
3장. 기술타당성 분석하기
기술선정
Part Ⅲ
아이디어 개발
(Go To Develop)
기술개발
4장. 아이디어 구현하기
5장. 외부기술 활용하기
6장. 아이디어 보호하기
Part Ⅳ
시장 진입
(Go To Launch)
기술사업화
7장. 기술가치 평가하기
8장. 기술마케팅 실행하기
9장. 기술금융 투자받기
Part Ⅴ
기술창업 실습
(Action Learning)
기술창업
10장. 기술창업 따라하기

Idea Screening

아이디어 선별

Part II

2장. 시장적합성 조사하기

2.1. 사업화하려는 기술은 무엇인가?

2.2. 고객이 원하는 기술인가?

2.3. 기술의 제품/서비스화가 가능한가?

3장. 기술타당성 분석하기

3.1. 기술타당성 분석

3.2. 기술완성도 평가

3.3. 사업주체 및 사업성 평가

3.4. 사전타당성 평가와 사업화 성공은 비례하는가?

Chapter 2

시장적합성 조사하기

학습목표 1

기술사업화의 아이디어 선별단계에서 사전 조사분석 과정을 이해할 수 있다.

학습목표 2

기술성 분석을 이해하고 기술분석 방법과 기술예측 방법을 알 수 있다.

학습목표 3

시장분석의 중요성을 이해하고, 시장조사 방법론을 알 수 있다.

학습목표 4

사업화할 제품 및 서비스 분석을 이해하고 고려해야 할 항목을 확인할 수 있다.

Chapter 02

단원도입사례

혁신적 상품, 너무 빨라서 실패한 '애플 뉴턴'

〈뉴턴 메시지패드〉

애플(Apple)이 1993년 선보인 뉴턴 메시지 패드(Newton Message Pad)' 는 애플이 최초로 선보인 개인정보단말기(PDA)이다. 뉴턴 메시지 패드는 7인치 가량의 크기에 흑백의 터치스크린을 갖추고, 일정관리, 메모의 송수신, 팩스 전송 등을 직접 스타일러스 펜을 이용해 필기 입력할 수 있는 기능을 탑재하였다. 뿐만 아니라 자동 철자수정, 유사단어 제공 등 혁신적인 기술력을 탑재한 제품이었다. 오늘날 모바일 시장에 큰 획을 그은 아이패드와 아이팟의 시초가 된 제품이라고 해도 과언이 아니다. 하지만 뉴턴은 출시당시에 시장, 소비자로부터 외면당하고 단종된, 대표적인 실패작이 되었다. 개인정보단말기에 대한 인식이 보편화되지 않은 당시의 시대상황에서 너무 앞서나간 기술혁신으로 소비자의 공감을 크게 얻지 못했고 너무 높은 초기 판매가격은 소비자에게 매력적이지 못했기 때문이다.

일반적으로 기술은 그 자체의 기술만으로 가치를 창출할 수 없다. 기술기반의 사업화를 통해 기업의 이윤추구 및 기업창업을 실현했을 때 기술을 통한 가치 창출이라는 의미로 성공할 수 있다. 그러나 많은 위험과 불확실성이 있는 시장과 경쟁 환경에서 기술을 사업화하는 과정 속에는 수많은 어려움과 실패가 따른다. '애플 뉴턴' 메시지 패드 사례와 같이, 신기술에 대한 지나친 확신과 자만심으로 고객들의 실제 구매 의도나 시장분석 등을 간과하여 실패하는 경우가 많이 있다. 따라서 기술을 사업화하기 전에 기술의 구현여부, 시장 경쟁력, 경제적인 이윤을 추구할 수 있는지 등 기술사업성의 성공 여부를 측정해 보아야 한다. 이러한 평가 및 측정과정을 통해 기술개발의 지속여부 결정 및 다른 대안의 유무 등의 의사결정이 이루어진다.

TECHNOLOGY COMMER-CIALIZATION
|기술사업화|

기술개발에 앞서 가장 먼저 선행되어야 할 과정 중 하나가 사전조사분석 과정이다. 이는 기술의 사업타당성을 분석하기 이전에 기술의 차별성, 실현 가능성, 고객요구, 시장환경, 기술개발의 지원 및 제반 환경 등을 철저하게 분석하는 단계이다. 사전조사분석 과정에서 기술자체의 조사뿐만 아니라 시장 및 제품/서비스에 대한 요소를 유기적으로 연결하여 종합적으로 분석하는 것이 필요하다. 하지만 대부분의 경우 기술, 시장, 제품 등의 종합적인 관점에서 충분하고 철저한 사전조사를 진행하지 않고, 아이디어와 기술력만으로 사업을 시작하려고 하는 경향이 높다. 이로 인해 중복연구와 중복투자로 인한 자금손실이 발생하고, 결국 실패로 이어지기도 한다.

앞서 소개한 애플의 뉴턴 메시지 패드 사례와 같이 참신한 기술 아이디어를 가지고 있지만 시장에서 받아들여지지 않거나 관련 정책, 지원기술의 부재 등으로 상품화가 되지 못하는 기술이 많은 것이 현실이다. 따라서 정확하고 신뢰성 있는 사전조사 과정은 새로운 기술을 개발하고 성공적인 사업화를 수행하는데 중요하다.

이 장에서는 기술사업화 기획단계의 사전조사분석 과정을 <그림 2.1.>과 같이 기술성 분석, 시장분석, 기업 및 제품분석으로 나누어 설명하고, 각각의 분석사례와 조사예측방법 등의 활용방안을 알아본다.

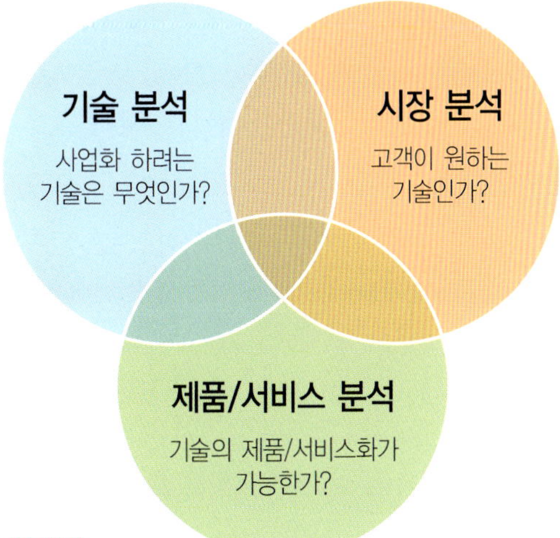

〈그림 2.1.〉 기술, 시장 제품분석

Chapter 02

2.1. 사업화 하려는 기술은 무엇인가?

2.1.1. 왜, 무엇을 개발하려 하는가?

좋은 기술이 기술사업화에 실패하게 되는 이유 중의 하나는 처음부터 기술개발 목적이 불분명하거나 개발방향이 잘못되었기 때문이다. 이 경우 투입노력에 비해 성과를 얻지 못하는 경우가 많이 있다. 제록스의 팔로알토 연구소는 1960년 말 당대 최고의 엔지니어와 프로그래머를 영입하며 IT산업 진출을 목적으로 설립되었다. 현재 사용되는 정보통신과 컴퓨팅 환경의 초석이 되는 다수의 IT 혁신기술을 연구하고 개발한 곳이다. 이 회사는 레이저 프린팅, 분산 컴퓨팅, 그래픽 기반 사용자 환경(GUI), 유비쿼터스 컴퓨팅 등 수많은 혁신적인 기술을 창조했지만 기술의 사업화는 실패하였고, 레이저 프린팅을 제외한 나머지 기술들은 상업화되지 못했다. 개인용 컴퓨터는 IBM이 상업화하고, 그래픽 기반 사용자 환경(GUI)은 애플(매킨토시)과 마이크로소프트(윈도우)에 의해 상업화되었다. IBM과 마이크로소프트를 능가하는 세계 최고의 IT기업이 될 수 있었던 제록스가 IT기술의 상업화에 실패한 이유는 기술개발 자체가 아닌, 기술을 사업화로 이어지도록 하는 기술경영의 부재였던 것이다. 초기 기술개발 목적이 명확하지 못했기 때문에 결과적으로 기술개발만 몰두하여 수익을 내지 못한 사례가 되었다.

이와 같이 기술이 사업화의 성공으로 이어지기 위해서는 연구개발 자체에 초점을 맞추기 보다는, 고객이 필요로 하는 기술개발을 해야 한다. 결국 기술개발의 목적과 방향을 명확히 하고 기술기획 단계에서 무엇을 연구개발 할 것인지 충분한 시간을 들여 조사하고 분석하여 올바른 의사결정을 내려야 한다. 여기서 기술분석이란 기술자체의 차별성, 독창성뿐만 아니라 보유 기술 및 인프라와의 적합성을 따져보고 제품생산에 필요한 물리적, 기술적 요인을 파악하여 관련 비용을 추정하고자 하는 것이다.

2.1.2. 어떠한 기술을 개발할 것인가?

경영학의 대부 피터 드러커(Peter Drucker)는 새로운 기술, 차별화된 정보를 확보하지 못하면 시장에서 도태될 가능성이 크다고 언급하였다. 이는 기술개발 및 도입에 앞서 기술개발의 목적이 무엇인지 명확히 하고, 기술적 차별성은 갖추었는지, 기존 기술 및 제품과의 정합성은 있는지 등을 조사해야 한다는 의미다. 즉, 핵심기술(Core Technology)을 토대로 한 제품 차별화가 가장 근본적으로 우선시 되어야 하고, 그에 따른 주변기술 및 기존 인프라 기술과의 정합성을 살펴보아야 한다.

기술 분석의 차별성에는 다음과 같은 내용을 포함한다.

- 가치_ 수익창출을 할 수 있는 기술인가?
- 희소성_ 다른 경쟁자들이 쉽게 찾을 수 없는 기술인가?
- 대체 가능성_ 다른 경쟁기술로 대신할 수 없는 기술인가?
- 모방 용이성_ 경쟁자들이 모방하기 어려운 기술인가?

차별화된 기술력은 모방이 쉽지 않고 기술 확장이 용이하며 시장경쟁력을 확보할 수 있기 때문에 기술사업화에서 중요한 요소이다. 하지만 기술사업화 과정에서 기술적 차별성이 고객에게 인정받지 못하는 경우도 많다. 앞서 소개한 애플 뉴턴의 메시지패드가 이에 해당되는 사례이다. 언제 어디서나 적외선을 이용해 바닥에 나타나는 키보드 모양의 그림에 타이핑을 할 수 있도록 개발된 'IR 키보드' 또한 기술성이 높은 혁신 제품임에도 불구하고 시장에서는 크게 각광받지 못했다. 일반 키보드에서 타이핑하는 터치감 등에 익숙한 고객들의 감성적 반응을 인식하지 못했기 때문이다. 이는 기술성 분석이 단순히 제품의 목표 성능을 달성했는지 여부를 검토하는 수준에 그치는 것이 아니라, 개발자의 관점에서 판단하기 보다는 시장의 사용자 기반 즉, 고객의 관점에서 검토할 필요가 있음을 보여준다.

Chapter 02

그럼 어떠한 기술이 시장에서 전략적 차별성을 갖는지, 어떠한 신기술이 시장에서 성공할 수 있을지 분석하고 예측할 수 있는 방법은 무엇일까? 과거 코닥과 필름시장을 장악했던 후지필름 사례를 살펴보자. 후지필름은 디지털카메라의 등장으로 필름산업의 위기를 맞고 과감한 사업재편을 단행한다. 이때 보유한 기술을 활용하고 새롭게 개발할 기술을 적용할 수 있는 시장을 발굴하기 위해 4분면 분석법을 활용한다.

4분면 분석법이란 X축에 기존시장과 신규시장을, Y축에는 기존기술과 신규기술을 배치하고 4분면을 나누어 기술과 시장을 분석하는 방법이다. 후지필름이 4분면 분석법으로 분석한 4가지 범주는 〈그림 2.2.〉와 같다. 사진필름 시장을 대신할 성장 시장을 찾기 위해 우선 사내에 어떤 기술이 있는지를 분석하고, 4개 영역에 어떤 기술을 적용해 어떤 제품을 만들 수 있을지를 철저히 연구하였다. 이러한 분석을 통해 부족한 기술은 그 흐름에 가장 적합한 기술력을 가진 회사를 인수, 합병(M&A)하는 방식을 선택하고, 후지필름이 갖고 있는 노하우와 시너지를 낼 수 있도록 연구 조사하였다.

〈그림 2.2.〉 4분면 분석법

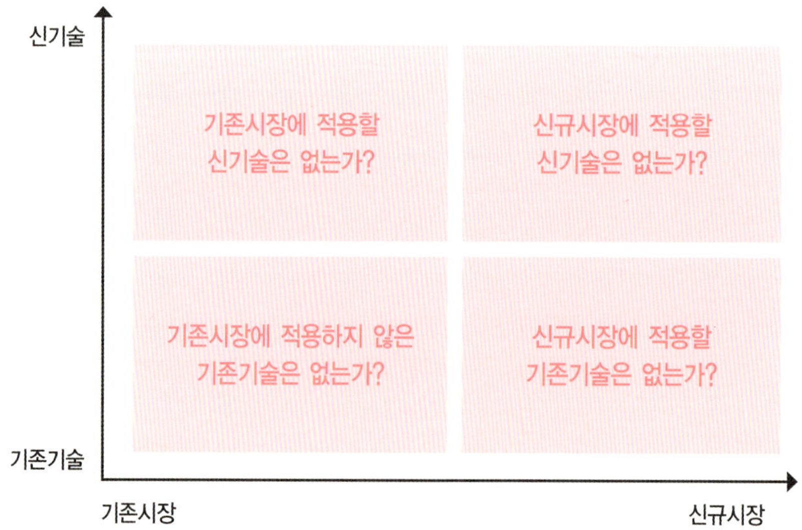

기술조사 단계에서 어떠한 기술을 개발할 것인가? 라는 질문에 이러한 4분면 분석을 활용하여 다음 4가지 질문을 해 볼 수 있다.

- 기존 기술 가운데 기존 시장에서 적용하지 않은 것은 없는가?
- 새로운 기술로 기존 시장에 적용할 것은 없는가?
- 기존 기술로 새로운 시장에서 적용할 것은 없는가?
- 새로운 기술로 새로운 시장에 적용할 것은 없는가?

이를 통해 보유한 기술을 어떤 시장에 어떻게 적용할 것인가 고려할 수 있고, 새롭게 개발할 기술의 진출 시장을 분석할 수 있다. 또한, 부족한 기술이나 자원 등의 충당을 어떻게 해야 할 지에 대한 문제제기를 할 수 있고, 기술개발의 방향성을 제시할 수 있게 된다.

읽어보기

미래 예측을 실패해 도태한 기업의 이야기로 1870년대 전신회사인 웨스턴유니언의 사례를 들 수 있다. 그 당시 거대기업이었던 웨스턴 유니언은 알렉산더 그레이엄 벨(Alexander Graham Bell)이 발명한 전화 매각 제안을 수용하지 않았다. 벨은 자신의 전화기술특허를 10만 달러에 매각할 것을 웨스턴 유니언에 제안했지만, 당시 웨스턴 유니언 사장은 벨의 전화기술의 가치평가와 미래수요예측 분석에 소홀하였고 결국 벨의 제안을 거절했다. 웨스턴 유니언으로부터 거절당한 벨은 투자자들과 함께 1877년 벨 전화회사(Bell Telephone Company)를 직접 설립하였다. 벨 전화회사는 벨의 기술과 특허를 이용하여 전화사업의 주도권을 확보할 수 있었고, 후에 자회사인 AT&T를 설립하면서 급성장하며, 주식매입을 통해 웨스턴 유니언의 경영권을 확보하였다. 그로 인해 AT&T는 미국 최대규모의 통신회사로 자리 잡기 위한 초석을 다졌으며 오늘날 미국 최대 규모의 기업으로 성장했다. 이러한 웨스턴 유니언 사례는 기술예측과 미래수요예측이 기업의 성패에 영향을 미치는 중요한 요인으로 작용할 수 있음을 보여주었다.

Chapter 02

2.2. 고객이 원하는 기술인가?

성공적인 기술사업화를 위해서는 시장의 흐름과 고객의 요구를 잘 파악하고, 적합한 시점에 시장 진입을 해야 한다. 아무리 훌륭한 기술기반의 신제품이라 할지라도 고객과 시장의 흐름을 파악하지 못하면 실패를 맛볼 수밖에 없기 때문이다. 따라서 기술개발 이전 아이템 선정과정에서 가장 중요한 조사 중 하나는 고객니즈와 시장규모를 예측하는 것이다. 고객의 요구와 시장규모를 파악하는 것은 시장에서 기술사업화 단계인 성공적인 제품 출시를 가늠할 수 있는 척도 중 하나이기 때문이다.

시장성 분석이란, 기술을 바탕으로 생산된 제품 및 서비스를 판매할 수 있는 시장을 찾아 시장규모와 고객수요(판매)를 예측하는 것이다. 즉 사업화할 기술제품 및 서비스를 어디에 얼마나 어떻게 팔 수 있을지 조사하는 것이다. 시장성 분석은 다음과 같은 내용을 포함한다.

- 기술제품/서비스에 대한 시장규모는 얼마인가? – 시장규모
- 기술제품/서비스에 대한 시장점유율은 얼마인가 – 수요예측
- 기술제품/서비스가 기존시장에서 매력적인가? – 고객/경쟁분석
- 기술제품/서비스에 대한 시장전망은 어떠한가? – 시장전망 분석
- 기술제품/서비스에 대한 목표시장이 있는가? – 목표시장

시장조사를 전문적으로 수행하는 전문 컨설팅 기업과 연구기관에서는 주로 일정규모의 시장수요를 예측하는 시장규모분석을 진행하기 때문에 대기업이나 산업단위의 시장조사가 대부분이다. 하지만 자원이 부족한 기술창업기업의 초기단계에서 기술아이템에 적합한 시장정보를 조사하기는 현실적으로 매우 어려운 실정이다. 또한 직접 발품을 팔아 조사를 하거나 인터넷, SNS 등의 소셜미디어를 통한 설문방법은 조사의 한계가 있다.

2.2.1. 제한된 데이터로 시장규모 예측하기

페르미 추정법은 세계 최초로 원자로를 제작한 핵물리학자 엔리코 페르미가 만든 사고법으로 제한된 데이터를 기반으로 신속하게 시장규모를 예측하고 의사결정을 할 수 있는 유용한 방법이다. 페르미 추정법은 어떤 문제에 대한 일반적인 지식과 제한된 정보를 가지고 짧은 시간 안에 대략적인 근사치를 추정해 나가는 과정이다. 이는 〈그림 2.3.〉과 같이 (1)데이터 조사를 통한 가정 설정 (2)추론을 통한 어림셈실행 (3) 현실성 검증 순서로 진행된다. 예를 들어, 페르미가 학생들에게 제시했다는 페르미 추정의 대표적인 사례인 "미국 시카고의 피아노 조율사는 몇 명일까?" 라는 문제를 살펴보자. 일반적으로 알고 있는 상식과 기초적인 데이터를 바탕으로 논리적 추론을 통해 시장의 크기를 파악할 수 있다.

〈그림 2.3.〉 데이터 조사와 추론을 통한 비교

(1) 데이터 조사를 통한 가정

질문	가정
1. 시카고 인구는?	300만명
2. 가구당 구성원 수는?	3명
3. 가구당 피아노 보급률은?	10%
4. 가구당 피아노 조율은 얼마나 자주할까?	1년에 1회
5. 조율사는 하루 몇건 조율?	4건
6. 조율사는 1년에 몇일 일하나?	주 5일

(2) 추론을 통한 어림셈

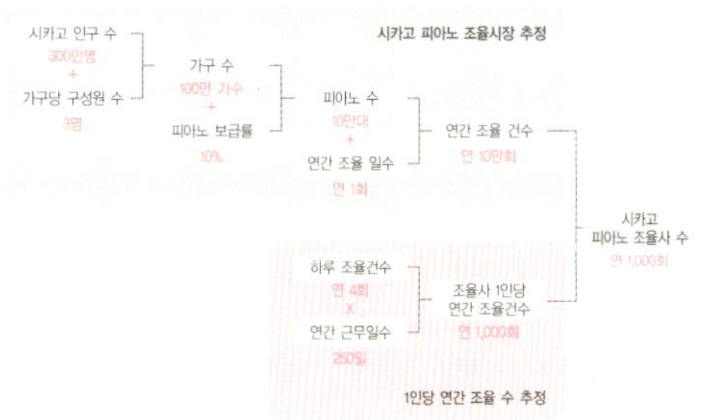

이러한 추론을 통해 대략적인 조율사 수는 100명일 것이라는 답안을 유추할 수 있다. 이 해답은 제한된 데이터와 상식을 토대로 대략적으로 추론된 결론이기 때문에 결과에 대한 (3) 현실성 검증 과정이 반드시 필요하다. 또한 논리적이고 상식적인 가정설정과 추론과정이 중요하기 때문에 학습자 스스로 '더욱 정확한 추정을 하려면 무엇을 조사해야 할까?' 라는 물음을 던지고, 이에 대한 답을 찾는 논리적 사고가 필요하다.

인터넷을 통해 현실적 검증자료를 찾고자 한다면 원하는 제품의 기업이나 정부가 제공하는 홈페이지를 활용할 수 있다. 대다수 관련 기업 홈페이지에서 매출액 및 매장 수 등의 많은 정보들을 찾을 수 있다. KOSIS 국가통계포털 (http://kosis.kr), 통계청 (www.kostat.go.kr) 등 공공기관 홈페이지에서도 시장규모에 관련된 정보를 무료로 열람할 수 있다. 또한 글로벌 시장분석의 경우 유통시장 규모에 대한 객관적인 자료는 한국 직접판매협회 KDSA (http://www.kdsa.or.kr) 등의 사이트에서 유용한 정보를 확인할 수 있다.

2.2.2. 사용자 니즈기반 의사결정 하기

제품이나 서비스가 모든 고객을 만족시키기란 현실적으로 불가능한 일이다. 고객들의 성향과 취향이 다양하고 선호가 시시각각 변하기 때문에, 어떤 조건을 충족한다 할지라도 다른 조건이 충족되지 않으면 충분한 만족감을 느끼지 못하는 경우가 많다. 또한 시간에 따라 고객의 만족도 또한 변하기 때문에 이에 대한 명확한 예측과 의사결정을 하는 것은 매우 어렵다. 예를 들어, 터치패드 스마트폰이 처음 소개되었을 때는 혁신적이고 매력적인 기술제품이었지만 시간이 지날수록 더 좋은 성능의 터치패드 기능을 선보여도 당연한 기능으로 여겨질 뿐, 고객 만족도나 매력도가 크게 증가하지 않는 경향이 있다. 기술기반의 신제품과 서비스를 기획할 때, 사용자들이 어떤 기능과 기술을 얼마나 필요로 하는지, 어떤 기능을 제외해야 하는지 등의 판단이 필요하다. 이처럼 사용자 중심의 니즈를 기반으로 최적의 의사결정을 하기 위해서는 다양한 요인을 고려해야 한다. 이러한 의사결정을 하기 위해 활용하는 대표적인 방법론으로 카노(KANO)모델 기법이 있다.

/ 카노모델 기법

일본의 동경이과대학의 카노 노리아키 교수가 개발한 카노모델 기법은 고객만족을 측정하는데 활용될 수 있는 품질관리 및 마케팅 기법으로, 제품/서비스 기능의 수준에 따라 고객의 만족도 및 감정의 반응을 알아보는 조사 방법이다. 카노 교수 연구팀은 실험을 통해 고객만족 요소를 구분하고 제품 기능의 존재와 강도에 따른 감정반응의 정도를 조사하였다.

매력적인 기능/요소 사용자가 이전에 미처 알지 못하는 니즈를 충족시켜주는 기능. 매력적인 기능이 충족되지 않더라도 큰 불만족을 가지지는 않지만, 고객에게 만족감과 즐거움을 주고, 제품의 긍정적인 반응을 이끌어내는 중요한 기능 중 하나이다. 예를 들어, 중요한 이메일을 선별해 상단에 정렬해 주는 자동분류기능은 사용자가 쉽게 필요한 메일을 찾게 할 수 있는 매력적인 기능이 될 수 있다.

일차원적(성능적) 기능/요소 기능 및 요소가 많을수록 고객의 만족도가 증가되는 기능. 예를 들어 사용편리성 안전성, 오락성 등의 다양한 기능이 잘 갖춰져 있을수록 고객만족도는 증가하게 된다.

기본적인 기능/요소 고객들이 당연히 포함되어있을 것이라고 기대하는 기능. 고객들이 기본적으로 기대하는 기능들이 충족되지 않으면 불만족을 느끼고, 이 기능이 충족되고 개선되었어도 크게 만족을 느끼지 않는 경우이다. SNS 상의 자료공유 기능 및 빠른 채팅서비스는 당연히 요구되는 기능이며, 공유속도나 채팅속도가 조금이라도 늦어지면 불만족을 느끼게 된다.

위의 기능 중 매력적인 기능은 고객 만족도를 이끌어내고 경쟁사의 경쟁우위를 확보하는데 중요한 요소이다. 하지만 이를 발견하기 위해서는 고객의 잠재 욕구와 사용 환경 등에 대한 철저한 조사와 분석이 수반되어야 한다. 〈그림 2.4.〉와 같이 매력적이라고 평가된 기능도 시간이 지날수록 당연하고 매력적이지 않은 기능으로 고객의 인식이 바뀌는 경향이 있기 때문에 고객이 제품/기능에 대해 느끼는 가치와 반응은 지속적으로 주의 깊게 관찰해야 한다.

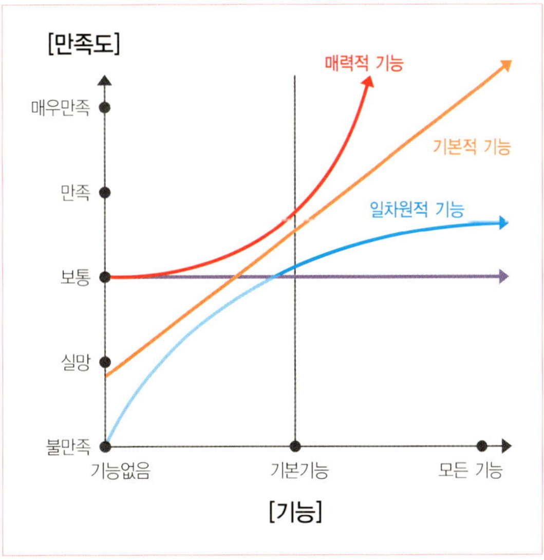

〈그림 2.4.〉 카노 곡선

Chapter 02

읽어보기

카노분석 방법_ 제품기능에 대한 구분을 토대로 하나의 제품/서비스에 대한 부정적, 긍정적인 질문에 대한 고객만족도를 KANO의 분류표를 이용하여 분석하는 방식이다. 예를 들어 먼저 A라는 제품/서비스에 대한 고객 반응을 5가지 척도로 나누어 긍정적/부정적 질문 문항을 만든다.

긍정적 질문 (I) : A 기능/서비스를 제공하면 어떤 느낌이 들겠습니까?	부정적 질문 (II) : A 기능/서비스가 제공되지 않는다면 어떤 느낌이 들겠습니까?
1. 마음에 든다.	1. 마음에 든다.
2. 당연하다.	2. 당연하다.
3. 아무런 느낌이 없다	3. 아무런 느낌이 없다
4. 어쩔 수 없다.	4. 어쩔 수 없다.
5. 마음에 안 든다.	5. 마음에 안 든다.

만일 A기능에 대해 고객이 긍정적 설문에 1번, 부정적 설문에 2번으로 응답했다면, 이 기능은 아래 표의 빨간색 표시가 되어있는 "매력적" 인 기능이라고 판단할 수 있다.

불충족 충족		부정적 질문 (II)				
		(1) 마음에 든다.	(2) 당연하다.	(3) 아무런 느낌이 없다.	(4) 어쩔 수 없다.	(5) 마음에 안 든다.
긍정적 질문 (I)	(1) 마음에 든다.	회의적 비논리적	매력적	매력적	매력적	일차원적
	(2) 당연하다.	역평가 (Reverse)	무관심 (indifference)	무관심 (indifference)	무관심 (indifference)	기본적
	(3) 아무런 느낌이 없다.	역평가 (Reverse)	무관심 (indifference)	무관심 (indifference)	무관심 (indifference)	기본적
	(4) 어쩔 수 없다.	역평가 (Reverse)	무관심 (indifference)	무관심 (indifference)	무관심 (indifference)	기본적
	(5) 마음에 안 든다.	역평가 (Reverse)	무관심 (indifference)	무관심 (indifference)	무관심 (indifference)	회의적 비논리적

카노모델 기법은 고객니즈에 기반한 제품의 기능을 선택할 때에는 유용한 분석방법이지만, (1)제품기능 및 서비스에 대해 충분히 이해하고 있는 사용자, (2) 편향되지 않은 사용자를 대상으로 설문해야 하며, (3)매력적이고 만족한 기능/서비스에 대한 지불의향이 포함된 것이 아니기 때문에 분석 결과의 해석에 주의가 필요하다.

2.2.3. 시장의 경쟁요인 분석하기

시장 및 산업내의 경쟁요인을 분석하기 위해 널리 알려진 마이클 포터(Michael E. Porter)의 5가지 경쟁요인 모델(Five Forces Model)을 많이 활용한다. 하버드 경영대학원의 교수인 마이클 포터가 제시한 5가지 경쟁요인 모델은 시장의 경쟁요인을 5가지로 나누어 설명하고, 각 요인에 대한 경쟁 상황 및 위험요소를 파악하도록 하는 방법이다. 5가지의 경쟁요인은 〈그림 2.5.〉와 같다.

① 기존 기업 간의 경쟁관계

유사 기술/제품의 경쟁사와의 적대관계가 어느 정도 강한지 나타낸다. 적대관계가 강할수록 소모되는 경영자원이 증가하므로 수익성은 떨어질 수 있다.
(예 : 코카콜라 vs 펩시, 아모레퍼시픽 vs. LG생활건강 등)

② 신규 기업의 진입 위험

신규 진입자가 많을수록 업계 내 경쟁의 수가 증가하면서 경쟁이 심해지고 기업의 수익성은 저하될 수 있다. (예 : 새로운 게임업체, 앱 개발업체 등장)

③ 대체재의 위협

기존의 제품/서비스를 대체할 수 있는 매력적인 대체품이 있는지 나타낸다. 매력적인 대체품의 출현은 고객의 이탈을 발생시키고 따라서 수익성 하락으로 이어질 수 있다
(예 : 핸드폰의 카메라 기능, 디지털 북 등)

④ 구매자의 협상력

소비자, 고객의 협상 정도를 나타낸다. 고객은 가격인하, 품질개선 등을 요구할 수 있는 강한 힘을 가지고 있기 때문에 고객의 교섭력이 높을수록 경쟁의 강도는 심해지고 가격인하와 비용증대로 수익성이 낮아질 수 있다. (예 : 화장품산업의 고객요구 세분화, 고급화, 다양한 선택권한 등)

⑤ 공급자의 협상력

원자재나 부품을 공급하는 공급자의 협상 정도를 나타낸다. 공급업자는 납품하는 제품/서비스의 가격을 인상하거나 품질을 낮추며 협상력을 행사할 수 있다. 공급자의 교섭력이 높을수록 비용이 증가하고 수익성이 낮아질 수 있다. (예: 전세계 다이아몬드 유통의 80%를 장악하는 드비어스 기업)

〈그림 2.5.〉와 같이 5가지 경쟁요인 모델 분석을 통해 현재 목표시장에서 자사가 어떠한 상황에 놓여 있는지 확인이 가능하고, 주요 경쟁 상황에 대해 확인할 수 있다. 또한 5가지 요소가 시장 및 산업의 장기적인 수익성을 결정하기 때문에 시장에서 자사의 제품 수익성을 어느 정도 예상할 수 있다.

특히 신제품 개발이나 신규 시장 진출과 관련된 문제 해결에서 더욱 효과적이고 철저한 분석이 요구된다. 경쟁요인 모델을 바탕으로 한 명확한 분석이 이루어져야 시장에서의 포지셔닝과 경쟁요소들의 변화를 예측하고 대응하는 전략을 수립할 수 있기 때문이다. 예를 들어 소프트웨어 앱(App) 개발에서 성공한 기업이 의류사업에 뛰어들까 고민 중이라면, 과연 자사의 역량으로 전혀 다른 새로운 사업에 진출해야 하는 이유와 사업 성공을 위한 해결책을 구하기 위해 경쟁자는 누구인지, 어떤 구매자, 판매자가 있는지, 신규 진입자는 없는지, 대체품은 무엇인지 등에 대한 종합적인 분석이 이루어져야 한다.

〈그림 2.5.〉 5 경쟁요인 모델

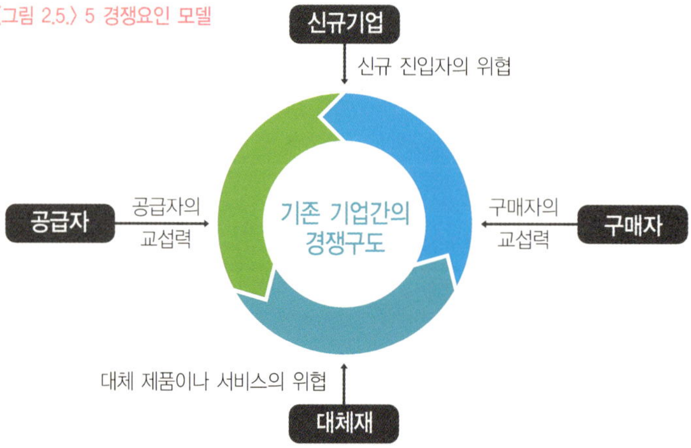

2.2.4. SWOT 분석

무슨 일이던 간에 성공하기 위해서는 전략을 수립하는 것이 중요한데, 완벽한 전략을 위해서는 자신과 자신이 처한 환경에 대한 구체적인 분석이 필요하다. 기업 경영도 마찬가지이다. 기술사업을 실행하기 전 기업 경영과 관련하여 대표적인 분석 도구인 'SWOT 분석' 을 활용하여 시장환경을 분석하고 위협에 대응할 수 있는 전략수립이 필요하다.

SWOT분석이란 어떤 기술 또는 기업의 내부 환경을 분석하여 강점과 약점을 발견하고, 외부환경을 분석하여 기회와 위협을 찾아내어 이를 토대로 강점은 살리고 약점은 죽이고, 기회는 활용하고 위협은 억제하는 마케팅 전략을 말한다. 이때 사용되는 4요소를 강점 · 약점 · 기회 · 위협(SWOT)이라고 한다. 이러한 4요소 중 기업 내부의 강점과 약점, 기업 외부의 기회와 위협을 대응시켜 기업의 목표를 달성하려는 전략을 나타낸다. 학자에 따라서는 기업 자체보다는 기업을 둘러싸고 있는 외부 환경을 강조한다는 점에서 위협 · 기회 · 약점 · 강점(TOWS)으로 부르기도 한다.

자원이 상대적으로 부족한 기술창업기업은 이러한 SWOT분석을 활용하여 내부적인 강점 및 약점과 시장에서의 위협 및 기회를 파악하여 거대기업의 경쟁에서 우위를 차지하여야 한다. 기술창업기업의 SWOT분석은 다음 〈표.2.1.〉과 같다.

〈표 2.1.〉 기술창업기업의 SWOT 분석

외적요인 / 내적요인	장점 (Strength)	단점 (Weakness)
	▣ 경영 효율이 높음 ▣ 대외환경에 신속하게 대응 ▣ 다품종소량 생산이 가능	▣ 대표자 의존도가 높음 ▣ 자금조달능력 열세 ▣ 인력 유치, 유지가 어려움 ▣ 대량생산체계 어려움 ▣ 원자재 구매 비용이 증가
기회 (Opportunity)	우선수행(SO) 전략	우선보완(WO) 전략
▣ 민간 자본의 투자 촉진 ▣ 신성장산업의 성장 ▣ 동북아 FTA와 남북교류 ▣ 한류로 브랜드 파워 향상	1. 투자유치를 통한 자본 확충 2. 신규시장 선점 3. 소비자 맞춤형 제품 적기 출시	1. 경영프로세스 및 조직 구성 2. 고급 인력 충원, 유지 3. 린(lean) 프로세스 활용
위협 (Treat)	리스크(ST) 해결 전략	장기보완(WT) 전략
▣ 엔저로 인한 수출경쟁력 악화 ▣ 신흥시장 경기 둔화에 따른 수출 감소 ▣ 금리인상으로 인한 금융부담 증가 ▣ 내수 침체 발생 가능성	1. 미국 등의 선진국 수출 추진 2. O2O(Online to Offline) 마케팅 3. 고정금리 대출로 전환	1. 최적화된 경영프로세스 확립 2. 수출경쟁력 확보 3. 제조업의 서비스화 추진

2.3. 기술의 제품/서비스화가 가능한가?

구글이 개발한 스마트 안경(구글 안경)은 사진은 물론 동영상 촬영, 트위터나 페이스북 등 소셜네트워크 서비스, 이메일, 심지어 앱 쇼핑도 할 수 있는 안경형 모바일 기기이다. 이 기술은 2014년 시제품이 출시될 때만해도 혁신적인 IT제품으로 각광을 받았으나 사생활 침해위험, 데이터 활용범위 등 도덕적이고 윤리적인 문제들에 봉착했고, 결국 고객의 선택을 받지 못했다. 구글 안경의 주요 실패요인은 사용자의 문화나 사회규범, 법규제 등에 대한 충분치 않은 고려, 목표 고객에 대한 지나친 일반화로 평가된다. 이는 사용자의 입장을 반영하지 않고 개발자 중심의 시각에서 추진된 기술상품이었기 때문에 실패한 것으로 볼 수 있다.

이처럼 아무리 혁신적인 기술이라도 기술력만으로는 상업적인 성공을 보장할 수 없다. 성공적인 기술사업화를 위해서는 차별화된 기술력을 토대로 관련 부품조달 가능성, 기술의 확장성, 정책 및 규범의 적합성, 고객구매 의사 등 기술이 상품화되어 가치를 창출할 수 있는 여러 가지 요인들을 신중하게 고려해야 한다. 또 다른 사례로 최근 IBK 기업은행이 시범운영 중인 홍체 인식 ATM 서비스는 업계에서 최초로 생체인식기술을 도입한 서비스인 만큼 타 경쟁사의 관심을 받고 있지만, 실제 홍체 인식 ATM 서비스의 사업화 가능성은 미지수이다. 홍체 인식용 ATM을 납품하는 공급업체와의 이해관계도 고려해야 하고, 고객의 생체 데이터를 검증할 정합성 기준이나 생체 데이터를 안전하게 암호화시켜 관리하는 방법 등 기술 외적인 부문에서 해결해야 할 어려운 문제가 남아 있기 때문이다.

이와 같이 기술이 실제 사업화되기 위해서는 사업화를 전제로 제품과 서비스에 대한 분석이 필요하다. 이를 위해서는 몇 가지 질문에 구체적인 답변이 가능한지 고려해야 한다. 이러한 기본적인 질문에 답변이 불가능하다면 기술사업화 추진여부를 다시금 생각해 보는 것이 좋을 것이다. 따라서 기술화할 제품 및 서비스가 〈표2.2.〉와 〈표2.3.〉과 같은 사항을 충족할 수 있는지 질문해 보고 해당 내용을 검토해야 한다.

〈표 2.2.〉 제품과 서비스 분석 검토 항목

질문 사항	체크 사항
현 시점에서 제품 혹은 서비스의 구현이 가능한가?	▣ 제품 혹은 서비스 구현에 필요한 핵심기술과 주변기술을 안정적으로 확보할 수 있어야 한다. ▣ 현재가 아닌 미래에 구현 가능한 기술이 필요하다면 사업화는 불가능하다. ▣ 핵심기술과 주변기술의 정합성이 있어야 한다.
상업적 가치가 있는가?	▣ 시장에 출시되더라도 고객의 선택을 받지 못한다면 무용지물이 된다. ▣ 신규 시장의 경우 일정규모의 시장을 창출하는데 장애 요인이 있거나, 시장을 창출할 수 있는 능력이 없으면 사업화는 불가능하다.
경쟁 제품 혹은 서비스 대비 경쟁력을 갖추었는가?	▣ 가격 혹은 품질 경쟁력을 확보하고 있어야 시장 출시 후 사업화가 가능하다 ▣ 제품 출시 이후 경쟁사의 가격 인하 전략, 신제품 출시 등의 대응에 대처할 수 있을 만큼 수익성과 제품성을 확보해야 한다.

〈표 2.3.〉 제품/서비스 조사검토 항목

제품/서비스 조사	검토항목
제품화 용이성	▣ 재료 및 부품가격이 안정적인가? ▣ 기존 생산설비의 활용이 가능한가? ▣ 기존 생산인력의 기술수준이 높고 생산 가능한가? ▣ 대량생산이 가능한가?
시장구조	▣ 해당 시장에 독과점 등의 위험세력은 있는가? ▣ 새로운 경쟁자의 출현 가능성이 있는가? ▣ 해당 제품/서비스에 대한 대체품이 있는가? ▣ 시장진입에 대한 규제가 존재하는가?
시장규모 및 점유율	▣ 기술의 목표시장은 무엇인가? ▣ 유사 제품 및 서비스의 시장규모는 어떠한가? ▣ 시장 점유율을 확보할 수 있는가? ▣ 잠재고객 및 수요를 감안한 미래 시장규모는 어떠한가?
시장 성장성	▣ 목표시장의 향후 성장률은 어떠한가? ▣ 향후 시장성장 가능성은 어떠한가?
수요성격	▣ 제품/서비스와 관련된 고객의 특성 및 고객 충성도는 어떠한가? ▣ 고객이 시장변화와 가격에 민감한가?
투자 수익률	▣ 투자한 자본에 대한 수익 비율은 어떠한가? ▣ 제품 및 서비스가 경제적, 사회적으로 미칠 파급 및 활용 지속성은 어떠한가? (부가가치, 고용창출 등)
사업화 계획의 타당성	▣ 시장세분화 전략, 홍보전략, 경쟁자 분석 등 마케팅 전략이 합리적이고 타당한가?

기술사업화에 성공하기 위해서는 기술역량 및 생산역량 등 다양한 조건이 충족되어야 한다. 그 중 가장 중요하게 고려해야 하는 것은 고객이다. 수익창출이 기본적인 목표라면 결국 사업화할 제품 및 서비스를 통해 수익을 창출할 수 있어야 하고, 이를 위해서는 제품 및 서비스에 관심을 가지고 구매할 수 있는 고객과 시장이 확보되어야 한다. 기술개발 자체에 초점을 맞추다 보면 고객의 관점이 등한시 된 제품으로 발전되는 경우가 많다. 기술개발 단계에서부터 고객이 무엇을 원하는지, 시장의 향후 변화는 어떠한지를 항상 생각해야 한다.

전문가 Tip

많은 공공기관에서 경제, 사회, 문화, 문화, 소비, 미디어 등 다양한 분야에 대한 조사를 매년 또는 분기별로 실시하고 이를 발표하고 있다. 이러한 정기조사자료를 참조하면 다양한 규모의 통계 자료를 쉽게 확보할 수 있을 것이다.

▣ 통계청 (http://kostat.go.kr/portal/korea/index.action)
국가지표와 관련 있는 모든 통계 데이터를 활용할 수 있음.

▣ 한국은행 경제통계시스템 (http://ecos.bok.or.kr/)
통화 및 금리, 국민소득, 물가, 국제수지, 자금 순환, 경기, 기업 경영 분석, 산업 연관 분석 등 경제 각 분야에 걸친 주요 국가의 기본 경제 통계를 제공함.

▣ K-stat (http://stat.kita.net/main.screen, 한국무역협회 수출입통계)
국내 무역 통계를 비롯하여 주요 국가의 해외 무역 통계, 세계 무역/경제 통계를 다양한 형태로 분류 · 수록하여 인터넷을 통하여 제공하는 무역 통계 전문 데이터베이스에서 활용할 수 있음.

▣ 산업기술종합서비스(ITTS) (http://www.itts.or.kr/index.9is)
국내외 산업 기술과 관련하여 기술 정보, 시장 현황 트렌트 및 연구보고서 등을 제공함.

▣ TFIND (http://www.itfind.or.kr/itfind/main.htm, 정보통신기술진흥센터)
ICT관련 전문 포털 사이트로 연구보고서, 특허, 학술, 통계, 산업 정보, 연구 개발 정보 등 광범위한 ICT 기술 및 산업 정보를 제공함.

Chapter 02

읽어보기

앞서가는 기술, 시장에서 외면당하다.

리튬일차전지 및 특수전지 생산업체인 A기업은 연구소로부터 이전받은 아연공기전지 기술로 사업화를 시도하였다. 이 기술은 휴대폰, 노트북 등 모바일 디바이스, 전기자동차 등에 사용되는 리튬이차전지와 달리, 가격이 저렴한 금속전지 기술은 적은양의 전력으로도 원거리(약 200m 반경까지) 사용이 가능한 능동형 RFID 태그 등에 적용되는 기술이다. 당시 이 기술은 전문성과 효율성이 매우 높은 우수한 기술이었지만 사업화 당시에는 시장이 성장하기 전이었고, 시장에서 요구하는 사이즈가 명확하지 않아 기술의 완성도가 높지 않은 상황이었다. 최근 사물인터넷(internet on thing ; IoT) 시장이 증가할 것으로 예상되면서 이 기술을 활용한 사업화 프로젝트가 다시 추진 중이지만, 당시 기술을 현재 적용하기에는 가격경쟁력이 없는 것으로 판단되어 결국 시장의 선도적 위치를 차지하려고 했던 계획은 무산되었다.

A기업이 아연공기전지 기술로 사업화에 실패한 이유는 시장 진입시점이 지나치게 빨랐기 때문이다. 즉, 앞서 나간 기술로 인해 정확한 시장 예측을 하지 못한 것이 주요 실패요인이라 할 수 있다. A기업은 기술사업화 프로젝트를 통해 핵심기술을 확보하였음에도 불구하고 해당 전지가 적용될 만한 제품이 전무한 실정에서 설비투자를 추진할지에 대한 판단여부가 불확실했다. 핵심 기술만 확보해 놓은 채 생산설비에 대한 투자는 추진하지 않고 있었던 것이다. 이와 같이 아무리 뛰어난 기술이라도 시장에서 받아들일 준비가 되지 않으면 빛을 보지 못한 채 사장될 수 있다.

단원요약

- 기술을 사업화하기 이전 단계에 기술이 구현가능한지, 시장 경쟁력은 있는지, 경제적인 이윤을 창출할 수 있는지 등 기술사업화의 성공여부를 충분하게 조사하고 분석해야 한다. 이러한 측정과 평가를 통해 기술개발을 진행여부와 다른 대안은 없는지 등의 종합적인 의사결정이 이루어진다.
- 기술개발에 앞서 가장 먼저 선행되어야 할 과정 중 하나가 사전조사분석 과정이다. 기술의 사업타당성을 분석하기 이전에 기술의 차별성, 실현가능성, 고객요구, 시장환경, 기술개발의 지원 및 제반 환경 등을 철저하게 분석하는 단계이다.
- 핵심기술을 바탕으로 한 제품차별화가 근본적으로 최우선 되어야 하고, 그에 따른 주변기술 및 기존 인프라 기술과의 정합성을 살펴보아야 한다.
- 기술성 분석이 단순히 제품의 목표 성능의 달성 여부를 검토하는 수준을 넘어 개발자 관점에서 판단하기 보다는 고객의 관점에서 검토할 필요가 있다.
- 기술분석 과정에서 미래사회에 필요로 하는 요구들을 충족시키는 기술을 예측하고 개념을 도출하는 기술예측과정이 반드시 필요하다.
- 수익창출이 사업의 기본적인 목표라면 사업화할 제품 및 서비스에 의해 경제적 수익을 창출할 수 있어야 하고, 이를 위해 새로운 제품과 서비스에 관심을 가지고 구매할 수 있는 고객과 시장이 존재해야 한다.

핵심용어 정리

- 사전조사분석
- 기술분석
- 기술예측과정
- 시장성 분석
- 페르미 추정법
- 카노모델 기법
- 5가지 경쟁요인 모델
- SWOT분석
- 제품 및 서비스 분석
- 시장관점/고객관점

Chapter 02

학습하기

1. 미래 유망기술을 기술예측 방법론을 활용하여 학습해 보자.
2. 페르미 추정법 학습 문제 :
   아웃도어 브랜드 중 OO제품의 등산화는 일 년에 몇 개나 팔릴 수 있을까?
   - 아웃도어 업계의 시장규모 분석 예를 들어, 포털과 홈페이지에 제시된 정보를 조합하여 다음과 같이 추정된 시장의 크기를 검증해 본다.
     (기업별 매출액 자료 조사/ 중기청 매출표. 활용)
3. 카노분석기법을 이용하여 제품/기능에 대한 평가 해 보자.
4. 경쟁모델을 활용하여 위험요인을 평가해 보자.

해당 산업분야에 대한 다섯 가지 요인 중 각 요인의 중요성에 대한 점수를 1점(중요하지 않음)에서 5점 (매우 중요함)으로 측정한다. 그 후 각각의 요인이 해당 산업분야에 줄 수 있는 위협에 점수를 준다. 가중치를 주기 위해 3번째 줄의 위협 점수에 두 번째 줄의 중요성 점수를 곱한다. 세 번째 줄의 가중치를 더하여 총 가중치를 구한다. 이 점수는 해당 산업분야의 경쟁정도를 측정하는데 사용한다.

최소 점수 = 5 (매우 매력적임) / 최대점수 = 125 (전혀 매력적이지 않음)

위협요인	(1) 중요도	(2) 해당 산업에 대한 위협	가중치 (1) X (2)
기존 경쟁자			
공급자 협상력			
구매자 협상력			
신규 진입자			
대체재			
			총점 ___________

*중요도 점수
1 = 중요하지 않음, 5 = 매우 중요함 : 해당 산업의 위협 점수 1 = 낮음 3 = 중간 5 = 높음

5 SWOT분석을 이용하여 기술/기업의 강점, 약점, 기회, 위협 요인을 알아보자.

내부	**강점** 1. 2. 3.	**약점** 1. 2. 3.
외부	**기회** 1. 2. 3.	**위협** 1. 2. 3.

참고문헌 및 보충자료

- 도쿄대학 케이스 스터디 연구회, 강혜정 역, 도쿄 대학 수재들이 가르쳐 주는 페르미 추정 두뇌 활용법, 2011.
- 마이클 포터, 조동성 역 마이클 포터의 경쟁전략, 21세기북스, 2008.
- 박용삼, 왜 좋은 기술이 실패하는가, POSRI보고서, 2015.
- 스텐 데이비스, 김승욱 역, 미래의 지배, 경영정신, 2002.
- 조병선,지경용,김유진,이봉규, 미래기술 예측방법 프로세스, ETRI, 2009.
- 한국산업기술평가관리원, Big Data 및 N-S Chain 분석을 활용한 기술예측조사 방법론 (바이오분야 적용사례) KEIT PD 보고서, 2014.
- KANO N. Seraku, N., Takahashi, F. & Tsuji, S, Attractive quality and must-be quality, Quality, The Journal of the Japanese Society for Quality Control, 1984.
- KISTI, 술로드맵 작성과 실무, 2009.
- LG경제연구원, 고객 통찰력 없는 혁신 기술, 기업을 함정에 빠뜨린다, 2014.
- The Handbook of Technology Foresight http://ec.europa.eu/research/social-sciences/pdf/efmn-mapping-foresight_en.pdf.

Chapter 02

단원 사례연구

왜 삐삐회사는 실패했는가?

무선호출기(삐삐)로 통신업계에 진입한 팬택은 우리나라 벤처 1세대의 성공신화로 불린다. 중소기업으로 정보기술(IT) 전자업계에서 가장 치열한 휴대전화 시장에서 수년간 존재감을 알려왔기 때문이다. 전 직원의 70%가 연구원으로 구성되고 5000여개의 특허를 보유하는 등, 우수한 기술력은 대기업의 아성을 뛰어넘을 정도로 승승장구할 수 있었던 원동력이 되었다. 하지만 우수한 기술력도 고가의 프리미엄 전략, 내수시장 공략 등 시장환경과 요구에 적절하게 대응하지 못한 채 결국 무너지고 말았다. 우수한 기술력도 결국 시장을 읽지 못하면 실패할 수 있다는 것이다. 벤처신화 팬택의 실패요인을 자세히 살펴보자.

우선 급변하는 시장 환경에 발 빠르게 대처하지 못한 이유가 가장 크다. 높은 기술력에 집중하면서 신기술을 적용한 최고 사양 제품만을 고집한 것이 원인이었던 것이다. 예를 들어, 좀 더 앞선 기술로 판단되었던 소프트키 방식을 스마트폰에 적용했지만 시장에서 외면 받고 고객이 필요로 하는 하드키 방식으로 다시 전환하였다. 고객이 무엇을 원하는지, 어떤 기능을 필요로 하는지 신중하게 고려하지 않고 자사의 우수한 기술력만 믿고 사업을 추진한 것이 문제였던 것이다. 고급 기술을 앞세운 값비싼 프리미엄 전략은 마케팅 등 자금력이 부족한 중소기업에서는 무리한 전략이었다. 브랜드 이미지가 대기업에 비해 상대적으로 부족한 중소기업의 고가제품을 고객이 쉽게 받아들이지 못하기 때문이다. 스마트폰이 대중화되면서 일반폰(피처폰) 시절과는 달라진 새로운 시장 환경에서 팬택은 고객의 눈높이가 아닌 기술개발자의 눈높이로 변화된 시장을 읽지 못한 채 예전 방식을 고수했다. 결국 기술력에만 집착하다 시장과 고객들의 눈높이를 고려하지 못한 것이다.

또한 신제품 출시 시기와 이동통신사의 장기간 영업정지라는 규제와 맞물려 시장판매에 발목이 잡힌 것도 실패요인으로 꼽을 수 있다. 정부의 규제 및 시장흐름을 예측하지 못하고 신제품을 출시한 것이다. 결국 치열한 연구개발 끝에 선보인 신제품 스마트폰은 파격적인 가격할인과 낮은 공급가를 책정했지만, 이는 팬택의 위기를 극복할 수 있는 근본적인 해결책이 아니었다. 이 또한 시장 환경을 제대로 예측하지 못하고 신제품에 대한 출시시기를 오판한 것에서 기인하였다.

이와 같이 주요 실패원인은 다음과 같은 시사점을 제시한다. 첫째, 시장을 정확히 예측하고 급변하는 환경에 유연하게 대처해야 한다. 우수한 기술력은 시장과 고객의 호응이 뒷받침되었을 때 비로소 빛을 볼 수 있는 것이다. 고객과의 소통, 시장을 보는 통찰력, 특정 소비층 공략 등을 통해 차별화된 자신만의 영역을 구축할 필요가 있다. 이것이 저가전략을 통한 소비층 공략이 될 수도 있고, 고객이 요구하는 기술을 바탕으로 한 차별화된 제품이 될 수도 있다. 둘째, 기술창업기업이나 중견기업이 기존 대기업과의 경쟁에서 살아남기 위해서는 틈새시장 공략이나 글로벌 시장 탐색 등 차별화된 전략을 개발할 필요가 있다. 기술력을 내세운 상승이 있을지라도 결국 브랜드 이미지나 마케팅, 생산력 등 수요가 많아질수록 감당하기 힘든 자금 문제와 위기가 생기기 때문이다. 따라서 언제든 찾아올 수 있는 위기상황에 적절하게 대응할 수 있도록 자금력과 현금흐름을 유지할 수 있는 대비책을 마련해 두어야 한다.

토/의/문/제

1. 팬택의 실패요인은 무엇인가?
2. 팬택의 기술사업 과정에서 간과했던 요인은 무엇인가?
3. 만일 팬택이 사업성공을 위해 당신에게 컨설팅을 의뢰했다면, 특정시점을 가정하여 어떠한 가이드라인을 제시할 수 있는가?

그룹 프로젝트

기존 개인(가정)용 프린터 시장

① 프린터는 개인 또는 가정에서 꼭 구입하는 전자제품이기 때문에

② 기존 시장은 뚜렷한 성장세의 상승은 없으나

③ 규모가 크고 성장세가 떨어지지 않는 시장이다.

④ 크린터는 휴대뿐만 아니라 기존 프린터를 대체할 수 있는 스펙 보유

⑤ 따라서 기존 시장의 규모만큼 큰 성장가능성이 있다.

〈스마트폰 주변기기 시장〉

x축 : 년도 y축 : 억 원

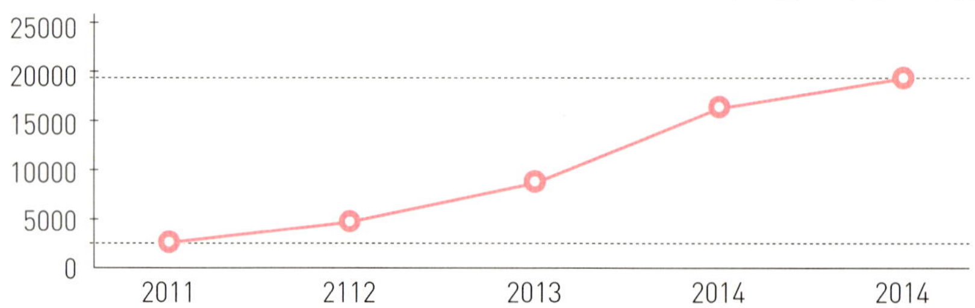

출저 : KT 경제경영 연구소

〈기존 가정용 프린터 시장〉

x축 : 년도 y축 : X1000$

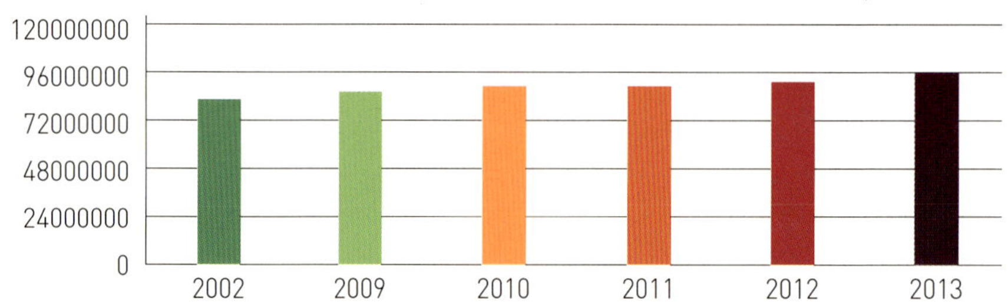

출저 : IDC–

창업자 관점 시장 수요 예측

목표 시장은 프린터 시장 중 소형프린터이다. LG의 포켓프린터는 사진 전용프린터이며, 주만지의 주요 경쟁자는 아니다. 하지만 구할 수 있는 시장규모, 고객, 경쟁제품 등 자료의 한계로 인해 시장분석에 LG포켓프린터의 자료를 인용하여 사용하였다.

| 문제점

시장 자료수집의 어려움, 한계 때문에 쉽게 구할 수 있는 2차 자료에만 의존하여 시장분석을 하는 경우가 많다.

투자자 관점 시장 수요 예측

목표 시장이 스마트폰 사용 시장이라면 왜 스마트폰 사용자 중 휴대용 프린터를 원하는 시장분석이 없는가?

국내 레이저 복합기 100만대, 포켓포토 5천대라는 시장 분석을 볼 때, 주요 경쟁자는 LG로 보인다. 정확한 자료가 없어 추정을 하더라도 전체 프린터 시장이 아닌 소형프린터, 그 안에서 스마트폰 사용자의 시장분석이 필요하다.

정확한 자료확보를 위해 추정자료를 활용하여 세분화된 시장분석과 목표시장의 예측이 필요하다.

토/의/하/기

1. 투자자 관점에서 시장수요 예측을 만들어보자.
2. 페르미 추정을 사용하여 스마트폰 사용자수를 추정해보자.
3. 카노 분석기법을 활용하여 고객이 원하는 주만지의 기능이 무엇인지 확인해 보자.
4. '크린터' 프린터에 탑재된 기능이 무엇인지 확인해 보자.
5. 5-forces 분석을 통해서 크린터 프린터의 경쟁요인을 작성해 보자.

Chapter 3

기술타당성 분석하기

학습목표1

기술사업타당성 분석의 의미와 필요성을 이해할 수 있다.

학습목표2

기술성 분석의 평가항목을 살펴보고 점검항목을 확인할 수 있다.

학습목표3

사업주체 및 사업성 분석의 평가항목을 살펴보고
사업시작 전 검토할 사항을 확인할 수 있다.

Chapter 03

단원도입사례

꿈 공장의 상징 쿼키의 파산

한때 '꿈의 공장' 이라 불리며 촉망받던 스타트업 쿼키(Quirky)가 최근 파산 신청을 했다. 클라우드 기반 제품개발 플랫폼을 제공하는 쿼키는 일반 대중으로부터 아이디어를 제공받아 제품을 설계 · 제작 · 판매하는 사업 모델로 굴지의 대기업들과 투자업계가 '제조업의 미래' 라며 추켜세운 창업기업이다. 참신하고 트랜디한 사업 모델을 바탕으로 레몬 스프레이나 다관절 멀티탭 등 기발한 아이디어 상품을 출시하였고, 여러 벤처캐피털에서 무려 1억 7,000만 달러의 투자를 받기도 하였다. 그런데 대체 무엇이 문제였을까?

'소셜 제품개발 플랫폼' 으로 설명되는 클라우드 기반 플랫폼은 아이디어 검증부터 설계, 디자인은 물론 단기간에 제품을 출시할 수 있는 시스템을 모두 갖추었다. 하지만 회사가 파산 지경에 이르게 된 표면적인 이유는 단기간에 너무 많은 제품들을 소개하기에 급급했고, 실제로 몇몇의 히트 상품을 제외하고는 시장에 출시한 제품들이 생각만큼 판매되지 않았기 때문이다. 비전문가인 대중들로부터 아이디어를 제공받는 방식이 현실성이 없었기 때문이라는 견해와 함께 고객의 의견이 언제나 모두 옳은 것은 아니라는 것을 보여주는 사례라는 견해 또한 제시되고 있다.

쿼키의 실패에는 여러 가지 전략적 경영상의 문제점들이 많겠지만, 시장의 반응을 파악하지 못하고 초기 투자성공과 오픈 플랫폼이라는 새로운 사업모델의 발전가능성에 기대를 걸었다는 것이 주된 요인일 것이다. 또한 의욕이 앞선 채 현금흐름 관리를 제대로 하지 못하고 결국 시장과 경영의 관문을 뛰어넘지 못한 것도 매우 중요한 시사점이라 할 수 있다. 쿼키의 사례는 참신한 사업모델, 탄탄한 기술력, 자금조달 네트워크 확보 등 사업화에 최적의 조건을 갖추고 기술투자에 성공하더라도, 시장의 관문을 넘지 못하면 결국 기술사업화에 실패할 수 있음을 보여준다.

3.1. 기술타당성 분석

기술이 사업화되어 경제적 가치로 전환되기 위해서는 기술의 완성도와 완성된 기술의 사업성이 상호 충족되었을 때 비로소 기술사업화에 성공할 수 있다. 기술사업 타당성 분석이란 기술의 유용성과 경쟁성을 파악하고 계획된 기술을 대상으로 수익성을 따져 사업의 성공 가능성을 합리적으로 분석, 평가하는 것이다. 즉 기술의 차별화, 복잡성 등의 기술 그 자체의 분석과 함께 생산기술, 자재조달 방법, 목표생산량, 사업화 장애요소 등을 조사하여 타당한 투자금액과 가격경쟁력 등을 결정할 수 있다. 흔히 아이디어나 기술력을 보유하고 있는 기술창업자들은 시장조사나 기술성 분석, 수익성 등을 구체적으로 따져보지 않고 아이디어나 기술력만으로 섣불리 기술창업을 시작하는 경우가 많다. 하지만 기술창업은 기술과 아이디어만으로 성공하기 어렵다. 그렇기 때문에 기술창업의 초기단계인 아이디어 · 기술 선별단계에서 자신의 사업역량과 목표시장, 현금흐름 등을 자세하게 점검해 볼 필요가 있다. 이러한 예비타당성 분석을 통해 기술 및 사업진행에 문제가 있다고 판단될 경우 더 큰 사업 손실을 막기 위해 사업화 추진 여부를 결정하여야 하고, 기술사업화 목표를 변경하거나 전문가 활용 등 기술기획에 대한 현실적인 대책을 세워야 한다.

〈그림 3.1.〉의 기술사업 타당성 검토 절차와 같이, 타당성 평가 항목에서 문제가 발견되거나 이상이 발생될 때는 기술사업화에 대한 진행여부를 제고해야 한다. 사업화 이후 더 큰 손실이 발생되기 전에 기술사업화를 중단하는 것도 하나의 대안이 될 수 있다.

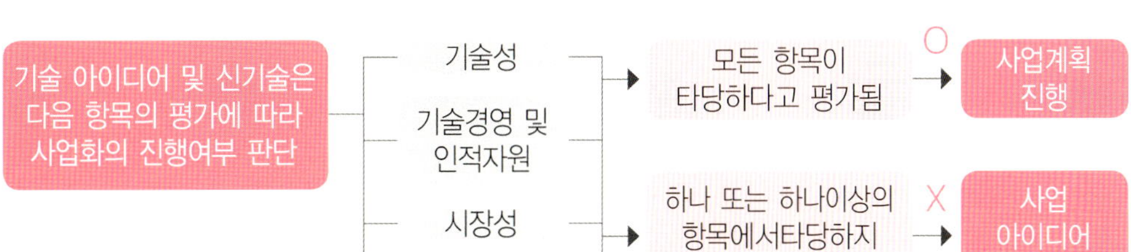

〈그림 3.1.〉 기술사업 타당성 검토

Chapter 03

신규 기술로 창업을 할 때 기술과 사업의 가치를 총체적으로 분석하고 평가하는 과정은 사업의 규모에 상관없이 필수적으로 실행해야 한다. 기술사업화 과정의 초기 단계인 아이디어 선별 및 기술 선정 단계에서 기술성과 사업타당성을 미리 분석, 조사하는 이유는 다음과 같다.

/ 기술 사업타당성 분석의 필요성

- 기술성, 시장성, 수익성 등의 분석을 통해 보완사항을 미리 확인하고, 경영역량 등의 필요부분을 개선할 수 있다.
- 구상하는 기술사업의 정확한 파악을 통해 사업화 기간을 단축시키고 효율적인 사업화를 진행하게 한다.
- 향후 예상되는 문제점 및 위험요인들을 예측하여 그에 대비한 대응책과 문제해결을 위한 의사결정에 도움을 줄 수 있다.
- 사업계획의 필요요소를 명확히 파악하여 사업계획수립과 개선의 기회를 부여할 수 있다.
- 투자자의 관점에서 객관적이고 체계적인 분석, 평가를 통해 기술사업의 성공확률을 증진시킬 수 있다.

기술사업의 타당성 분석을 통해 현재 기술력과 창업역량 등을 평가해 보고 부족한 부분을 사전에 확인하고 개선하여 사업화의 실패가능성을 최소화하는 노력이 필요하다. 하지만 이러한 기술 사업성 분석을 통해 기술사업화에 모두 성공을 거두는 것은 아니다. 사전조사와 준비단계를 거쳐 기술개발에 성공했다 해도 정작 사업화에 실패하여 시장에서 빛을 발하지 못하고 사장되는 기술이 많은 것이 현실이기 때문이다. 기술 및 사업 타당성 분석 결과 사업화가 가능하다는 긍정적인 평가를 받았어도 실패하는 사례가 있고, 반대로 타당성 분석결과 사업화에 부정적인 평가를 받았는데 성공하는 사례들도 있다.

이 장에서는 기술이 사업화되기 위해 충족되어야 할 3대 요건인 기술의 완성도, 사업의 주체 및 사업성 분석을 중심으로 각 평가항목들을 검토해 보고, 어떻게 평가항목에 대한 내용들을 점검하고 준비할 수 있는지 알아본다. 또한 기술력은 인정받았지만 사업적으로 부진한 사례 등을 통해 사업타당성 평가와 부합한 성공요인은 무엇인지 살펴보기로 한다. 여기서는 예비타당성 분석으로 기술창업을 진행하기 전에 반드시 점검해야 할 항목과 포인트를 간략한 설문과 함께 확인해 본다. 구체적인 기술 및 사업성 평가는 10장, '기술창업 따라하기' 부문에서 다시 실행해 보자.

3.2. 기술완성도 평가

기술완성도는 기술창업에서 가장 기본적으로 갖추어야 할 중요한 요소이다.
하지만 기술이 목표 성능을 달성했다고 하여 기술이 완성된 것으로 판단해서는 안 된다.
기술사업화 성공을 가능하게 하기 위해서는 사업화 소요시간, 품질, 신뢰성, 원가, 고객 구매의향 등을 종합적으로 평가해야 한다. 기술성 평가는 외부 전문가들이 수행하는 사업타당성 평가가 아니므로 객관성을 확보할 수는 없지만, 기술창업자의 주관적인 판단을 통한 기술성 평가도 그 나름의 의미가 있다. 기술창업기업이 현재 보유하고 있는 기술의 수준을 판단함으로써 현 단계의 부족한 점을 깨닫고 향후 기술개발전략을 수립하는데 도움이 될 수 있기 때문이다. 뛰어난 기술만 있다고 저절로 사업화가 되는 것은 아니다. 사업화를 위해서는 우수한 기술과 함께 기술을 구현할 수 있는 기술 인프라가 필요하다. 실제 기술이 제품화되기 까지는 기술인력 및 개발환경에 대한 기술 인프라가 충분히 갖춰줘야 가능하기 때문이다.

기술성 평가는 크게 기술의 우수성, 경쟁성과 권리성으로 평가된다. 〈그림 3.2.〉와 같이 기술성의 구체적인 평가항목을 살펴보고, 각 평가항목에 대해 어떻게 기술의 보완사항을 점검할 수 있는지 알아보기로 한다.

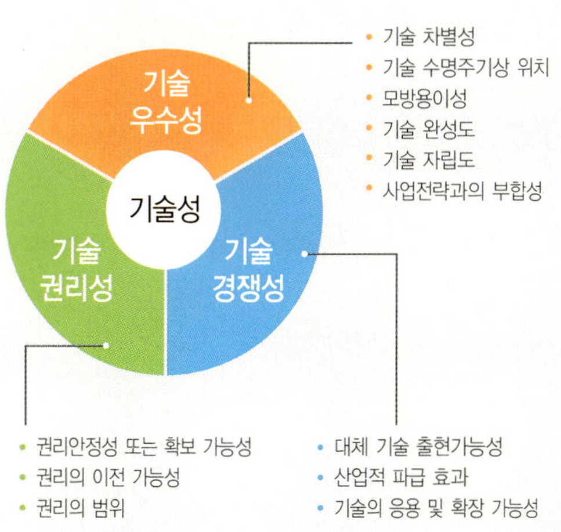

〈그림 3.2.〉 기술성 평가모델

/ 기술 우수성

기술의 차별성, 효율성, 완성도, 자립도, 부합성 등 기술자체의 우수성을 평가한다. 각 항목에 대한 구체적인 평가요인은 다음과 같다. 각 항목별 내용과 점검 포인트를 이해한 후 학습자의 기술아이템이나 가상의 기술에 대한 해당 질문을 1 (전혀 그렇지 않다)부터 5 (매우 그러하다) 까지 점수를 매겨보자. 점수가 높을수록 기술성이 높은 것이다.

(1) 기술의 차별성

기술이 선행기술에 비해 어느정도 기능과 성능 측면에서 차별성을 가지는 지에 대한 평가이다. 기술의 차별성과 응용범위를 평가하는 것으로 시장 점유율을 높이고 잠재시장 규모를 확장할 수 있기 때문에 중요한 요인으로 평가된다.

점검 포인트

국내외 문헌 및 특허 조사를 통해 선행기술을 파악해 보자. 기존 기술의 응용제품 및 유사 관련제품과의 차별성을 확인해 볼 수 있다.

평가 내용	1	2	3	4	5
선행기술에 비해 차별성이 크다.					
선행기술에 비해 새로운 분야의 개척이 용이하다.					
선행기술에 비해 독창성이 뛰어나다					
선행기술에 비해 효율 및 응용 가능성이 많다					

1 : 그렇지 않다 ~ 5 : 매우 그렇다

(2) 기술의 수명주기상 위치

기술이 수명주기상 어떤 단계에 해당하는지 평가하는 것이다. 기술의 효용가능성이나 성과는 경영환경과 경쟁기술과의 상호작용을 통해 도입기-성장기-성숙기-쇠퇴기의 패턴을 보이기 때문에 기술이 수명주기상 어디에 위치하는지, 관련기술 및 혁신속도 등의 외부 환경은 어떠한지 확인해 볼 필요가 있다.

점검 포인트

연도별 특허출원 누적건수 등의 정보를 분석하고, 해당산업 전체기업 수 대비 해당 기술관련 기업 수의 연도별 동향을 조사해 보자. 경쟁기술 현황과 기술변화 속도를 분석할 수 있다. 특히 정보통신기술은 기술변화 속도가 빠르기 때문에 기술의 수명주기 상 위치를 면밀하게 검토할 필요가 있다.

전문가 Tip

특허맵(map)을 활용한 특허정보조사를 수행하면 기술의 수명주기상 위치를 비교적 정확하게 분석할 수 있다. (특허 관련 내용은 6장 아이디어 보호하기 부문 참조)

평가 내용	1	2	3	4	5
기술은 성장기의 기술로 장기간 활용가능성이 크다.					
기술은 성숙기의 기술로 활용도가 아직 남아있다.					
기술은 도입기의 기술로 활용도에 대한 검증이 필요하다.					
기술은 쇠퇴기에 접어든 기술로 활용이 제한적이다.					

1 : 그렇지 않다 ~ 5 : 매우 그렇다

(3) 모방용이성

기술의 난이도를 분석하여 모방가능성 여부를 평가하는 것이다. 기술의 난이도가 낮아 모방이 쉬운 기술이면 시장에서 모방제품이 범람하여 사업계획을 제대로 수행하지 못하는 경우가 있기 때문에, 모방용이성에 대한 평가를 반드시 해야 한다.

점검 포인트

제품출시가 되어있는지, 디자인이 공개되어 있는지, 외부 공개 자료에 의한 모방가능성이 존재하는지 등을 조사해 보자.

평가 내용	1	2	3	4	5
고도의 기술로 모방이 불가능하다.					
기술을 모방하기 어렵다.					
타제품의 모방여부를 쉽게 식별할 수 있다.					
모방이 비교적 용이하다.					

1 : 그렇지 않다 ~ 5 : 매우 그렇다

(4) 기술의 완성도

초기 아이디어 단계에서부터 제품화 단계 중 어느 단계까지 기술이 개발되었는지 평가하는 것이다. 초기 아이디어 단계일수록 기술사업화에 대한 불확실성이 높고, 제품화단계 일수록 기술사업화에 대한 불확실성이 낮아진다.

점검 포인트

현재 데이터의 확보 여부를 알아보고, 기술의 완성도가 어느 단계인지 확인해 보자.

평가 내용	1	2	3	4	5
실험데이터를 확보한 연구개발 단계.					
최종결과물이 나온 상태인 시제품 제작 완료 단계.					
연구개발 수준보다 좀 더 나은 수준의 제품개발 상태인 제품화 완료 단계.					
생산능력에 맞게 대량생산 체계를 갖춘 양산 단계.					

1 : 그렇지 않다 ~ 5 : 매우 그렇다

(5) 기술의 자립도

제품의 주요기능을 개발할 때, 개발 과정에서 필요한 다양한 기술들 중 나의 기술이 그 제품기능 개발에 얼마나 기여하는지 평가하는 것이다. 기술의 기여 정도나 자립도가 낮다면 다른 기술에 의존해야 하는 가능성이 크므로, 추가적 비용 및 그에 따르는 부수적 요인들로 인해 수익성이 높지 않을 수 있다.

점검 포인트

제품의 주요기능을 구현함에 있어 기술자체로 구동이 가능한지, 보완적 기술이나 지원기술이 있어야만 제품화가 가능한지 확인해 보자.

평가 내용	1	2	3	4	5
제품 핵심부분에 주로 기여한다.					
제품 주변부분에 주로 기여한다.					
제품 핵심 및 주변부분에 모두 기여한다.					
제품의 주변부분에 일부 기여한다.					

1 : 그렇지 않다 ~ 5 : 매우 그렇다

(6) 사업전략과의 부합성

기술 응용 제품이 신규 사업으로 사업화될 때 높은 시장 점유율이 가능한지, 시장선점과 경쟁우위를 차지할 수 있는지, 해당 산업의 활성화에 영향을 미칠 수 있는지 등에 관한 평가이다.

점검 포인트

관련 산업 및 업종 동향을 파악할 수 있는 보고서 등을 조사해 보자. 신규 사업으로 시장에 진출했을 시 해당 산업 및 기업의 향후 전망을 점검할 수 있다.

평가 내용	1	2	3	4	5
미래 주력사업으로 상당한 경제적 가치가 예상된다.					
기존 제품라인의 확장으로 제품판매를 촉진한다.					
경쟁사의 시장진입 제어가 가능하다.					
기술개발 중심으로 제품의 활용도가 크지 않다.					

1 : 그렇지 않다 ~ 5 : 매우 그렇다

/ 기술 경쟁성

기술의 대체기술 출현가능성, 산업적 파급효과 및 기술의 확장가능성 등 기술의 지속가능성을 평가한다. 각 항목에 대한 구체적인 평가요인은 다음과 같다.

(1) 대체기술 출현 가능성

일정 기간 내에 동종 및 유사 기술 및 제품의 출현 가능성에 대한 평가이다. 대체기술의 출현 가능성에 따라 시장 경쟁구도나 기술의 지속가능성, 수익성 등이 달라질 수 있기 때문에 대체기술 및 경쟁기술을 파악해 볼 필요가 있다.

점검 포인트

과거 일정기간 동안 동종 업계에서의 신제품 출현 빈도수를 조사 분석해 보자. 대체기술의 출현 가능성을 짐작 해 볼 수 있다.

평가 내용	1	2	3	4	5
3년 이내 동종 및 유사기술 출현가능성이 없다.					
1년 이내 동종 및 유사기술 출현가능성이 없다.					
현재 동종 및 유사기술이 소수 존재한다.					
현재 동종 및 유사기술이 다수 존재한다.					

1 : 그렇지 않다 ~ 5 : 매우 그렇다

(2) 산업적 파급효과

기술이 경제사회에 어떠한 영향을 미칠 수 있는지 평가하는 것이다. 예를 들어 기술을 통한 고용증대효과와 같이 사회적으로 어떠한 영향을 미칠 수 있는지, 타 업종에 응용 및 활용할 수 있는지 확인한다.

점검 포인트

한국은행(www.bok.or.kr)에서 제시하는 산업 연관표를 참조해 보자.

평가 내용	1	2	3	4	5
타 산업으로의 파급효과가 있다.					
고용증대효과 등 사회적 파급력이 있다.					
수입 및 수출 증대 효과가 있다.					

1 : 그렇지 않다 ~ 5 : 매우 그렇다

(3) 기술의 응용 및 확장 가능성

기술의 활용수준 및 범위 등을 고려하여 다양한 종류의 기술로 개발이 가능한지를 평가하는 것이다. 원천기술일 경우 수요자의 요구에 따라 다양하게 응용되어 확장할 수 있기 때문에 기술사업화에 유리할 수 있다.

점검 포인트

기존 기술과 해당 기술을 비교, 검토하여 특장점을 분석해 보자. 기술의 응용, 확장가능성을 가늠해 볼 수 있다.

평가 내용	1	2	3	4	5
기술의 다양한 활용이 가능하다.					
기술의 개발성 및 활용성이 미미하다.					
동종 및 유사기술로의 발전가능성이 있다.					
기술 활용성이 없다.					

1 : 그렇지 않다 ~ 5 : 매우 그렇다

/ 기술 권리성

기술 권리성 평가는 특허 등 등록된 권리가 무효화될 가능성 여부(**권리안정성**)를 판단하고, 권리 이전의 용이성, 문서화 등(**권리 경쟁력**)을 고려하는 것이다.

점검 포인트

특허청(www.kipo.go.kr)에 공개되어 있는 분석 자료를 토대로 관련 선행기술의 특허 및 청구범위를 분석해 보자. 또한, 기술 노하우 및 관련 자료가 체계적으로 문서화되어 있는지 점검해 본다.

평가 내용	1	2	3	4	5
선행기술이 없어 권리 무효화 가능성이 없다.					
유사한 선행기술이 다수 존재하여 권리 무효화 가능성이 높다.					
기술에 대한 문서화 등 권리확보활동이 없다.					

1 : 그렇지 않다 ~ 5 : 매우 그렇다

읽어보기

기술성 평가라는 산을 넘었다고 해서 끝이 아니다.

기술성이 우수해도 사업성 평가에서 발목이 잡히는 경우가 많다. 화장품 제조업체 씨트리社는 임상통과와 특허취득 등으로 기술성을 보완했지만 시장성 평가항목이 미달되어 기술평가를 통과하지 못했다. 또한 안과질환 생명공학업체 아이진社는 유럽 임상승인과 다수의 안과질환 파이프라인 보유 등의 우수성으로 많은 투자유치에 성공했지만 결국 수익성부족으로 기술성 평가 문턱을 넘지 못했다.

기술성 평가를 통과했어도 사업성 부족으로 상장 예비심사에서 떨어지는 경우도 많다. 바이오 벤처업체인 안트로젠社는 주요 목표시장 규모와 사업성 부족의 이유로 상장에 번번이 실패한 경우이다. 희귀질환 신약개발 업체 바이오리더스社 또한 기술성평가에 통과했음에도 시장규모의 부족과 사업성의 이유로 상장 예비심사를 통과하지 못하고 있다. 이러한 사례는 우수한 기술력만으로 기술창업을 시도하는 것은 위험한 도전일 수 있다는 것을 보여준다. 결국 기술창업은 참신하고 특화된 기술성을 바탕으로 시장성과 사업성을 종합적으로 고려해야 한다는 것이다.

3.3. 사업 주체 및 사업성 평가

A 기술은 환경오염상태를 효율적으로 측정할 수 있는 소프트웨어 기술이다. 이 기술은 측정기술 개발 이후 실체화 단계였고, 특허 등의 지식재산권은 아직 출원을 하지 않은 상태였으나 다양한 결과를 산출할 수 있다는 점에서 높은 응용 가능성 평가를 받은 사례이다. 또한 글로벌 환경이슈와 규제강화에 따라 미래 시장규모와 사회적인 성장 가능성이 높게 평가되었다. 그러나 창업자의 역량부족으로 평가에 대한 기대치를 충족하지 못하였다. 창업자는 기술적인 경험은 있었으나, 기술기획 및 사업화 지식이 부족했다. 핵심기술에 대한 내부인력을 확보하지 않은 채 개발을 시도하였고, 사업화를 위한 비용측정, 가격문제 등의 관리가 미흡했던 것이다. 결국 기술개발 지연에 따른 상호 신뢰문제와 추가 개발비 발생, 시장진입의 어려움 등으로 기술사업화에 실패하였다. 이는 기술의 차별성, 우수성 등 기술평가는 뛰어났으나, 세부적으로 제품화할 수 있는 사업화의 이해와 역량이 없으면 기술사업화의 실패를 초래할 수 있음을 단적으로 보여준다.

이처럼 특정기술의 우수성, 차별성 등과 그 기술을 사업화할 수 있는 기술창업자의 창업역량은 다르다. 기술의 시장타당성이 우수하게 평가되었어도 시장 진입도 못하고 실패하는 경우도 많다. 대부분 사전타당성 평가는 기술자체의 우위성이나 시장타당성을 중심으로 평가가 되는 경향이 있고, 기술을 사업화시키는 역량인 창업자 역량과 경영 역량평가에 대해서는 심도 있는 분석이 이루어지지 않는 경우가 대부분이다. 이는 곧 앞선 A 기술사례에서 본 것과 같이 기술력과 시장성이 확보되었음에도 시장 진출도 하지 못하고 사라지는, 기술사업화의 실패요인이 될 수 있는 것이다. 아무리 뛰어난 기술이라도 아직 시장이 형성되어 있지 않거나 시장 규모가 축소되고 있는 상황이라면 기술의 사업화의 진행여부를 제고해야 한다.

사업주체 및 사업성 평가는 창업자의 경영능력, 시장분석능력, 현금흐름 관리능력 등 기술개발 이후 사업화 과정에서 중요한 창업자 역량을 평가하는 것이다. 기술창업에서 기술경영 역량과 시장환경을 파악하고, 현금흐름을 이해하고 관리할 수 있는 역량과 같은 기업가의 비 기술적 역량은 매우 중요하다. 또한 사업성 평가는 사전조사단계에서 분석한 기술, 시장, 제품의 조사결과를 토대로 현금흐름을 예측하고 기술가격, 수익성 등을 따져보는 단계이다. 경영자, 기술성, 시장성이 우수하더라도 결국에는 사업성이 담보되지 않는다면 사업은 실패하게 된다. 따라서 이러한 요소들을 포함한 사업 타당성 평가는 기술을 개발, 획득, 활용, 나아가 기술사업화에 이르는 과정 이전의 기술선정 단계에서 먼저 시행해 보는 것이 좋다.

이 평가를 통해 현재의 위치와 역량을 평가해 보고 개선점을 파악해 볼 수 있다. 사업타당성분석 전체 평가 항목 및 내용은 다음의 〈표 3.1.〉과 같다. 기술사업화의 진행여부와 성공적인 사업화를 위해 사업타당성 분석의 평가항목을 구체적으로 알아보고 어떠한 내용을 검토하고 준비해야 하는지 구체적으로 알아본다.

〈표 3.1.〉 기술사업화 평가 항목

분석항목	기술경영 및 인적자원 분석	시장성 분석	사업성 분석
세부 평가항목	기술경영능력, 인적자원 및 연구개발능력, 기술개발환경	시장환경, 시장특성, 산업환경 및 동향	생산기반, 생산성, 수익성, 마케팅 전략

3.3.1. 기술경영 및 인적자원 분석

/ 기술경영역량

창업자의 창업경험, 연구개발 경험 등 창업자의 경영이해도 및 경험은 기술사업화의 성과 창출에 영향을 미치는 핵심요소이다. 기술에 대한 이해와 함께 해당 시장 변화와 산업에 대한 이해가 수반될 때 기술의 응용과 확장가능성을 결정할 수 있고, 마케팅 및 재무적인 전략을 세울 수 있다. 특히 신규기업이나 벤처기업들은 불확실한 시장 환경과 급변하는 경영환경에 발 빠르게 대처할 수 있는 의사결정역량 등의 위기관리 역량 또한 중요한 요인이다. 따라서, 위기상황이 닥쳤을 때 상황에 따른 위기 관리 대처법은 기업의 생존 여부와 직결되기 때문에 스스로 위기관리 역량 여부를 판단해 보는 것은 중요하다.

점검 포인트

기술창업자의 해당 분야 근무 연수, 경험 등을 확인해 보자. 기술 이해도 및 전문성, 위기관리 능력 등을 가늠해 볼 수 있다.

평가 내용	1	2	3	4	5
기술 창업자는 기술을 정확하게 이해하고 있다.					
기술 창업자는 기술의 발전 추이 및 전망을 파악하고 있다.					
기술 창업자는 신기술을 개발, 기획할 수 있는 능력이 있다.					
기술 창업자는 위기상황을 적시에 인식할 수 있는 능력이 있다.					
기술 창업자는 위기극복 경험이 있다.					

1 : 그렇지 않다 ~ 5 : 매우 그렇다

/ 인적자원 및 연구개발 역량

인적자원 및 연구개발 역량에 대한 분석은 "필요한 전문 인력 및 기술력 확보가 가능한가?" 에 대한 질문이다. 기술개발 인력이 자사의 목적과 전략을 이해하고 이에 부합하는 제품 및 서비스를 개발할 수 있는 역량이 있는지, 기술개발 경험이 있는지, 기술개발 시 필요한 적정 설비를 보유하고 있는지 등을 파악해 본다. 이는 효율적인 기술개발 추진을 위해 중요한 항목이다. 또한, 총 매출액 대비 연구개발 투자비율이 얼마인지 점검해 볼 필요가 있다. 연구개발투자는 특히 기술개발을 통하여 시장 경쟁력을 갖추고자하는 창업기업에게 굉장히 중요한 요소이기 때문이다.

점검 포인트

기술개발 현황자료, 수상실적 등을 확인해 보자. 인적자원 및 그들의 연구개발 역량을 가늠해 볼 수 있다.

평가 내용	1	2	3	4	5
개발된 기술을 상용화한 경험이 있다.					
관련 산업 및 기술개발 동향에 대한 분석능력이 있다.					
자체적인 기술개발 기획능력이 있다.					
기술개발을 위한 기술장비 등을 확보하고 있다.					
연구개발 투자비율이 높은 편이다.					

1 : 그렇지 않다 ~ 5 : 매우 그렇다

Chapter 03

/ 기술개발환경

기업이 빠르게 변화하는 경영환경 및 기술변화속도에 대응하기 위해서는 외부기관과 유기적인 연구개발 협력이 중요하다. 따라서 전략적 제휴, 연구개발 위탁, 연구자문 등 외부기관과 협력 가능성이 있는지 검토해 본다. 또한 연구개발정보, 시장정보, 기술노하우 등 기술정보가 문서화, 전산화 등을 통해 관리 가능한지, 최신의 기술정보를 효과적으로 운영할 수 있는지 등을 판단해 볼 필요가 있다.

점검 포인트

최근 기술사업화 관련 타 기관과의 공동연구 및 기술협력 건수를 조사해 보자.

평가 내용	1	2	3	4	5
타 기관과 공동연구를 수행한 적이 있다.					
타 기관과 기술협력을 수행한 적이 있다.					
기술개발 과제 해결을 위해 타 기관과 연계하고 있다.					
외부 정보 및 기술개발 자료 등을 분석할 수 있는 능력이 있다.					
연구개발 투자비율이 높은 편이다.					

1 : 그렇지 않다 ~ 5 : 매우 그렇다

3.3.2. 시장성 분석

/ 시장특성

제품 및 서비스의 시장규모, 경쟁상황, 신규 경쟁자의 출현가능성, 시장 발전가능성 등을 파악하여 사업 위험요인을 검토해 볼 필요가 있다. 기술이 제품화 된 후 팔리게 되는 시장을 분석해 보는 것은 사업 수익성이나 성공여부에 매우 중요한 과정이다. 또한 마케팅 역량, 가격경쟁력, 브랜드 인지도 등을 통한 시장점유율을 어떻게 높일 수 있는지 고려해야 한다. 시장점유율은 시장에서의 경쟁력을 평가할 수 있는 중요한 척도이기 때문이다. 예를 들어 노키아가 스마트폰 시장에서 몰락의 길로 들어선 것은 기술혁신의 실패가 아닌 변화하는 시장 특성에 대한 전략적 대응이 부족했기 때문이다.

점검 포인트

연구소, 통계청 등 다양한 기관에서 제공하는 문헌과 통계 자료조사를 통해 전체적인 시장사항, 시장 성장률 및 점유율, 관련시장의 향후 전망 등을 파악해 보자.

평가 내용	1	2	3	4	5
시장의 독과점이 가능하다.					
다수의 경쟁자가 존재하여 경쟁이 매우 치열하다.					
국내 시장점유율 가능성이 높다.					
동업종의 시장성장률로 비추어 보았을 때 향후 시장의 성장률이 기대된다.					
동업종의 시장성장률로 비추어 보았을 때 시장성장이 정체되어 있다.					

1 : 그렇지 않다 ~ 5 : 매우 그렇다

/ 시장환경

해당 고객들의 수요특성을 파악해 보고, 해당 산업에서 기술의 성장 및 발전 가능성을 확인해 본다. 고객의 구매동기가 가격 외에 다른 요소에 기인한다면 어떠한 요인이 있는지 파악해 볼 필요가 있다. 이는 기술을 상품화하여 시장에 내놓았을 때 가격의 변동에 관계없이 지속적인 수요의 원인이 될 수 있기 때문이다. 또한 기술사업화에 영향을 미치는 각종 사회, 정치제도 및 관련 법, 규제 등이 무엇이 있는지 확인해 본다. 사업화 과정에서 발생할 수 있는 법적, 제도적 제약이 심할 경우 제품 출시 및 사업화 프로세스가 지연되거나 예상치 못한 문제가 발생할 수 있다.

점검 포인트

해당 기술제품 및 서비스에 대한 필요 정도를 시장조사를 통해 확인해보고, 산업동향 보고서 등을 참고하여 해당산업에서 발전하고 있는 분야와 부합하는 정도, 해당기술에 대한 각종 정부정책, 법 규제 등을 검토해 보자.

평가 내용	1	2	3	4	5
수요자들이 제품에 대한 가격변화에 민감하다.					
가격변화에 관계없이 꾸준한 수요가 존재한다.					
수요창출을 위해 적극적인 홍보가 필요하다.					
기술이 최근 산업동향에 부합하며, 성장가능성이 크다.					
법, 제도적 규제에 따른 제약조건이 많다.					
법, 제도적 장려요인이 있다.					

1 : 그렇지 않다 ~ 5 : 매우 그렇다

/ 산업환경

사업화 할 기술에 대한 대체품이 존재하는지 확인하고, 차별화, 원가우위 등 대체품과의 우위성이 있는지 조사해본다. 가격대비 품질 및 디자인이 좋은 제품이 나온다면 구매자는 값싸고 좋은 제품을 구매하게 될 것이므로 굉장히 큰 위협요인이 될 수 있다. 예를 들어 샤오미社의 모방을 통한 저가전략 사업은 기존 경쟁자들의 사업기반을 위협할 수 있게 급진적으로 성장하고 있다. 또한 제품을 생산하는데 있어 생산업자나 거래처간의 관계를 파악해 보고 거래에 영향을 미치는 요인을 분석해야 한다. 만일 거래처가 가격인하 혹은 높은 서비스 요구 등 강한 교섭력을 가진다면 해당 기업들의 경쟁이 심해지고 수익성이 감소하기 때문이다.

점검 포인트

각 정부기관 및 단체에서 제공하는 산업동향 분석보고서 및 신용조사 분석보고서 등을 토대로 가능한 대체제와 경쟁자, 거래처의 교섭력을 파악해 보자.

평가 내용	1	2	3	4	5
해당 기술에 대한 대체품이 존재한다.					
해당 기술이 대체품에 비해 가격, 성능, 품질 면에서 경쟁력이 있다.					
경쟁기업의 수가 많다.					
생산업자의 의존도가 높다.					
거래처의 제품이 규격화되어 있다.					

1 : 그렇지 않다 ~ 5 : 매우 그렇다

Chapter 03

3.3.3. 사업성 분석

/ 생산기반

기술개발에 있어 기존시설 활용이 가능한지, 새로운 생산설비가 필요한지, 안정적인 물량확보를 하였는지 등을 점검해야 한다. 이는 생산시설 및 능력의 정도에 따라 제품 출시 및 시장의 수급 등을 탄력적으로 조절할 수 있다는 것을 보여주는 것이고 생산 활동의 효율성을 제시할 수 있는 요인이다. 또한 자금조달 계획이 실현가능한지, 조달된 자금이 용도에 적합하게 균형을 이루는 지 등을 검토해 본다.

평가 내용	1	2	3	4	5
기술개발 시 기존시설을 대부분 그대로 활용할 수 있다.					
기술개발 시 기존시설의 보완 및 확장이 필요하다.					
기술개발에 필요한 재료 및 물량확보가 용이하다.					
기술개발에 필요한 부품조달이 용이하다.					
기술사업에 필요한 자금 확보가 되어있다.					
기술사업에 필요한 자금조달 계획이 수립되어 있다.					

1 : 그렇지 않다 ~ 5 : 매우 그렇다

/ 마케팅 전략

시장규모분석, 경쟁자 분석, 마케팅 전략 등이 객관적 자료를 토대로 타당하게 계획되어 있는지, 판로구축이 다양하고 구체적으로 계획되어 있는지 검토해 본다. 어떠한 경로를 통해 최종 소비자에게 생산제품이 도달하는지 구체적으로 마케팅 전략을 수립하는 것은 기술사업화 성과 창출에 매우 중요한 요소이다. 따라서 사업화할 기술을 이에 적합한 시장과 다양한 판로(대리점, 특판, 홈쇼핑 등)를 통해 판매하는 것이 가능한지 해당 수요처를 조사해 보고 판매현황을 파악해 본다. 예를 들어 원액기 휴롬 社는 기존의 원액기와 주스기와는 다른 범주로 건강친화의 체험마케팅 전략을 세우고, 기존 주스기와 더불어 새로운 시장으로 확장하여 다양한 판로를 통해 성공한 사례이다.

평가 내용	1	2	3	4	5
목표시장 규모 및 수요예측자료가 있다.					
경쟁업체 및 고객에 대한 객관적 자료가 있다.					
고객에게 접근할 수 있는 판매경로가 있다.					
명확한 목표시장이 있다.					

1 : 그렇지 않다 ~ 5 : 매우 그렇다

/ 생산성

생산성이란 기본적으로 생산요소 투입대비 생산의 비율을 의미한다. 가능하다면 적은 생산요소 투입을 통해 많은 산출을 올리면 생산성이 높은 것으로 평가한다. 생산성 분석은 부가가치 기준, 노동생산성, 원가우위성으로 분석하여 미래의 수익성에 대한 평가를 하는 것이다.

부가가치 창출역량

부가가치 창출역량은 향후 2년간 기술에 의한 생산 활동을 예측하는 것이다. 부가가치란 대상기업(대상기술제품)이 생산 활동을 한 결과 새롭게 창출한 가치를 말한다.

노동 생산성

노동 생산성은 인적 생산요소의 단위당 성과를 나타내는 지표로 대상기술이 노동생산성 향상에 어느 정도 공헌하고 있는가에 대한 평가이다.

원가우위성

원가우위성은 원가절감을 실현시켜 가격 경쟁력을 어느 정도 확보할 수 있는 가를 평가하기 위한 것이다. 원가절감이란 이미 정해놓은 재료비, 경비 등과 관련하여 재료, 비용, 시간 등을 아끼면서 여러 가지 원가를 절감하는 활동을 말한다.

부가가치 창출능력	▣ 부가가치율 = 부가가치/매출액 ▣ 부가가치 = 경상이익 + [(판관비 중 급여 + 퇴직급여 + 복리후생비) + (제조원가명세서중 노무비 + 복리후생비)] + [(이자비용 − 이자수익)] + 임차료 + 제세공과 + 감가상각비(손익계산서 + 제조원가명세서)
평균노동생산성	▣ 종업원 1인당 영업이익 = 영업이익/종업원수

/ 수익성

아무리 기술력이 뛰어나고 품질의 제품이라도 수익이 제대로 창출되지 못하면 사업의 의미가 없다. 사업화 이후 일정 기한 내에 빠르게 매출액을 발생시킬 수 있어야 한다. 특히 기술을 통한 제품화는 빠른 기술발전과 환경변화로 인해 지속성장하기 어렵고, 네트워크 발전을 통해 참신하고 혁신적인 기술제품 및 서비스가 시장에서 단기간에 급성장하는 경영환경이기 때문이다.

점검 포인트

각 정부기관 및 단체에서 제공하는 산업동향 분석보고서 및 신용조사 분석보고서 등을 토대로 가능한 대체제와 경쟁자, 거래처의 교섭력을 파악해 보자.

수익전망 분석과 **손익분기점(BEP)분석** 등은 기술사업화를 통한 수익실현이 가능한지 예측할 수 있게 하는 분석법이다. 손익분기점 분석은 기술사업 시 정상적으로 이익을 창출할 시점을 파악하는 것이다. 이는 손익분기점 이전에 투입되는 자금조달계획과 투자유치를 위한 기준으로 활용할 수 있다.

손익계산 산출	▣ 매출총이익 : 매출액 – 매출원가 ▣ 영업이익 : 매출총이익 – 판매비와 관리비 ▣ 법인세비용차감전순이익 : 영업이익 + 영업외수익 – 영업외비용 ▣ 당기순이익 : 법인세비용차감전수이익 – 법인세비용 ▣ 총 포괄순익 : 당기순이익 + 기타포괄이익 – 기타포괄손실
추정 현금흐름	▣ 당기순이익 + 현금유출 없는 비용 – 현금유입 없는 수익

* 대차대조표, 손익계산서, 현금흐름의 계산은 10장, '기술창업 따라하기' 에서 실습해 본다.

창의적인 아이디어 상품과 시장성으로 투자유치에 성공하고서도 지속적인 수익창출과 매출 및 영업수익에 대한 이해부족으로 실패하는 경우가 많다. 예를 들어 1시간 내에 각종 잡화를 배달해주는 서비스인 코즈모(Kozmo)는 참신한 서비스 비즈니스 모델로 약 2억8천만 달러 투자를 받았지만 영업과 매출수익에 대한 시스템 미흡으로 결국 수익보다 더 큰 손실 비용을 발생하며 실패하였다. 공간절약과 매장 인테리어용인 디자인 우산 받침대도 일회적인 제품 판매 외에 추가적인 판매로 이어지지 않을 가능성이 높다. 즉 지속적인 수익발생이 어려울 수 있고 결국 수익과 이익창출에 실패할 수 있다는 것이다. 사업의 궁극적인 목표는 이익창출이다. 수익성 분석을 통해 기술 사업으로 수익을 창출할 수 있을지, 흑자실현은 가능한 지 등을 검토해 볼 필요가 있다.

3.4. 사전타당성 평가와 사업화 성공은 비례하는가?

B기술은 성형가공 기술로 구성된, 화학분야의 필름을 제조하는 기술이다. 상품화의 1차 목표는 전자산업 분야에서 사용되는 수입제품을 대체하는 것이었다. 기존 제품을 국내기술로 대체할 경우, 가격경쟁력을 통한 시장 확보가 가능하며, 응용분야가 많을 것으로 판단되었기 때문이다. 이 기업은 소재개발 단계였지만 이미 특허를 출원한 상태이고, 정부의 부품소재 전문기업 육성사업에 해당되어 기술개발과 관련된 다양한 지원을 받을 수 있었다. 또한 최근 제품시장에서 고급화, 디자인화의 중요성이 증대되면서 고품질 플라스틱 제품의 수요가 증가함에 따라 국내외적으로 성장가능성이 높을 것으로 평가되었다. 하지만 문제는 대량생산기술 부족과 이를 위한 자금 부족에서 발생되었다. 즉, 해당 기업의 연평균 매출액이 40억이 넘는 수준인데도 대량생산을 위한 기술력의 부족으로 인한 투자가 기업의 연 매출액 이상이 필요했던 것이다. 결국 이 기업은 높은 수익성과 성장 가능성 평가에도 불구하고 생산성과 자금조달의 문제로 인해 성공하지 못하였다.

위의 B기술사례에서 볼 수 있듯이 실제로 기술력은 우수하고 시장성도 우수하다고 평가되었으나 결국 사업화에 성공하지 못한 경우가 많다. 그 주된 이유는 생산기술에 대한 이해 부족과 조직관리 역량의 부족이다. 즉 사업경영 마인드의 부재가 주요 실패원인인 셈이다. 보통 엔지니어들이 주축이 된 기술개발팀은 기술성의 차별화나 성능에 관심이 많은 반면 시장환경이나 고객중심의 사고, 사업화 프로세스 등의 전반적인 관리 역량의 부족으로 기술사업화에 어려움을 겪는 경우가 많다. 또 다른 예로 에버픽스(Everpix)는 사진을 저장하고 관리할 수 있는 플랫폼을 제공하는 회사로, 약 2백만 달러의 투자금을 지원받았지만 많은 비중의 예산과 시간을 서비스 자체, 즉 기술개발에 치중한 나머지, 사업화에서 중요한 홍보나 마케팅 자금과 자원이 부족한 결과를 초래하였다.

결국 또 다른 투자유치에 실패하고 인수협상도 결렬되면서 짧은 2년여 간의 활동을 종료하였다. 이는 투자받은 자금을 필요요소에 적절하게 배치하였는지, 현금흐름의 이해와 관리가 충분한 지에 대한 고민을 충분히 하지 못했음을 여실히 보여주는 사례이다. 앞서 쿼키의 사례에서도 쿼키의 과거 성장세와 트랜디한 사업모델은 투자자들의 관심을 끌기 충분했고 유리한 입장에서 자금을 조달할 수 있는 여건이었지만 결국 사업에 실패하였다. 이는 수천억 원의 가치를 인정받으며 수백억 원의 투자를 받은 다수의 스타트업 중에서도 쿼키와 같은 사업부진의 결과를 초래할 수 있음을 시사한다. 이처럼 사전타당성 평가와 사업화 성공은 비례하지 않는다. 사전 타당성 분석에서 높은 평가와 기대를 받았어도 사업화 과정에서 기술에 대한 이해 부족과 사업화 역량 부족 등으로 결국 초기 평가와 기대에 미치지 못하는 경우가 많은 것이 현실이다. 따라서 기술의 안성도뿐만 아니라 기술창업자의 역량과 사업화 가능성을 꼼꼼히 점검할 필요가 있다.

전문가 Tip

막대한 투자금은 성공의 보증수표가 아니라 역으로 창업기업에게 독이 될 수 있다. 큰 투자를 받고 나면 우선 긴장감이 풀리기도 하고, 매장 인테리어나 직원 복지혜택, 마케팅 비용 등으로 투자금을 지출하는 경우가 많기 때문이다. 투자유치를 많이 하고 자금을 충분히 보유하는 것이 사업화에 도움이 될 수 있지만 그것만이 기술사업화 성공을 보장하지 않는다는 것을 유념해야 된다.

Chapter 03

단원요약

- 기술사업 타당성 분석이란 기술의 유용성과 경쟁성을 파악하고 계획된 기술을 대상으로 수익성을 따져 사업의 성공가능성을 합리적으로 분석하고 평가하는 것이다.
- 기술사업성 분석을 통해 기술사업화에 모두 성공을 거두는 것은 아니다. 정작 사전조사와 준비단계를 거쳐 기술개발에 성공했다 해도 사업화에 실패하여 시장에서 빛을 발하지 못하고 사장되는 기술이 많은 것이 현실이기 때문이다.
- 기술사업의 기술타당성 분석이란 기술의 차별화, 복잡성 등의 기술자체 분석뿐만 아니라 생산기술, 자재도달 방법, 목표생산량, 사업화 장애요소 등을 조사하여 타당한 투자금액과 가격경쟁력 등을 결정하는 것이다.
- 기술우수성은 기술의 차별성, 효율성, 완성도, 자립도, 부합성 등 기술자체의 우수성을 평가한다.
- 사업주체의 사업성 평가는 창업자의 경영능력, 시장분석능력, 현금흐름 관리능력 등 기술개발 이후 사업화과정에서 중요한 창업자의 전반적인 경영역량을 평가하는 것이다.
- 기술사업 타당성 분석은 사전조사단계에서 분석한 기술, 시장, 제품의 조사결과를 토대로 결국 현금흐름을 예측하고 기술가격, 수익성 등을 평가하는 단계이다.
- 기술사업화에 있어 현금흐름을 이해하고 관리역량이나 수익성을 정확히 판단할 수 있는 창업자의 경영역량은 매우 중요하다. 이러한 요소들에 대한 타당성 평가로 실제 창업이전 단계에서 현재의 위치와 개선점을 평가해 보는 것은 매우 의미가 있다.
- 실제 기술력은 우수하다고 평가되었지만 결국 사업화에 성공하지 못한 경우가 많다. 이는 전반적인 사업화 역량의 부재 때문이다.

핵심용어 정리

- 기술타당성 분석
- 사업주체 및 사업성 평가
- 현금흐름 관리
- 기술 완성도 평가
- 시장분석
- 수익구조 이해

학습하기

① 국내 · 외 문헌 및 특허 조사를 통해 선행기술을 파악해 보자.

② 검색한 기술에 대한 사업성 평가를 세부항목별로 수행해 보자.

평가 항목	내용	평 점						이상 점수
		5	4	3	2	1	계	
시장성	▣ 제품의 수요 예상 ▣ 소비자의 기대 및 만족도 ▣ 추정 수요량							
유사제품	▣ 유사제품의 상황 ▣ 유사제품의 판매 회사 수 ▣ 유사제품의 시장평가							
제품수명주기	▣ 해당기 ▣ 기존제품 수명주기의 해당기							
제품기술	▣ 제품기술 취득의 가능성 ▣ 일부 타사 기술 취득의 가능성 ▣ 제품에 관한 특허 신청 유무							
생산능력	▣ 신제품 생산 가능성 ▣ 필요 설비 도입의 가능성							
경쟁력	▣ 연구개발력의 우위성 ▣ 제조능력의 우위성 ▣ 판매력의 우위성							
제품원가	▣ 적정 가격으로 제공 가능성 ▣ 제조, 유통비용 절감 가능성							
시너지효과	▣ 기반 기술개발 강화의 가능성 ▣ 타제품의 기능, 성능향상의 공헌 ▣ 매력 있는 제품군 구축의 가능성							
회사이미지향상	▣ 이미지 항상 가능성 ▣ 이미지 변화의 가능성							
수익성	▣ 제품수명주기를 통한 생산성 ▣ 손익분기점에 도달한 적정년수 ▣ 최악의 경우 손실 대응 여부							

③ 기술에 대한 기술성 평가를 세부항목별로 수행해 보자

평가항목		평점					합계
		매우우수(10)	우수(8)	보통(6)	미흡(4)	부족(2)	
Ⅰ. 기술개발의 독창성	1. 선행기술보다 얼마나 새로운가?						
	2. 선행기술에 비해 얼마나 진보한 기술인가?						
	3. 기술개발 목표가 얼마나 실현 가능한가?						
	4. 개발기술이 얼마나 구체적인가?						
Ⅱ. 기술개발의 시장성	5. 해외시장으로 진출하기에는 얼마나 적합한가?						
	6. 해외 시장 경쟁력이 있는가?						
	7. 경쟁기술과의 차별성이 있는가?						
Ⅲ. 개발결과의 기대효과 및 사업성	8. 기술개발이 기업의 매출증대 및 개발의욕 고취에 영향을 주는가?						
	9. 기술개발이 매출 이외의 기대효과가 있는가?						
	10. 기술추이 및 전망을 감안했을 때 기술수준의 차별서 및 경쟁력을 갖추고 있는가?						
Ⅳ. 기술개발의 적정성 / 보완성	11. 기술개발의 완성도 및 보완성은 어떠한가?						
총 계 (100점)							

[평가의견]

참고문헌 및 보충자료

- 기술사업성평가 지표 매뉴얼, 기술보증기금.
- 김권중, 김문철, 재무제표분석과 가치평가, 창민사, 2010.
- 송경모, 사업타당성 평가실무, ㈜영화조세통람, 2013.
- 이성엽, 한 권으로 끝내는 재무제표분석, 새로운 제안, 2012.
- 주재만, 사업타당성 분석 & 사업계획서 작성 종합, 창업현장실습(경영), 덕성여대, 2013.
- 한국기술혁신학회, 기술사업화 실패 사례연구, 2012.

TECHNOLOGY COMMER-CIALIZATION
|기술사업화|

Chapter 03

단원 사례연구

기술력으로 세계 시장을 공략하는 히든챔피언! 벤텍스

벤텍스(주)는 해외에서 높은 신뢰도를 바탕으로 차별화된 각종 기능성 소재를 선보이며 세계시장을 공략하고 있는 섬유산업 제조업체이다. 국내에서는 섬유산업 최초 장영실상 2회 수상을 했으며 대기업과 경쟁해 기술의 독창성과 가치를 인정받고 있다. 특히 2004년부터 섬유과학연구소를 설립하여 독자적인 신기술을 개발하기 위한 연구개발 활동을 본격화하였다. 그 결과로 개발된 기능성 섬유원단은 글로벌 스포츠 업체에 수출되었고 국내 아웃도어 의류업체에도 납품되기 시작하였다. 2010년 이후에는 세계적 수준의 섬유소재 개발업체들과 경쟁할 수 있는 독자적인 원천기술과 차별화된 신제품 개발을 위한 투자를 가속화했다. 연간 매출액의 5% 이상을 연구개발에 투자했으며, 정부가 지원하는 국가연구개발사업에 대학 및 연구소와 공동으로 참여하고 있다.

또한 산·학·연 공동 기술개발과제도 적극적으로 수행하여 독창적인 신제품의 개발이 이루어지고 있다. 현재 이 기업은 연매출 약 250억 원을 달성하고 있으며 전체 매출의 약 30%를 나이키 등 해외 유명 스포츠 의류 메이커에 수출하고 있다.

벤텍스(주)는 기술혁신을 통한 글로벌 시장 진출 전략을 구사하고 있다. 특히 세상에 없던 혁신적인 기술을 개발하여 제품군에 그대로 반영하고 있다. 그리고 신제품의 개발방향은 선진국 기업과 다른 경쟁기업의 제품을 단순 모방과 기존 제품들의 기술적인 성능을 개선하는 데 머물지 않고, 기업이 추구하는 핵심가치에 입각한 혁신적 신기술 개발을 통해 인간 삶의 편익을 증진시키는 제품을 지속적으로 개발하고 있다. 이러한 기업의 전략은 기존의 경쟁사들이 제공하지 못하는 신소재 섬유를 개발하여 기존 제품을 대체하기 위한 제품과 더불어 산업용 섬유소재나 의료 및 화장품용 소재 등으로 활용하며 경쟁이 없는 새로운 시장을 창출하고 있다. 또한 연구개발 인력으로 구성된 연구소를 중심으로 약 30%는 고객들의 의뢰와 약 70%는 자체 아이디어를 기반으로 기획되어 2–3년 후 출시를 목표로 신제품을 개발하고 있다. 무엇보다 벤텍스(주)는 우수 연구인력 확보에 심혈을 기울이고 있으며 차별화된 신제품 개발은 특허 및 상표등록 등 지식재산권 확보로 그 역량을 입증하고 있다.

토/의/문/제

1. 벤텍스의 성공요인은 무엇인가?
2. 벤텍스의 해외진출 전략은 무엇인가?
3. 벤텍스 사례에서 얻을 수 있는 교훈은 무엇인가?
4. 향후 벤텍스의 시장성과 전략은 어떨 것으로 예측하는가?

Chapter 03

그룹 프로젝트

가. 고객분석

① 비즈니스 모델

<table>
<tr>
<td rowspan="2">핵심파트너

▣ 프린터 제조 업체(프리텍)
– feeding 부분
– 일부 설계</td>
<td>핵심활동

▣ 프린터 설계
▣ 디자인
▣ 앱개발</td>
<td rowspan="2">핵심가치

언제 어디서나 인쇄 가능한 새로운 개념의 프린터 ‘크린터(Crinter)’</td>
<td>소비자관계

▣ 맞춤형 프린터 제작
▣ 체험 렌탈 서비스</td>
<td rowspan="2">고객세분화

▣ B2C
– 얼리어답터
– 신용장거래자
▣ B2B
– 비즈니스맨
– 보험설계사</td>
</tr>
<tr>
<td>핵심자원

▣ 디자인
▣ 개발인력
– 소프트웨어
– 하드웨어</td>
<td>5.채널

▣ 크라우드펀딩
▣ 자체판매</td>
</tr>
<tr>
<td colspan="3">비용

▣ 초기개발비 : 5천만원
(중소기업청, 창업아이템사업화 지원사업)
▣ 라인업 : 2천만 원
▣ 양산비 : 2억 원</td>
<td colspan="2">수익구조

▣ 초기 판매단가 : 40만 원
▣ 양산 판매단가 : 20만 원
▣ 프린터 케이스 : 1만 원
▣ 잉크카트리지 : 1만 원</td>
</tr>
</table>

창업자 관점 수익 창출 방안

프린터 시장의 경쟁이 치열하기 때문에 보유 기술력만으로 사업계획서의 경쟁력이 없을 것 같다. 결국 주변권유로 인해 주요 수입원을 제품/기술만이 아닌 다른 소모품을 포함하여 수입원으로 제시하였다.

| 문제점

초기 창업자들은 정보와 시장경험의 부족으로 주변지인에게 얻은 정보를 과신하는 오류를 범하는 경향이 많다.

투자자 관점 수익 창출 방안

수익 창출원이 제품의 판매수익이 아닌 왜 소모품이라고 생각하는가?

모호한 시장규모 및 다양한 수입원을 제시하면 대기업 진출 시장의 경쟁구도로 판단될 수 있다. 이는 오히려 사업성이 낮은 것으로 판단되어 창업기업의 가치를 떨어뜨릴 수 있다.

차별화된 기술력을 강조하고, 명확한 틈새시장을 설정하여 시장 진입전략을 분명하게 제시하는 것이 좋은 비즈니스 모델로 평가 받을 수 있다.

토/의/하/기

1. 크린터의 기술성을 평가해보자.

– 기존 또는 경쟁기술 대비 차별성, 완성도, 사업전략과 적합성, 기술응용 및 확장성, 시장 파급력 등

2. 투자자 관점을 토대로 하여 크린터의 시장 적합성을 살펴보자.

– 시장 점유율, 틈새시장, 목표시장, 수입원, 고객채널 등

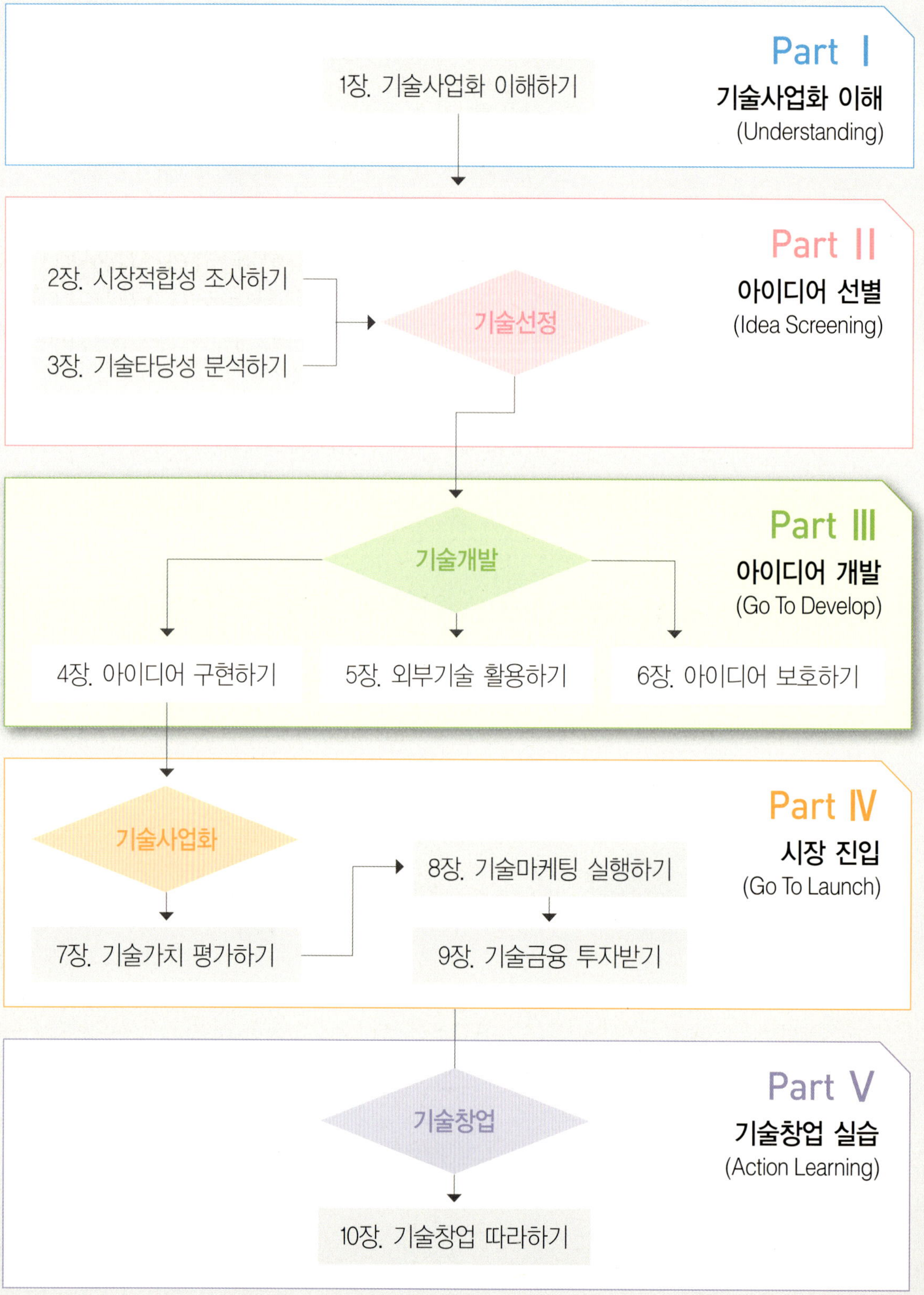
Part Ⅰ
기술사업화 이해
(Understanding)
1장. 기술사업화 이해하기
Part Ⅱ
아이디어 선별
(Idea Screening)
2장. 시장적합성 조사하기
3장. 기술타당성 분석하기
기술선정
Part Ⅲ
아이디어 개발
(Go To Develop)
기술개발
4장. 아이디어 구현하기
5장. 외부기술 활용하기
6장. 아이디어 보호하기
Part Ⅳ
시장 진입
(Go To Launch)
기술사업화
7장. 기술가치 평가하기
8장. 기술마케팅 실행하기
9장. 기술금융 투자받기
Part Ⅴ
기술창업 실습
(Action Learning)
기술창업
10장. 기술창업 따라하기

Go To Develop

아이디어 개발

Part III

Chapter 4

아이디어 구현하기

학습목표 1

창의적 아이디어 도출 방법을 알 수 있다.

학습목표 2

디자인 사고 (Design Thinking)를 이해할 수 있다.

학습목표 3

문샷 싱킹 (Moonshot Thinking)을 이해할 수 있다.

학습목표 4

프로토타이핑의 개념과 실행방법을 이해할 수 있다.

학습목표 5

린 프로세스를 이해할 수 있다.

Chapter 04

단원도입사례

화이트보드에 빼곡히 적힌 강의내용을 필기하거나 사진으로 저장하지 않고 바로 입력할 수는 없을까? 동아리 친구들과 화이트보드에 적으면서 토의한 내용을 다른 학교 또는 지역의 연합동아리 학생들과 공유할 수 없을까? 라는 궁금증에서부터 시작되어 노트필기를 하거나 사진을 찍어 저장했던 번거로움을 해소하기 위해 만들어진 제품이 있다. 바로 이동식 전자칠판인 스마트마커이다. 마커에 달린 센서와 그 데이터를 저장하는 수신기를 활용하여 화이트보드에 마커가 움직이는 궤적을 디지털 신호로 저장해서 그 내용을 이미지 파일로 저장할 수 있는 마커이다. 화이트보드에 적은 그림과 내용은 네트워크가 연결된 어디에서든 바로 공유하고 편집할 수 있다.

출처 : www.smartmarker.co.kr

TECHNOLOGY COMMER-CIALIZATION
|기술사업화|

좋은 아이디어가 성공하기 위해서는 참신하고 창의적인 아이템으로 고객의 관점에서 문제를 해결할 수 있어야 한다. 기존과 차별되는 '창의적 아이템' 이라고 하면 엄청난 기술을 개발하고 창조해야 하는 것처럼 추상적이고 어렵게 느껴질 수 있다. 하지만 스마트마커 사례와 같이 혁신적이고 창의적인 아이디어는 오히려 일상에서 문제점을 찾아내어 해결하려고 하는 쉽고 간단한 아이디어에서 출발한다. 생활 속의 아이디어를 어떻게 생각해 내고, 아이디어를 어떻게 기술로, 제품 및 서비스로 사업화 할 수 있는지 알아보자.

아이디어를 발굴한는 것과 아이디어를 기술로 현실화한다는 것은 완전히 별개의 문제이다. 머릿속의 아무리 많은 생각과 창의적인 아이디어를 갖고 있다 해도 그것들을 표현하고 시각화하여 구체화하지 않으면 무용지물이다. 머릿속 아이디어를 구체화하여 제품과 서비스로 발전시켜야 한다. 아무리 창의적이고 참신한 아이디어라도 제품화하여 사업화로 발전시키지 못하면 기술사업화에 성공할 수 없기 때문이다. 창의적인 아이디어를 생각해내는 것보다 아이디어를 기술로 구체화하여 제품으로 만드는 방법이 더욱 중요하다.

제록스의 PARC 연구소에서 개발한 PC와 하드디스크 등이 결국 애플과 마이크로소프트에 의해 사업화된 사례는 아무리 창의적인 아이디어가 있어도 그것을 제품화, 사업화하지 못하면 결국 실패하거나 아이디어 자체로 끝나는 경우라 할 수 있다. 이 장에서는 참신하고 좋은 아이디어 제품을 생각해 내는 방법과 아이디어를 구체화하고 제품화할 수 있는 방법 및 프로세스를 다양한 사례와 함께 알아본다.

Chapter 04

4.1. 아이디어를 기술로

4.1.1. 창의적인 제품은 어떻게 생각해 낼까? - 틀 안에서 생각하기

기술사업화에 성공하기 위한 여러 가지 중요한 요인 중 하나는 참신하고 차별화된 아이디어를 바탕으로 한 기술제품이다. 최근 혁신성과 창의성을 강조하는 기업과 제품들이 강조되면서 다양한 창의적 아이디어 도출기법 등이 활용되고 있다. 브레인스토밍 기법이나 스캠퍼(SCAMMPER : 문제에 대한 질문들을 통한 아이디어 접근법), 트리즈(TRIZ : 수십만 개의 특허를 분석하여 만든 발명 메커니즘) 등이 그것이다.

창의적인 생각을 도출해 내기 위해 '남과 다르게 생각하기(think different)' 나 '상자 밖에서 생각하기(think outside box)' 의 내용을 많이 들어봤을 것이다. 창의적 사고에 관한 가장 대표적인 연구 중 하나는 심리학자 길포드의 '아홉 개의 점 퍼즐' 이다. 다음 〈그림 4.1.〉에 있는 아홉 개의 점을 연필을 떼지 않고 4개의 직선을 그어서 모두 연결해 보자.

〈그림 4.1.〉 9개의 점 퍼즐

어떤 사람들은 정사각형의 틀 안에서 문제의 답을 찾으려 할 것이고, 어떤 사람들은 정사각형의 틀을 벗어나 답을 찾기도 할 것이다. 이 문제의 답을 얻기 위해서는 사각형 밖으로 선이 벗어나야 한다. 즉 상자 밖에서 생각할 때 비로소 답을 얻을 수 있는 것이다. 하지만 상자 밖을 나갈 수 있다는 힌트를 주었음에도 여전히 정답을 맞힌 그룹은 많지 않았다는 또 다른 연구팀의 실험결과를 통해 한번쯤 들어봤던 '다르게 생각하기', '상자 밖에서 생각하기' 등의 창의성 구호는 창의적인 문제해결과 직접적인 연관이 없을 수도 있다는 견해도 있다. 세계적 혁신 전문가이자 경영자인 드루 보이드(Drew Boyd)와 창조적인 일을 할 때 인간의 뇌가 어떻게 작동하는지 연구하는 과학자이자 교수인 제이컵 골든버그(Jacob Goldenberg)는 모든 혁신은 공식이며 틀 안에서 이루어진다는 이론을 제시하였다.

틀 안에서 생각하기란 말 그대로 낯익은 환경, 즉 틀 안에서 일정한 패턴, 공식을 활용하여 생각하고 노력할 때 더 많은 혁신과 창의성을 이룰 수 있다는 관점이다. 그럼 기존의 창의적 사고방식인 '틀 밖에서 생각하기' 와 정 반대의 사고방식인 '틀 안에서 생각하기' 접근방식은 무엇인가?

이는 기존 트리즈 이론을 단순화시킨 '체계적 발명의 사고(Systematic Inventive Thinking)' 개념으로, 5가지 기본적인 공식에 의해 창의적이고 혁신적인 제품 및 서비스가 탄생된다는 이론이다. 혁신적 제품에서 발견된 5가지의 공식은 다음과 같다.

(1) 핵심제거

제품이나 서비스에 당연히 있어야 한다고 생각했던 어떤 요소를 제거해 보는 것이다. 예를 들어, 날개 없는 선풍기는 바람을 만드는 날개를 과감하게 제거함으로써 창의적인 아이디어 제품으로 손꼽히게 되었다. 기능적이고 구조적인 고착에서 벗어나, 마땅히 있어야 하지만 제거해야 할 요소들을 생각해 보자.

(2) 요소분할

제품과 서비스에 쉽게 분리되어 다른 사용 환경에 적용할 수 있는 부품과 요소가 포함되어 있다. 어떤 제품을 분해하여 부품들을 구분해 보고, 크기는 다르지만 기능이 동일한 것으로 나누어 본다던지, 특정 부품이나 기능을 떼어 다른 기능에 적용해 보는 것이다. 사용자의 상황에 맞게 무게를 조절할 수 있는 분리된 덤벨 운동기구도 요소분할의 한 예이다. 따라서 사용하고 있는 제품에서 어떤 요소를 분리하여 적용할 수 있을지 생각해 보자.

(3) 다수화

제품 및 서비스의 기능과 요소가 조금씩 바뀌면서 반복해서 복제되는 경우이다. 하나의 TV에서 다수의 채널을 동시에 시청할 수 있는 기술은 다수화의 사례이다. 3M의 양면테이프는 접착할 수 있는 끈적끈적한 물질을 복제하여 테이프 양면에 모두 발라 접착테이프를 사용하는 데 있어 새로운 해법을 개발하였다. 이처럼 기존 제품과 서비스 안에서 어떠한 기능과 요소를 개선시켜 변화를 줄 수 있을지 고민해 보자.

(4) 과제통합

서로 상이한 속성과 기능이 하나의 제품이나 요소로 합쳐진 경우이다. 예를 들어 기능성 화장품은 보습, 자외선차단, 미백 등 다양한 기능을 하나의 제품에 담았으며, 스마트 폰은 전화기능 이외에 사진, 지도, 채팅 등 여러 가지 요소들이 통합되어 혁신적인 제품으로 개발되었다. 따라서 어떠한 요소와 기능을 하나의 제품으로 통합했을 때 좀 더 편리하고 획기적인 제품이 될 수 있을지 생각해 보라.

(5) 속성의존

두 개 이상의 속성이 상호작용하여 의존적으로 작용하는 것을 말한다. 색깔–온도, 가격–시간 등 속성의 상관관계를 파악하려는 노력이 필요하다. 예를 들어, 냉장이 필요한 음료제품에 온도에 따라 색이 변하는 잉크를 사용하여 내용물이 최적의 상태로 보관될 수 있도록 보여주는 기술은 색상과 온도와의 상호작용을 잘 활용한 사례라 할 수 있다. 주문 후 30분이 지체되어 배달된 피자는 무료 제공하도록 한 도미노피자의 배달서비스는 가격과 시간의 함수를 활용하여 고객의 요구를 충족시킨 사례이다. 이처럼 제품 또는 서비스가 어떠한 요소나 속성이 서로 의존적으로 상호 작용될 때 더 큰 시너지 효과가 보일 수 있을지 생각해 보자.

창의성은 훈련이 가능하고 학습될 수 있다. 기존 제품과 서비스에서 위와 같은 공식을 적용해 보고 실험해 보는 과정에서 새로운 아이디어를 발굴하고 창의적인 제품을 만들 수 있을 것이다.

4.1.2. 아이디어를 어떻게 구체화 할까? – 디자인 사고 (Design Thinking)

친구와 식당에서 점심을 먹다 갑자기 떠오르는 생각이나 아이디어를 급하게 휴지에 적어 본 경험이 있을 것이다. 간단하게 식당에 있는 종이나 메모지 뒷면에 적은 그림이 기술창업 아이디어의 핵심이 되기도 하고 나아가 기술사업화 성공의 실마리가 되기도 한다면 어떨까?

1999년 창업 당시 싸이월드는 클럽 서비스를 중심으로 시작되었으나 프리챌, 아이러브스쿨, 다음 등에 밀려 빛을 보지 못하고 어려움을 겪었다. 2000년에 클럽(타 사이트의 카페와 유사)을 대표로한 개인 PIMS, 공유형 게시판, 채팅, 폴(poll: 투표) 서비스 등 커뮤니티 포털 형식을 도입하여 대대적으로 개편했지만, 네티즌들의 반응은 그다지 크지 않았다. 창업 이후 3년 동안 큰 성장을 하지 못하던 싸이월드는 현금이 거의 고갈된 2001년 여름 마지막 프로젝트를 진행하게 된다. 디자인 사고 기법을 접하게 된 이동형 대표는 '사이좋은 사람들' 이라는 싸이월드의 슬로건에서 출발하여 사이좋은 사람들이 어떤 행동을 하고, 무엇을 선호하는지를 관찰하고 분석하는 디자인 사고를 통해 미니홈피, 미니미, 미니룸, 도토리와 같은 현재 싸이월드의 모습을 만들 수 있었다.

머릿속에 있는 추상적인 생각, 아이디어를 현실 가능한 기술제품으로 구현하기 위해서는 우선 아이디어를 구체화해야 한다. 새로운 아이디어를 효과적으로 개발하기 위해 먼저 시각적으로 아이디어를 구체화하여 실현 가능하게 만들어야 한다. 아이디어를 시각화하는 것은 간단한 그림과 모형으로 표현하는 것부터 시작한다.

이러한 과정을 통해 구체적으로 표현되지 못하는 모호한 부분들은 제거되고, 미처 생각하지 못했던 부분들은 채워지게 된다. 즉, 좋은 아이디어와 현실의 차이를 이해하기 위해 그림을 통해 시각화하면 아이디어를 보다 효과적으로 표현할 수 있다. 그림을 토대로 생각을 이야기하고 현실 가능한 대안들을 모색하는 등 구체적인 토론과 소통을 이끌어 낼 수 있다는 것이다. 이러한 아이디어 시각화를 활용하여 아이디어를 기술로 제품화할 수 있는 방법은 무엇일까? 아이디어를 시각화하고 구체화하는 사고방식으로 디자인 사고 접근방식이 있다.

디자인 사고는 사용자 관점의 아이디어로 제품에 대한 변화를 이끌어 내는 사고방식과 과정이다. 즉 문제를 이해하고 공감하여 가능한 최선의 해결책을 모색하고 시제품 개발의 반복적인 실패와 개선을 통해 최적의 대안을 제시하는 방법이다. '디자인 사고'는 미국 스탠포드 대학과 하버드 대학에서 건축 전문가들인 디자이너의 사고방식에 대해 연구하면서 처음 사용된 용어로, 혁신제품 디자인기업인 IDEO에 의해 비즈니스에 적용되면서 경영, 전략, 교육, 금융 등 여러 분야에서 다양한 용도로 응용되고 확산되었다. 디자인 사고는 아이디어를 구체화하여 시각화함으로써 모호한 의미들을 제거하고 현실 가능한 아이디어를 탄생시키는데 목적이 있다. 디자인 사고 프로세스는 관점에 따라 다양하게 표현되지만 기본적으로 사람에 대한 공감 → 문제정의 → 아이디어창출 → 시제품(프로토타입)개발 → 경험의 단계로 표현된다. 아래의 〈그림 4.2.〉는 스탠포드 대학의 디스쿨(d.School)에서 제시한 프로세스이다.

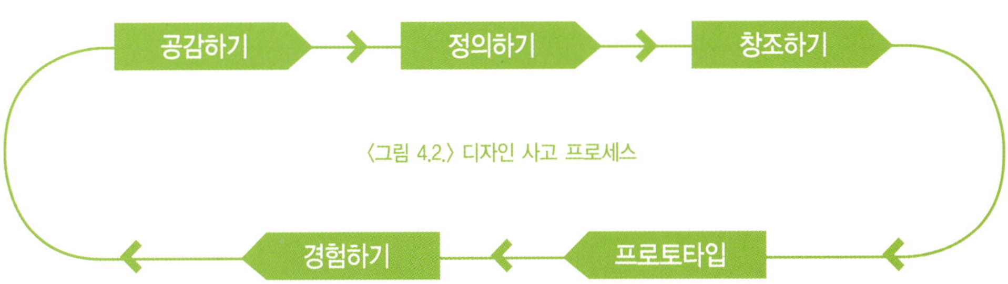

〈그림 4.2.〉 디자인 사고 프로세스

(1) 공감하기

디자인 사고는 고객의 행동을 관찰, 조사하여 고객중심의 문제해결을 하고자 하는 것이 핵심이다. 아이디어를 기술로 사업화한다는 것은 결국 고객이 일상행동에서 사용하는 제품과 서비스로 생활의 불편함과 문제를 해결하려고 하는 것이다. 따라서 디자인 사고는 고객들이 미쳐 못 느끼는 생활 속의 불편들, 해결되지 않은 상태로 유지되고 있는 문제점들을 발견하는 것부터 시작된다. 개발자가 직접 사용자가 되어 공감하고 고민했을 때 고객 가치창출이 가능하기 때문이다.

예를 들어 매장의 재고관리시스템 개발에서 창고안의 재고관리보다는 매장선반에 상품이 없어 고객이 불편을 겪는 문제에 초점을 맞춰 접근해야 한다는 것이다. 디자인 사고는 고객의 문제가 무엇인지 이해하려는 공감에서부터 시작된다. 공감을 얻기 위해서는 대상 고객의 관찰과 체험을 통해 감정이입을 해 보기도 하고, 인터뷰, 조사 등을 통해 고객이 말하는 것뿐만 아니라 관심을 가지는 것, 귀 기울이는 것, 행동하는 것 등을 유심히 살펴보아야 한다. 〈그림 4.3.〉과 같이 공감지도를 통해 고객의 관점에서 무엇을 생각하고 말하고 경험하는지 조사해 보는 방법이 있다.

〈그림 4.3.〉 공감지도

[생각과 느낌] 고객이 무엇을 생각하고 느끼는가?	[영향력] 환경이 고객에게 어떤 영향을 미치는가?	[고충] 고객이 두려워하는 것, 불만은 무엇인가?
[경험] 고객이 무엇을 보는가?	[언행] 고객이 무슨 말을 하고 어떤 말을 하는가?	[비전] 고객이 원하는 것이 무엇인가?

(2) 정의하기

고객과 인간에 대한 깊은 관심과 공감을 통해 무엇이 해결해야 하는 문제인지 무엇이 중요한지 판단하는 것이다. 이러한 중요성의 판단에 있어 누구에게, 무엇을, 왜, 어떻게, 요구를 충족시킬 수 있을지 명확하게 정의하여야 한다. 디자인 사고 프로세스의 기본관점은 고객(사용자)관점이다. 인간에 대한 가치나 사회공유가치가 결여된 문제는 기발한 기술력과 해결책이 제시되더라도 성공하지 못하고 사라지는 경우가 많다.

(3) 창조하기

공감하여 얻어진 문제정의를 해결하기 위한 다양한 해결책과 대안을 제시하는 단계이다. 디자인 사고는 다수의 각기 다른 성향의 사람들과 다른 배경을 가진 사람들이 참여할 때 더 좋은 결과물을 도출할 수 있다. 이는 다양한 전문지식, 의견, 생각 들이 제품개발 전반에 걸쳐 수렴될 때 사용자의 니즈를 더 잘 이해할 수 있고 고객관점의 문제해결과 제품생산을 할 수 있다는 의미이다.

브레인스토밍이나 스캠퍼 등 다양한 창의적 사고발상 도구들을 활용하여 문제해결에 가능한 많은 의견과 아이디어를 도출한다. 다양한 의견들을 확산 공유하고 최적의 대안을 선택 수렴하는 과정이다. 포스트잇, 화이트보드 등을 이용하여 자유롭게 문제해결을 위한 어떠한 의견이라도 제시될 수 있는 공간과 분위기 조성이 중요하다. 소심하거나 의견제시에 익숙하지 않은 학생들은 생각을 글로 표현하여 공유하는 브레인라이팅(brainwriting)의 기법도 유용할 수 있다.

(4) 프로토타입

다양한 아이디어를 시각화하고 제품으로 신속하게 개발해 보는 단계이다. 시각화는 디자인 사고를 다른 문제해결 방식과 구분 짓는 수단이기도 하다. 휴지 뒷면이나 노트에 무심히 그린 그림일지라도 문자나 언어 못지않은 중요한 소통의 도구가 될 수 있고 구체적인 요소들을 추가 · 변경 · 제거하는데 유용한 방법이 될 수 있다. 종이에 그림으로 표현해도 좋고, 주변에 쉽게 구할 수 있는 도구들을 이용하여 간단하게 샘플제작을 할 수도 있다. 간단한 샘플개발을 통해 아이디어를 보여줌으로써 언어로 정리되거나 전달되지 않은 요소들에 대해 의사소통할 수 있고 발견된 문제점을 개선할 수 있다.

프로토타입이란 개발초기 모형을 간단하게 만들어 보여주는 개발접근법이다. 이에 대한 내용은 다음의 절 (4.2.)에서 자세하게 설명한다.

(5) 경험하기

시제품이나 샘플제품을 실행하여 실제로 구현가능한지 점검하고 사용자들은 어떻게 반응하는지 확인하는 단계이다. 사용자들이 보고, 만지고, 사용할 수 있게 하여 반복적인 피드백을 받는 작업이다. 반복적인 의견수렴과 개선을 통해 제품의 기능이 구체화되어 완성도를 높일 수 있다. 결과적으로 디자인 사고는 고객니즈를 해결하고자 하는 공감을 토대로 실현 가능한 기술개발의 반복적인 실험을 통해 제품화로 이어질 수 있게 하는 방법론인 것이다. 따라서 이러한 디자인 사고관점을 갖기 위해서는 (1) 고객의 관점에서 바라보는 공감능력, (2) 다양한 분야의 지식과 다양성의 차이를 이해하는 통합적 사고 (3) 실험과 프로토타입을 통한 반복적인 학습 (4) 협업을 통한 창의적 발상 등이 요구된다.

기술사업화에서 디자인 사고는 기술개발 기법이나 창의적 문제해결에 국한된 것이 아니라 아이디어를 기술로 제품화하여 창업성공으로 이끄는 전체적인 프로세스를 나타낸다. 디자인 사고의 틀은 〈그림 4.4.〉에서 알 수 있듯이 기술-시장-기업의 통합적 관점으로 기술사업화 관점과 유사함을 알 수 있다. 인간가치 즉 고객의 요구를 충분히 이해하고 공감하여 문제정의를 확인한 후 반복적인 제품개발 및 실행을 통해 기술 실현가능성을 높이고 경제적 수익성을 고려하여 가능한 대안을 찾는 것이다. 결국 기술자체뿐만 아니라 시장관점과 기업역량이 통합적으로 고려되고 이해되었을 때 디자인 사고를 효율적으로 수행할 수 있다. 또한 프로세스와 기능혁신, 고객 감성혁신을 통해 궁극적인 가치혁신을 이룰 수 있음을 보여준다.

〈그림 4.4.〉 디자인 사고와 가치창출

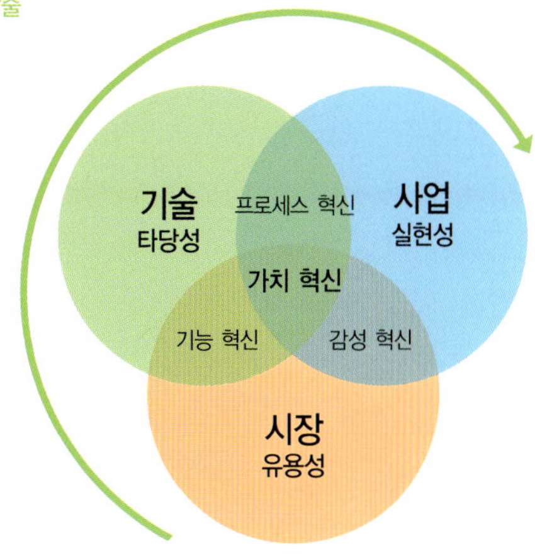

출처 : 스탠포드대학
b.school bootcamp 2012

이와 같은 맥락으로 토론토대학 로트만경영대학(Rotman School of Management)의 헤더 프레이저(Heather Fraser) 교수는 디자인 사고 프로세스를 통해 발전된 수많은 아이디어와 제품들을 어떻게 사업으로, 경영전략으로 발전시킬 수 있을지 고민해야 한다고 주장한다. 그가 제시한 **3기어 (3-gear)접근법**에서는 디자인사고의 공감, 아이디어창출, 시각화(프로토타입)와 더불어 전략적 경영디자인을 추가하여 설명하고 있다. 이는 단순히 좋은 아이디어 제품을 출시하여 어떤 특정 문제를 해결하는 것에 그치지 않고 지속적인 성장가능성을 추구할 수 있는 전략적 시스템과 경영전략을 고려해야 한다는 것이다. 지속적인 기술사업의 성장을 위해 끊임없이 새로운 프로젝트나 기술개발을 반복하고 개선해 나가야 하는 기술개발자와 창업자의 관점에서는 전략적 경영디자인을 포함한 3기어 접근법을 눈 여겨 볼만하다.

전문가 Tip

창의적인 아이디어가 있는데 이를 사업화하는 과정이 막연하게 어렵게 느껴진다면 아이디어의 상품화를 지원하는 온라인 아이디어 실현 플랫폼인 '창조경제타운' (www.creativekorea.or.kr), '무한상상실' (www.ideaall.net)을 이용해 보자. 이러한 사이트는 각자의 아이디어를 기반으로 시험 제작해 볼 수 있는 공간을 제공하고 제품개발뿐만 아니라 특허출원, 마케팅, 판로지원 등 아이디어의 상품화를 위한 연계, 지원 서비스를 제공하고 있다.

4.1.3. 상상을 현실로 - 문샷 싱킹 (Moonshot Thinking)

달에 여행을 갈 수 있을까? 호출하면 원하는 장소에 나를 바래다주는 자동차는 없을까? 나의 기분과 날씨에 따라 듣고 싶은 음악을 알아서 들려주는 스피커는 없을까? 또 다른 행성에 가서 살 수 없을까? 이러한 상상들을 한 번쯤 해 보았을 것이다. 부족하지만 공상과학 영화나 소설에서 이러한 상상이 가상으로 현실화 되는 내용을 보고 경험했을 것이다. 과연 현실에서 가능할까? 놀랍게도 인공지능 스피커, 자동차 등은 이미 현실에서 실현 가능한 제품으로 선보여졌고, 달나라 여행, 화성 이주계획 등 현실 가능하지 않고 터무니없게 들리는 이러한 생각들도 이미 사업화되어 개발하고 추진 중이다. 아마존이 만든 작은 인공지능 에코(Alexa), 구글의 무인자동차, 우주로켓을 발사하여 국제우주정거장에 물자를 수송한 스페이스X 가 실제로 상상을 현실로 바꾼 제품과 기술창업기업들이다.

이처럼 상상을 현실로 가능하게 할 수 있는 사고방식이 있다. 바로 문샷 싱킹(Moonshot Thinking)이다. 말 그대로 달 탐색 우주선을 발사하겠다는 생각, 즉 달에는 무엇이 있을까 등의 궁금증을 해소하기 위해 달을 좀 더 가까이 볼 수 있는 성능 좋은 망원경을 만들기 보다는 달에 사람이 직접 가서 볼 수 있도록 우주선을 만들겠다는 생각이다. 이처럼 문샷 싱킹은 작은 목표에 집중하기 보다는 불가능해 보이는 문제를 새로운 도전을 통해 해결에 보고자 하는 혁신적인 사고방식인 것이다. 구글의 애스트로 텔러(Astro Teller)는 이러한 사고방식을 '10% 보다 10배 혁신(진화, 성장)하게 만드는 급진적인 생각" 이라고 설명한다.

내가 상상했던 일들이 현실로 일어나거나 꿈의 제품을 모든 사람들이 사용하고 있다고 상상해보자. 생각만 해도 벅차고 해내야겠다는 용기가 생길 것이다. 이러한 꿈과 용기는 기존 방식의 틀에서 벗어나 창의적이고 혁신적인 해결책을 모색하게 한다. 따라서 문샷 사고방식의 근본은 도전과 혁신이다. 새롭고 불가능해 보이는 문제들을 해결하기 위해 도전적으로 시도하고 창의적인 방식으로 해결해야 하는 것이다. 문샷 싱킹을 효과적으로 적용하기 위해서는 다음과 같은 조건을 필요로 한다.

문제의식 (Huge Problem) 불가능해 보이거나 도전적인 인류, 사회의 근본적인 문제를 해결하고자 하는 문제의식. (예 : 지구의 식량, 에너지 등의 자원고갈문제, 물류서비스의 혁신문제, 정보의 불균형 및 네트워크 지원문제 등)

급진적인 사고방식 (Radical Thinking) 기존의 문제해결 방식에서 벗어나 새롭고 창의적이고 혁신적인 접근방식. (예 : 화성탐사를 위한 로켓발사, 무인항공기를 이용한 물류서비스, 무인항공기를 이용한 전세계 인터넷보급 등)

혁신적인 기술 (Breakthrough Technology) 근본적인 문제해결을 지원할 수 있는 혁신적인 기술 (예 : 센서, 로봇, 인공지능, 클라우드, 증강현실 등)

급진적 협업 (Radical Collaboration) 다양한 사람들과의 협업을 통한 문제해결. 오픈시스템을 통한 공유, 협업을 통해 폐쇄적인 금광산업을 활성화 시킨 캐나다의 골드코프 사례는 문제해결을 위해 금광산업의 불문율을 깨고 색다른 시도로 접근한 좋은 사례이다.

Chapter 04

혁신 자문회사인 왓이프 공동회장인 맷 킹돈(Matt Kingdon)은 "혁신은 창의성을 상업적으로 적용하는 것" 이라고 말했다. 특히 구글, 아마존, 페이스북 등 최근의 기업들은 혁신적인 기술개발을 중심으로 기술사업화 또는 독창적인 기술특허를 통해 혁신을 추구하고 있다. 이처럼 기술혁신을 통한 급진적, 창의적 문제해결방식, 즉 문샷 싱킹은 기술사업화에 중요한 사고방식이라 할 수 있다.

이미 알려진 해결 방식이나 선배들이 만들어 놓은 기준에 더 많은 노력, 돈, 자원을 투자한다 해도 10%의 성과를 올릴 수 있을지 몰라도 10배의 성과나 근본적인 문제해결에 도움이 되지 않는 경우도 있다. 창업자들은 위험감수성이 높고 도전적이며 진취적이라고 흔히 판단하지만, 창업자 성향을 조사한 연구(Podoynitsyna 외 2012)에 따르면 실제로 위험, 실패에 대한 창업자들의 두려움이 일반인과 같이 높게 나타났다. 즉 기존의 방식을 벗어나지 못하고 새로운 생각을 유입하는데 저항이 있으며, 도전보다는 안전한 방법을 찾는 경향이 있다는 것이다. 하지만 실제 미국 스타트업 관련 블로거로 잘 알려진 그랜트리(GrandTree) 공동 창업자인 다니엘 테너(Daniel Tenner)는 스타트업 아이디어는 5년 이내 10배 이상 성장하기 위한 목표를 가져야 한다고 주장하였다. 상상이 현실이 되기 위해서는 불가능에 대한 과감한 도전과 고정관념을 뛰어넘는 진취적인 창의성이 수반되어야 한다는 것이다.

전기자동차 테슬라의 창업자 앨론 머스크(Elon Musk)는 기술혁신에 대한 도전과 혁신을 설명한다. "창조는 아무나 할 수 없지만 상상은 누구나 할 수 있다. 그 상상에 가치가 있다면 불가능을 생각하지 말고 도전해야 한다. 그러면 인류의 미래가 좀 더 바람직한 방향으로 바뀔 수 있다." 상상력은 넓고 깊게 갖는 것이 좋다. 상상력을 현실로 만들기 위해 창의적인 발상으로 도전해 보라. 여러분의 상상이 현실이 될 것이다.

4.2. 기술을 제품/서비스로

대우 일렉트로닉스는 세계 최초로 벽걸이 세탁기 '미니(mini)' 를 선보이며 출시 3개월 만에 1만대가 넘게 팔리는 성과를 얻었다. '미니(mini)' 는 브레인스토밍 아이디어와 1년 반 이상의 지속적인 고객 피드백을 통해 탄생되었다. 연구원들은 브레인스토밍 중 벽에 걸기에도 부담이 없고 어느 정도의 세탁물도 소화할 수 있는 벽걸이형 세탁기에 대한 아이디어에 확신을 가졌고, 그것을 제품으로 실현하기 위해 프로타입을 통한 지속적인 주부평가단의 피드백을 반영하였다. 너무 작은 사이즈로 인해 한 번에 할 수 있는 빨래의 양이 적다는 불만과 벽에 지탱하기에 무리가 없을까하는 우려에 대한 고객 의견을 지속적으로 반영하고 크기와 무게를 조절하였다. 이러한 과정을 수차례 반복하면서 결국 현재의 적정 크기와 무게를 찾아낼 수 있었던 것이다.

벽걸이 세탁기 '미니' 의 개발단계처럼 디자인 사고의 단계 중 중요한 과정은 프로토타입을 통한 반복적 학습과 경험이다. 아이디어를 간단한 모형으로 만들어 사용자에게 보여주고 제품을 직접 경험해 보게 하는 것이다. 사용자 경험을 통한 반복적인 피드백으로 기능의 추가, 변경 등을 반영하고 개선하여 사용자의 요구를 제품에 녹아들게 하는 개발방법이다. 프로토타입, 즉, 시제품 제작과정을 통해 아이디어를 구체화하고 제품화하여 사업으로 발전시킬 수 있게 되는 것이다.

전문가 Tip

프로토타이핑 기법을 수행할 때 중요한 점은 개발자와 사용자간의 상호이해 및 지식교환을 위한 작업이라는 것을 잊지 말자. 아이디어를 성공적인 제품으로 만들기 위해서는 개발자가 사용자가 되어 공감하고 이해하는 노력이 반드시 전제되어야 한다.

4.2.1. 프로토타입, 왜 필요한가?

프로토타입은 추상적인 개념을 구체화시키고 새로운 아이디어를 더 쉽게 탐색할 수 있게 한다. 특히 건축, 설계, 디자인 등에 널리 사용되어 왔고, 제품 디자인, 서비스 디자인 등 고객의 요구를 신속하게 감지하고 반영해야 하는 비즈니스와 디자인이 접목되는 분야에서 활성화되고 있다. 그렇다면, 프로토타입은 왜 기술사업화에 필요한가?

프로토타입의 제작목적은 '더 빨리, 적은 비용으로 실패하기 위해서' 이다. 최소한의 자원으로 아이디어를 제품화하여 실행해 보고 실패와 피드백을 통해 개선점을 찾기 위함이다. 시제품을 만들어 경험해 봄으로써 제품의 미비한 점을 미리 확인, 검토할 수 있기 때문에 제품수정 및 보완이 용이하며 제작비 절감 및 제작과정을 신속하고 원활하게 진행할 수 있다. 즉, 프로토타입은 완성된 결과물을 보여주기 위한 작업이 아니라 오히려 자신의 아이디어를 시각화하여 보여주고, 사용자들에게 제품을 사용하여 상호작용하게 함으로서 사업화 실행 전에 제품 수정 및 보완과 미흡한 점을 확인할 수 있게 하는 개발 단계라 할 수 있다.

특히 자금과 제품의 생산설비 등의 현실적 한계에 직면한 초기 기술창업기업들은 프로토타입을 통해 아이디어를 현실가능한 제품으로 구현해서 평가 받을 수 있다. 투자자에게 자신의 아이디어를 보여줌으로써 투자 여부를 결정하는데 중요한 역할을 할 수 있다. 직접 창업을 하든, 투자를 받기 위해서든, 눈앞에 내 놓을 수 있는 기술과 제품이 필요하기 때문이다.

4.2.2. 프로토타입, 어떻게 실행할 것인가?

〈그림 4.5.〉 프로토타이핑 프로세스

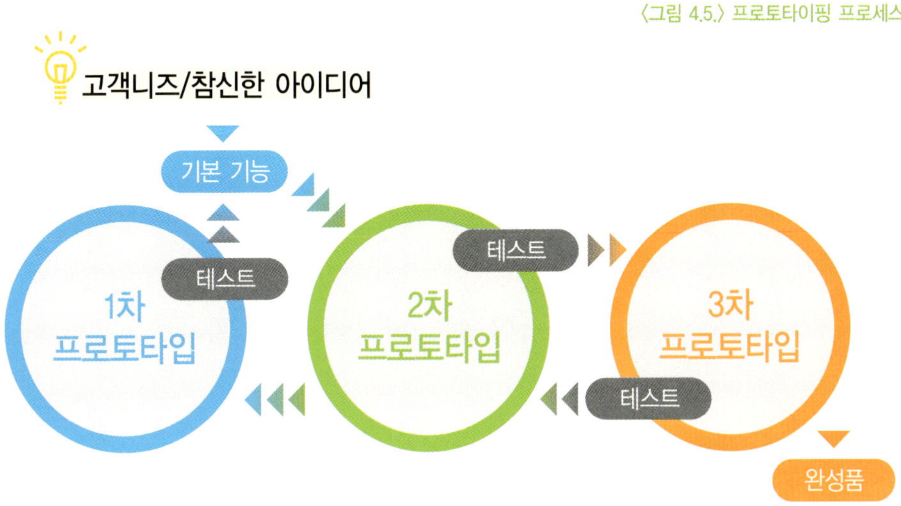

프로토타이핑은 〈그림 4.5〉와 같이 반복적인 구현과 피드백을 통해 점차 진화하고 개선된 완성품이 만들어지게 되는 것이다. 첫 번째 단계에서는 아이디어를 시각화하고 형상화하는 과정으로 간단한 도구를 사용하여 제품 사양 등에 대한 다양한 시도를 해 볼 수 있다.

두 번째 프로토타입 단계에서는 첫 단계에서 얻은 피드백과 실패의 교훈을 바탕으로 좀 더 실현가능한 구체적인 제품을 만드는 단계이다. 전문가들의 조언과 상담을 통해 기술적으로 구현여부를 실제적으로 검증할 수 있다. 최근에는 효율적인 개발을 위해 3D프린팅 등을 활용하여 빠르게 개선된 제품을 구현하기도 한다.

세 번째 단계는 반복적인 피드백을 통해 얻어진 완성된 제품개발 단계이다. 하지만 유념해야 할 것은 완성된 단계라 할지라도 제품에 대한 평가나 피드백이 긍정적이지 않다면 다시 프로토타이핑 단계를 반복해야 한다. 이러한 반복적인 프로토타이핑 단계를 거쳐 추상적인 아이디어가 점차 고객관점의 제품으로 구체화되고 현실가능해지는 것이다.

다음의 〈그림 4.6〉의 사례는 IDEO와 Gyrus ACMI가 개발한 이비인후과에서 사용하는 수술도구사례이다. 수술 중 줄이 꼬이거나 쉽게 막히는 등 작동의 불편함을 해결하고자 의사와 디자이너들이 모여 고민하던 자리에서, 주변의 카터, 빨래집게 등을 이용해 생각과 원리를 보여주고, 반복적인 실험과 개선을 통해 의사들의 니즈에 적합한 완성품을 탄생시켰다. 이처럼 초기 프로토타입은 일반적인 대상과 아이디어를 그림이나 간단한 도구를 사용하여 원리와 아이디어를 보여주고, 실현가능성과 기술적합도 등을 검토할 수 있도록 해준다. 프로토타입을 통해 점차적으로 구체적인 대상과 기능을 추가해 가면서 고객의 필요에 적합한 완성품이 만들어지게 되는 것이다.

〈그림 4.6〉 프로토타입의 완성도 단계

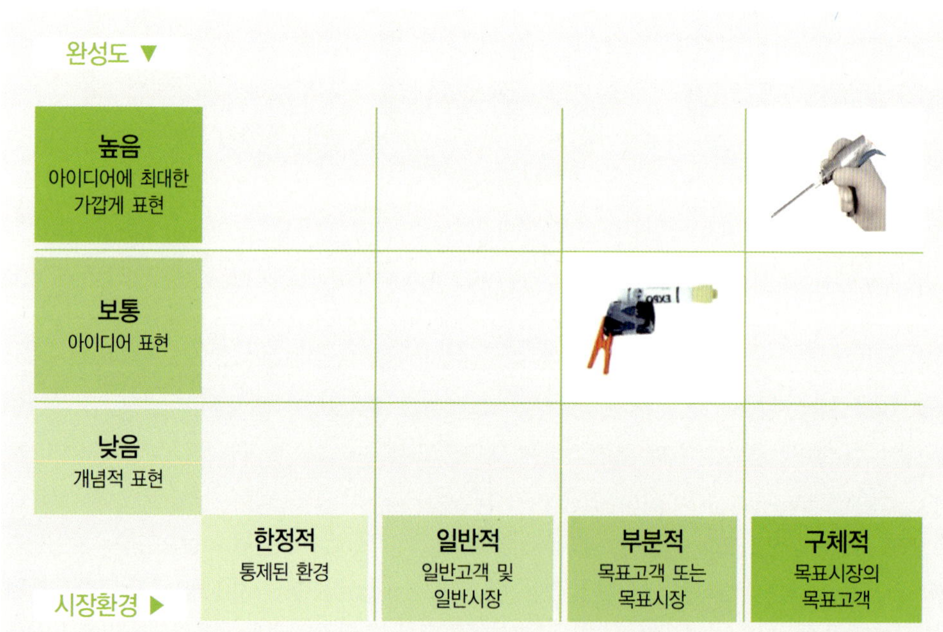

출처 : 스탠포드 d.school, bootcamp 2013

이처럼 프로토타입은 간단하게 그림으로 스케치하는 방법, 간단한 도화지나 색종이를 이용하거나 레고 등의 장난감, 주변 문방도구 등을 이용하는 방법, 스토리보드나 카드, 비디오 등을 활용하여 다양하게 아이디어를 구현할 수 있다.

머릿속에 좋은 아이디어는 있는데 당장 어떻게 시작할 수 있을 지 두렵고 망설여진다면 적은 비용과 시간으로 아이디어를 시각화할 수 있는 다양한 방법들을 활용하여 생각을 보여주는 실행을 해보자. 머릿속에 아무리 많은 생각과 좋은 아이디어를 갖고 있어도 보여주지 않으면 그것이 무엇인지, 현실적으로 제품화가 가능한지, 어떻게 개선할 수 있을지 아무도 조언해 줄 수 없기 때문이다.

4.2.3. 프로토타입, 어떻게 접근할 것인가?

프로토타입은 개념을 유형화하는 과정이다. 이를 효과적으로 접근하기 위해 던져야 할 질문은 다음과 같다.

어떻게 보일까? (looks like)

먼저 머릿속의 아이디어가 어떻게 보일지, 어떻게 그릴 수 있을지 빈 캔퍼스에 그려보자. 만일 날개가 있어야만 전동에 의해 바람이 나오는 선풍기에 날개를 없애면 어떻게 보일까? 기존 선풍기에 날개만 제거한 모양일까? 진공청소기와 유사한 모양일까? 모터는 어느 부분에 넣어야 가볍고 날씬한 선풍기를 만들 수 있을까? 어떻게 작동할까? (works like)
어떻게 작동할 수 있을지, 어떤 기술을 활용할 수 있을지 생각해 보자. 선풍기에 날개를 없애면 어떻게 바람을 만들 수 있을까? 기존 선풍기와는 모양이 달라 모터가 없을 것으로 생각하지만, 기둥 부분에 있는 모터 압축기로 주변공기를 빨아들여 동그란 링 부분으로 공기를 내보내는 원리를 이용한다.

어떻게 상호작용할까? (interacts like)

다른 제품이나 주변기술과 어떻게 상호작용할 지 구체적으로 고려해 보아야 한다. 날개 없는 선풍기의 내부 터보와 원심식 압축기 활용은 어떻게 할 것인가? 무선 디지털방식의 터치나 센서 등의 활용은 가능한가? 여러 기술제품들은 핵심기술 자체만으로 운용되는 것도 있지만 외부 주변기술과 상호작용을 통해 완전하게 활용되는 경우가 많기 때문이다.

어떻게 느껴질까? (feels like)

마지막으로 사람들이 어떻게 느낄 것인가를 고려해야 한다. 기존에 없던 혁신적인 아이디어 제품들은 시장과 고객이 미처 받아들일 준비가 되지 않은 경우가 많기 때문이다. 예를 들어, 날개가 없는 선풍기는 오히려 바람을 만드는 날개가 없기 때문에 바람이 세지 않을 것이라는 선입견은 없을까? 날개가 없어서 손가락이 다칠 염려가 없지만 바람의 강도나 소음의 정도는 만족스러울까? 하는 질문들이다.

프로토타입은 부정적인 평가와 피드백이 있으면 언제 어느 단계에서건 다시 돌아가 피드백을 반영하고 개선하는 반복적인 흐름이 중요하다. 제품의 좋은 점, 나쁜 점, 개선할 점, 이해되지 않은 점, 몰랐던 점 등 구체적이고 체계적인 피드백을 받는 것이 좋다. 구체적인 피드백을 통해 추가할 것, 제거할 것, 수정할 것 등 개선할 점을 파악할 수 있기 때문이다. 하지만, 빠른 제품실행과 반복적 피드백으로 고객의 요구를 충분히 반영한 제품을 신속하게 적은 비용으로 생산할 수 있다는 장점에도 불구하고, 프로토타입을 평가할 수 있는 대상은 누구인지, 어떤 기준으로 평가하는지, 기술 이해도, 기술 확장성의 문제 등에 대한 개발자와의 갈등은 여전히 풀어야 할 문제점으로 지적되고 있다.

4.2.4. 린(Lean) 프로세스란?

영어로 린(Lean)은 '군살이 없는' 의 뜻을 가지고 있다. 이 의미 그대로 풀이를 하면 **린 프로세스**는 군더더기가 없는 프로세스이다. 즉 타당하지 않은 아이디어들은 없애고, 효율적인 자원배분과 일관된 프로세스를 통해 시간과 자원의 낭비를 최소화하는 프로세스이다.

기술사업화에서 린 프로세스의 목적은 반복적인 초기 아이디어 타당성 조사를 통하여 사업 모델을 결정하고 사업 계획을 세우는 순환으로 시간과 자원의 낭비를 최소화하고자 하는 것이다. 디자인사고의 프로토타입 방식과 유사하게 개발단계에 고객의 의견과 참여를 반영하여 문제점을 신속하게 파악, 개선하고 제품의 시장가능성을 높이고자 하는 것이다.

〈그림 4.7.〉 기술사업화 린 프로세스

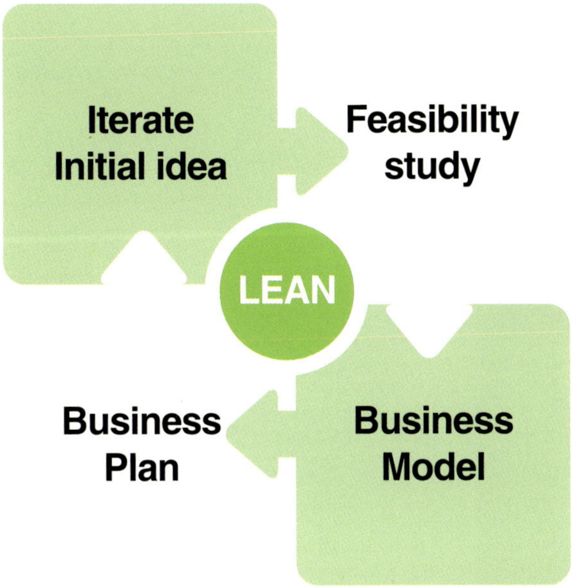

〈그림 4.7.〉과 같이 각 단계마다 타당성 검증이 되지 않을 시 반복적으로 조사와 타당성 검증이 이루어져야 한다. 이를 통해 시장조사에 대한 잘못된 가정을 가능한 빨리 검증하고 최소기능 제품 개발을 통해 고객의 요구를 지속적으로 반영, 개선하고자 하는 것이다. 이는 시장에서의 문제점을 초기에 발견하여 문제해결을 위한 시간과 비용을 줄이고자 함이다. 또한 제품 및 서비스 개발 계획에 고객의 참여를 유도하여 의견을 수렴하고 전략적으로 실행 가능한 제품을 개발한다. 이러한 린 프로세스의 전략은 지속적인 제품 및 서비스 혁신을 통해 고객 만족에 초점을 두고 낭비 관행을 제거하는 것이다. 최근 주목 받고 있는 린 스타트업은 비용을 줄이고 합리적인 사고를 중시하는 린 사고방식을 창업에 적용시킨 것이다.

기술사업화 과정에서도 자체적인 기술개발에 있어 고객의 참여를 유도하고 요구를 반영하여 추후에 발생할 수 있는 시장조사의 불일치와 생산과정의 문제점들을 가능한 빨리 확인하고 불필요한 비용을 최소화할 수 있는 린 프로세스를 고려해 볼 필요가 있다.

Chapter 04

읽어보기

킹 캠프 질레트
"아이디어가 있다면 끝까지 포기하지 말라"

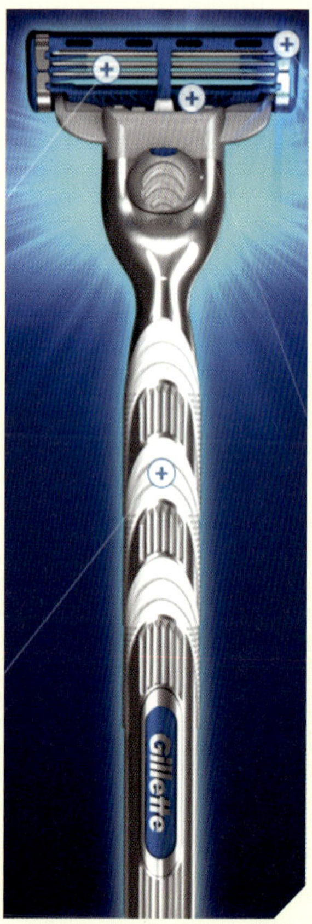

출처 : 피엔지 질레트 공식사이트

질레트는 새로운 아이디어를 현실화시킨 혁신기업으로 기존 면도기 시장에 큰 바람을 일으켰다. 질레트의 안전한 면도기는 창업자 킹 캠프 질레트(King Camp Gilletter)가 영업사원이었을 당시 고객과의 미팅에 늦지 않기 위해 급하게 면도하다 얼굴을 베이면서 안전한 면도기가 있었으면 좋겠다는 생각에서 시작되었다. 1900년대 당시 안전한 면도기에 대한 생각은 시대를 앞서나간 우스꽝스러운 생각이었다. 초기 많은 주변인들은 질레트의 생각에 반대했고 시큰둥했다. 하지만 스쳐지나간 생각을 현실화 시키기로 결심하고, 6년이라는 오랜 시간 끝에 결국 일회용 면도기를 개발하였다. 이후 질레트는 면도기 시장의 대표 브랜드가 되면서 큰 성공을 거두고 있다.

아이디어가 있다면 절대로 포기하지 말아야 한다. 아무리 좋은 아이디어를 가졌다 할지라도 제품으로 만들어지지 않으면 그냥 지나가는 생각일 뿐이기 때문이다. 질레트의 아이디어가 환영받지 못했던 것과 같이 사람들은 경험하지 못한 것에 대해선 의구심과 거부반응을 갖는 경향이 있다. 주변인들의 시선과 평가를 의식하지 않고 끝까지 밀고나갈 수 있는 진취적인 기업가정신이 창의적인 인물과 기술창업자에게는 반드시 필요한 자질이다. 스티브잡스도, 빌게이츠도 그랬듯이 킹 캠프 역시 아이디어를 가지고 있으면, 끈기 있게 포기하지 말고 노력하라고 조언한다.

단원요약

- '틀 안에서 생각하기' 란 기존 트리즈 이론을 단순화 시킨 '체계적 발명의 사고' 개념으로, 5가지 기본적인 공식에 의해 창의적이고 혁신적 제품 및 서비스가 탄생된다는 이론이다.
- '틀 안에서 생각하기' 의 5가지 기본공식은 (1) 핵심제거 (2) 요소분할 (3) 다수화 (4) 과제통합 (5) 속성이론이다.
- 디자인 사고는 사용자 관점의 아이디어로 제품에 대한 변화를 이끌어 내는 사고방식이다. 즉 문제를 이해하고 공감하여 가능한 최선의 해결책을 모색하고 시제품을 개발하여 반복적인 실패와 개선을 통해 최적의 대안을 제시하는 방법이다.
- 디자인 사고 프로세스는 (1) 공감하기 (2) 정의하기 (3) 창조하기 (4) 프로토타입 (5) 경험하기 이다.
- 문샷 싱킹은 작은 목표에 집중하기 보다는 불가능한 문제를 새로운 도전을 통해 해결하고자 하는 혁신적인 사고방식이며, '10% 보다 10배 혁신(진화, 성장)하게 하는 급진적인 생각' 이다.
- 문샷 싱킹의 조건은 (1) 문제의식 (2) 급진적 사고방식 (3) 혁신적 기술 (4) 급진적 협업 이다.
- 프로토타입은 반복적 학습과 경험이다. 아이디어를 간단한 모형으로 만들어 사용자에게 보여주고 제품을 직접 경험해 보게 하는 것이다.
- 린 프로세스는 군더더기가 없는 프로세스이다. 즉 타당하지 않은 아이디어들은 과감히 없애고, 효율적인 자원배분과 일관된 프로세스를 통해 시간과 자원이 낭비를 최소화하는 프로세스이다.

핵심용어 정리

- 창의적 사고
- 틀 안에서 생각하기
- 디자인 사고
- 문샷 싱킹
- 프로토타이핑
- 린 프로세스

Chapter 04

학습하기

① 다음의 공감지도를 활용하여 해결하고자 하는 고객의 문제를 파악해 보자.
(목표 고객을 정하고 그들이 보고, 듣고, 생각하고, 말하고 행동하는 것을 상상해보고 묘사해 본다.)

[생각하는 것]	[듣는 것]	[고충]
- 중요한 것 - 주요 관심사 - 걱정과 열망	- 친구/가족의견 - 직장/학교 선배의견 - 영향력 있는 사람의견	- 두려움 - 좌절 - 장애물
[보는 것]	**[말하고 행동하는 것]**	**[비전]**
- 친구/가족/대인관계 - 처한 환경 - 시장상황	- 대중 앞에서의 언행 - 외향적 특징 - 타인들을 대하는 언행	- 원하고 필요로 하는 것 - 성공의 기준 - 행복의 기준

② 프로토타이핑 방법을 활용하여 주어진 문제에 대한 해결책을 아이디어 제품 및 서비스로 구현해 보자. (주변의 간단한 도구나 종이를 활용하여 시각화 해 보기)

- 주제예시 : 미세먼지 증가로 인해 대기 공기가 심각한 수준이다.
  이러한 환경문제를 해소하기 위한 제품 및 서비스는 무엇인가?
- '누구에게, 무엇을, 어떻게, 왜' 에 대한 질문에 답을 할 수 있게 유도해보자

③ 디자인사고 단계별 흐름에 따라 아이디어를 개발해 보고 해당 문제를 해결해 보자.

1. 질문하기
- 무엇이 문제인가?
- 무엇을 개선해야 하는가?
- 무엇이 목표인가?

→ **2. 상상하기**
- 무엇이 해결책인가?
- 해결책에 대한 브레인스토밍하기
- 최적의 아이디어 선정

→ **3. 계획하기**
- 디자인을 시각화해보기
- 필요한 도구/재료를 활용해 보기

→ **4. 창조(개발)하기**
- 프로토타입(시제품) 개발하기

→ **5. 개선하기**
- 무엇이 잘 작동하는가?
- 무엇이 작동하지 않는가?
- 프로토타입을 어떻게 개선할 것인가?

→ (1. 질문하기로 순환)

참고문헌 및 보충자료

- 댄 로암, 마법의 냅킨 (The back of the Napkin), 21세기북스, 2010.
- 드루 보이드, 제이컵 골든버그, 이경식 역. 결과로 증명된 창의적 사고의 공식 _ 틀 안에서 생각하기, KPI출판 그룹, 2015.
- 벤처스퀘어(www.venturesquare.net), 2015.
- 스탠포드 대학교, Desing thinking and the art of innovation, http://scpd.stanford.edu/design
- 이연지, 글로벌 5개사의 '디자인 싱킹' 성공요소는? LG경제연구원, 디자인 싱킹과 창의성의 상관관계를 찾아서, 2015.
- 오세웅, 엘런 머스크의 가치있는 상상, 아틀라스북스, 2014.
- 유덕현, 감성능력의 80%는 시각... 보여줘라! 동아 비즈니스 리뷰, 2011.
- 유진상, 혁신 기업들의 두 발 앞선 생각, '문샷 싱킹' 미디어 잇, http://m.it.co.kr/m/m_article.html?no=2797590, 2015.
- 조성기, 생각을 요리하라! 아이디어쿠킹, 21세기북스, 2014.
- 조진서, 창의적으로 움직이는 모든 CEO가 Design Thinker, 동아 비즈니스 리뷰, 2012.
- 최한나, 혁신은 근육, 단련하면 강해진다. "더러운게 좋다" 통념바꾼 유니레버를 기억하라" 스페셜리포트_ 맷킹돈 강연 및 토론, 동아비지니스 리뷰, 2015.
- K Podoynitsyna, H Van der Dij, M Song, The role of mixed emotions in the risk perception of novice and serial entrepreneurs Entrepreneurship Theory and Practice, 36(1) 2012

Chapter 04

단원 사례연구

최근 글로벌 기업에서는 창조적인 아이디어 발굴과 혁신적인 인재 양성을 위해 여러 가지 환경적인 혜택과 공간을 마련하고 있는 추세이다. 아래에서 아이디어 개발과 창의적 환경을 적용한 기업들을 통해 시사점을 발견해 보자.

세계 최대 SNS 페이스북(Facebook)의 신사옥이 2015년 3월에 완공해 입주를 하였다. 외형적 구조는 단순한 3층 구조로 화려하지는 않지만 창의적 디자인과 실용적인 공간 활용이 돋보여 세간의 화제가 되고 있다. 직원들의 창의적 사고 프로세스에 도움을 주기 위해 천장이 높은 개방형 실내구조로 만들어졌다. 그리고 사옥 부지 전체에 무선와이파이가 설치되어 있어 직원들은 실외 정원이나 실내 어느 공간에서도 업무를 자유롭게 하며 창의적인 아이디어가 나올 수 있는 근무환경 속에서 생활하고 있다.

추가적으로 소아마비 바이러스의 면역법을 최초로 개발한 조나스 솔크(Jonas Salk, M.D)가 백신을 개발하는 데 결정적인 아이디어를 제공한 곳은 본인의 연구소가 아니라 이탈리아 여행 중 방문한 오래된 성당에서 영감을 얻어 소아마비 백신을 개발하게 되었다. 이렇게 오픈형 실내구조, 특히 천장이 높은 실내에서 근무를 하면 창의적인 사고와 집중력이 높아진다는 인지연구결과를 활용한 기업들의 근무환경 조성의 노력들은 아이디어 개발에 많은 도움을 주고 있다.

또한 글로벌 IT 기업인 마이크로소프트 등은 창의적인 아이디어를 자극하는 환경에 초점을 맞추어 근무환경 조성 등의 사옥을 운영하고 있다. 사무실 안에서 고정적으로 업무를 하는 것이 아니라 카페나 벤치형태로 실내구조가 되어있어 차와 커피를 마시면서 생산적인 업무결과를 내놓고 있다. 이렇게 자유로운 근무환경 속에서 직원들의 원초적인 창조성을 자극하여 업무효율을 높이는 기업들의 운영도 눈여겨 볼 필요가 있다.

토/의/문/제

1. 틀 안에서 생각하는 것과 자유로운 환경에서 아이디어 창출하는 것에 관한 생각을 나누어 보자.
2. 사업의 통찰력과 영감을 얻고 아이디어를 사업화하는 과정인 디자인 사고를 위해 어떤 근무환경이 창의적 사고와 결과를 위해 좋은지 나누어 보자.

그룹 프로젝트

창업자 관점 디자인 사고

공급자 입장의 시나리오를 작성한다.
"그거 있으면 좋지 않을까?"
"프린터도 새로운 모델이 필요하지 않을까?"

| 문제점

단순히 공급자입장에서 기술력 중심의 제품개발이 이루어지는 것이 대부분이다.

투자자 관점 디자인 사고

사용자 관점에서 시나리오를 작성한 것이 있는가?

사용자 관점의 아이디어 구상과 시나리오 작성이 매우 중요하다.

토/의/하/기

1. 디자인 사고를 활용하여 크린터의 새로운 모델을 만들어 보자.
2. 크린터 모델 중에서 사용자 관점의 새로운 기능을 추가하거나 삭제할 수 있는지 생각해 보자.
3. 프로토타입 기법을 활용하여 위의 아이디어를 구체화 시켜보자.

Chapter 5

외부기술 활용하기

학습목표1

외부기술 활용 방법을 알 수 있다.

학습목표2

외부기술 도입 과정을 이해할 수 있다.

학습목표3

적합한 기술 선별 방법을 이해할 수 있다.

학습목표4

기술도입 방식을 이해할 수 있다.

Chapter
05

단원도입사례

오픈 이노베이션(Open innovation)으로 위기를 극복한 골드코프(Goldcorp)

캐나다의 금광 회사인 골드코프(Goldcorp)는 레드 레이크(Red Lake) 광산에서 50년 동안 금을 채굴하였으나, 2000년 광산의 생산성이 저하되면서 위기를 맞게 된다. 2000년 당시 광산의 채굴비용은 온스 당 360달러로 급증한 상태였으며, 이런 고비용을 투입하더라도 연간 50,000 온스 밖에 생산할 수 없었다. 또한 대량의 금광이 광산 깊숙이 묻혀 있을 것이라 추정은 되었지만, 회사소속 지질학자들은 정확한 매장량과 위치를 확인하지 못하고 있었다. 당시 금에 대한 시장 수요도 감소하였는데, 이런 상황이 지속되면 골드코프는 사업을 포기해야 하는 상황이었다.

이때 골드코프의 CEO 롭 맥이웬(Rob McEwen)은 금광 업계에서는 지금껏 사용하지 않던 방식으로 문제를 해결하였다. 전통적으로 금광 업계에서는 금광에 관한 지질데이터를 기밀로 보호하고 있었으나, 그는 회사가 1948년부터 보유하고 있던 지질데이터를 회사 홈페이지에 공개했다. 그리고 공개된 데이터를 기반으로 새로운 금광의 위치를 알려주는 외부 전문가에게 575,000 달러의 상금을 주겠다고 약속했다. 그가 획기적인 발상을 할 수 있었던 계기는 1999년 MIT에서 개최된 한 강연회에서였다. 그 때 리누스 토발즈(Linus Benedict Tovalds)와 오픈소스 개발자들이 만들어낸 리눅스에 대한 이야기를 듣게 되었다. 직원들이 광산에서 금을 찾을 수 없다면, 이를 해결할 수 있는 외부의 전문가를 찾아야 하고 그런 사람들을 찾으려면 토발즈가 리눅스의 소스를 공개했던 것과 마찬가지로 탐사 정보를 공개해야겠다는 판단을 한 것이다.

2000년 3월 개최된 '골드코프 챌린지' 콘테스트는 인터넷을 통해 빠르게 퍼져나갔고, 50개의 국가 1,000명이 넘는 전문가들이 데이터를 분석하기 시작했다. 참가자들은 이 지역에서 110개의 금광을 찾아내었는데, 그 중 80% 이상에서 상당량의 금이 산출되었다. 콘테스트 개최 이후로 8백만 온스라스 엄청난 양의 금이 발견되었다. 롭 맥이웬은 콘테스트를 통해 금광 탐사기간을 2년에서 3년 정도 단축한 것으로 추정한다. 골드코프가 오픈 이노베이션을 첫 번째로 도입한 회사는 아니나. 리누스가 소스를 오픈하여 리눅스를 개발한 이후 수많은 기업들이 이 개념을 채택하고 있다. 듀폰, P&G, 아마존, 구글, 이베이 등의 글로벌 대기업들이 오픈 이노베이션을 통해 기술개발을 추진하고 기술사업화에 성공한 사례들이 계속 보고되고 있다.

기술 개발을 수행하기 위해서는 비용, 시간, 인력 등의 자원과 사업화 경험이 필요하다. 특히 기술적 난이도가 높은 첨단 기술일수록 개발에 필요한 자원은 증가할 수밖에 없다. 그렇다면 충분한 자원과 경험이 부족한 기술창업기업은 어떻게 이를 극복할 수 있을까? 여러 대안 중 하나는 골드코프 사례의 오픈 이노베이션 방식처럼 외부에서 기술을 도입하는 것이다. 이 장에서는 적합한 외부기술 도입방법과 성공전략 등 기술사업화 과정에서 외부기술을 활용하는 방법을 사례와 함께 살펴본다.

Chapter 05

5.1. 기술 발굴

5.1.1. 기술 탐색

기술을 찾는 작업은 기술 도입 과정의 시작이다. 사업화에 필요한 기술을 외부에서 도입하기 위해서는 우선 적합한 기술을 찾아야 한다. 사업화 업종과 분야를 선정했다고 해도 실제로 사업화에 필요한 기술은 다양할 뿐만 아니라 추진하고 있는 사업화에 적합한 기술을 찾는 것은 쉽지 않은 일이다. 하지만 기술탐색은 기술창업을 시작할 창업자가 직접 하는 것이 좋다. 사업화에 적합한 기술을 이해하고 선택했을 때 사업화의 성공 가능성이 높기 때문이다. 그럼 어디에서 어떻게 사업화에 적합한 기술을 찾을 수 있을까?

/ 대학 및 공공연구기관의 기술탐색

기술을 찾기 위해서는 우선 기술이 어디에 있는지부터 살펴보아야 할 것이다. 기술을 생산하기 위한 연구개발을 수행하는 곳은 크게 대학, 공공연구기관, 민간 기업으로 요약될 수 있다. 여기서 대학과 정부출연연구소 등의 공공연구기관에 주목할 필요가 있다. 이들은 연구개발에 필요한 개발비용을 정부 등으로부터 안정적으로 조달받아 비교적 중장기 국가연구개발사업을 수행함으로써, 대다수 현재 상용화된 기술이 아닌 미래 상용화될 첨단기술 개발을 수행하고 있다.

우수한 인재들이 다년간의 연구개발을 통해 첨단기술을 보유하고 있는 대학과 공공연구기관(국공립 연구기관, 정부출연연구기관 등)은 풍부한 기술자원을 보유, 제공할 수 있는 중요한 기술 보물창고이다. 하지만 이들 공공연구기관은 기관 속성상 기술사업화를 추진할 사업주체가 없기 때문에 연구개발에 특화된 조직으로 직접 사업화를 추진하기에 많은 어려움이 따른다. 따라서 기술사업 시 공공연구기관의 첨단기술을 활용한다면 창업자와 창업기업 관점에서는 연구개발 단계를 생략함으로써 비용과 시간을 절약할 수 있고, 공공연구기관 관점에서는 기술이전을 통한 로열티 수입을 획득할 수 있어 서로에게 득이 되는 윈윈 전략이 될 수 있다. 또한 민간 기업은 최대 규모의 연구 주체로 자사의 목적으로 연구개발을 추진하기 때문에 보유 기술을 외부에 노출하는 것을 꺼려하였으나, 최근에는 삼성, SK, LG 등의 대기업에서 중소기업과의 상생 발전을 위하여 보유 기술을 무상으로 이전해 주고 있어 이를 활용하고 있다.

/ 인터넷을 통한 기술탐색

대학, 연구기관 등 다양한 채널을 통해 수집된 기술정보를 온라인에서 공유, 분석할 수 있는 다양한 서비스를 활용하여 사업화 할 기술을 찾을 수 있다.

기술은행 (www.ntb.kr)

온라인에서 정부 연구개발을 통해 산출된 기술정보를 제공하는 서비스로 산업통상자원부가 운영하고 있으며, 오프라인을 통해서는 테크노파크(TP), 기술거래기관이 기업의 기술 탐색 및 매칭을 직접 지원하고 있다.

〈그림 5.1.〉에서 기술은행은 온라인 창구에 등록되거나, 테크노파크(TP), 창조경제혁신센터, 창업사관학교 등으로부터 수집한 중소벤처기업의 필요기술을 분석해, 기술보유기관, 거래 가능 여부 등을 정해진 기일 내에 회신하는 수요자 중심의 기술거래 지원 서비스를 제공한다.

〈그림 5.1.〉 기술은행 홈페이지

출처 : www.ntb.kr

미래기술마당 (http://rnd.compa.re.kr)

미래창조과학부에서는 대학 및 공공연구기관이 보유한 기술에 대한 정보를 제공해 주는 대표적인 서비스를 운용하고 있다. 2014년 2월 서비스 시작한 미래기술마당은 출연연과 특성화대학, 특구진흥재단, 소프트웨어자산뱅크 등 25개 연구기관이 보유한 기술 중 사업화 가능성, 시장성, 경제성 등이 분석된 기술정보 3,201건(2015년 10월 기준)을 제공하고 있다.

또한 사업화에 필요한 기술을 요청하는 기업에는 미래부가 위촉한 40명의 산 · 학 · 연 전문가집단이 해당 기술정보를 직접 찾아 10일 내에 제공한다. 다음 〈그림 5.2.〉와 같이 미래기술마당은 수요기업과의 매칭을 향상시키기 위해 기술소개서(Sales Material Kit)와 함께 제공하고 있다.

〈그림 5.2.〉 미래기술마당 브로셔

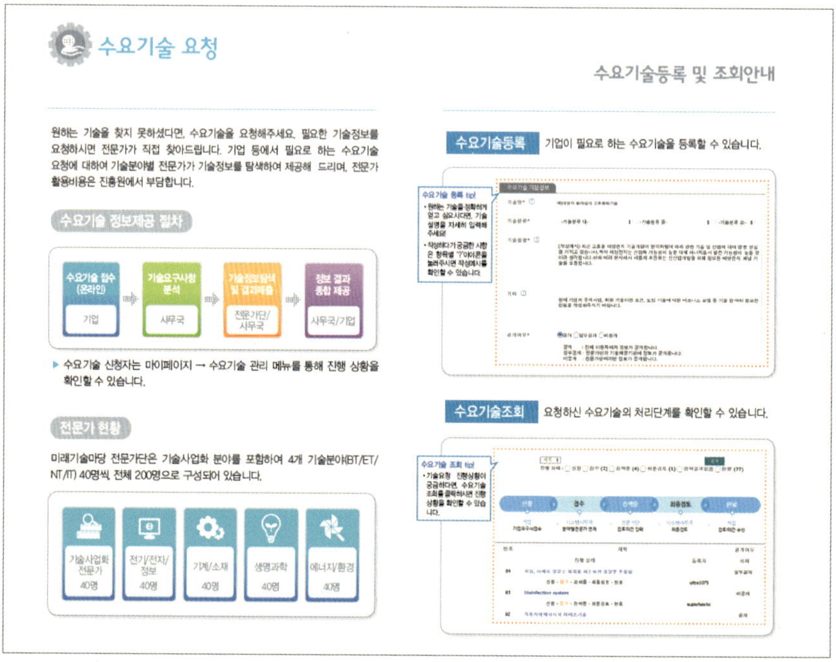

출처 : 미래기술마당 브로셔, 연구성과실용화진흥원, 2015

테크-브릿지(Tech-Bridge) (http://tb.kibo.or.kr)

〈그림 5.3.〉과 같이 미래기술마당과 비슷한 서비스로, 기술보증기금이 제공하는 테크-브릿지(Tech-Bridge)가 있다. 2015년 9월을 기준으로 테크-브릿지는 출연, 대학, 기업 등이 보유한 2,217건의 기술정보를 서비스하고 있으며, 2015년 1월부터 9월까지 테크-브릿지를 통해 347건의 기술이 중소기업에 이전되었다. 유사도 알고리즘을 이용하여 신속한 기술-기업 매칭정보를 제공하고 기술사업화에 필요한 자금을 원스톱으로 지원해 주는 것이 테크-브릿지의 장점이다.

〈그림 5.3.〉 기술보증기금 테크-브릿지 화면

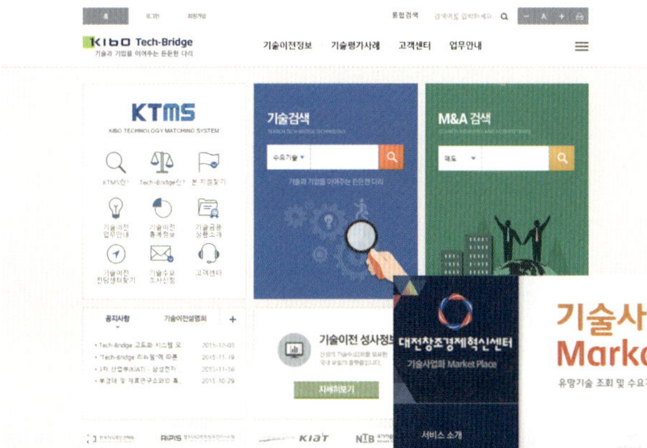

출처 : http://tb.kibo.or.kr

〈그림 5.4.〉 기술사업화 Market Place 화면

출처 : http://www.skt2b.com/technology

기술사업화 Market Place (http://www.skt2b.com/technology)

대기업이 제공하는 기술정보 서비스로는 아래 〈그림 5.4.〉와 같이 SK의 '기술사업화 Market Place'가 대표적이다. SK 계열사들이 제공하는 무상의 기술을 이전 받을 수 있으며, SK 주요 계열사와 연계하여 기술사업화 지원을 받을 수 있는 점이 공공기관에서 제공하는 서비스와 차별점이다.

이 외에도 SK텔레콤은 '13년부터 벤처기업들이 보유하고 있는 우수 ICT 기술을 상품으로 개발할 수 있도록 상품 디자인, 자금 등을 지원하고, 상품화 이후에는 판로 지원, 해외 진출 지원 등 개발된 상품의 판매를 지원해주는 'Bravo! Restart' 프로그램을 실시하고 있다.

이와 같이 산업부, 미래부, 금융위 등의 정부 각 부처와 SK를 비롯한 대기업 등에서 기술탐색과 기술매칭을 위한 서비스를 제공하고 있다. 하지만 제공하고 있는 기술정보가 유사하고, 각 부처별로 운영 주체가 다양하여 창구가 단일화되어 있지 않다. 향후에 이에 대한 개선이 이루어질 것으로 예상되지만 현재는 과도기적 상황으로 다소 혼란스러운 점이 있는 것은 사실이다. 하지만 각 운영 주체마다 특장점이 존재하므로, 이를 잘 이해하고 활용한다면 기술사업화의 성공을 위해 도입할 적합 기술을 탐색하는데 유용한 서비스가 될 것이다.

5.1.2. 기술 선별 - 옥석 가리기

아무리 값비싼 명품이라도 몸에 맞지 않으면 쓸모가 없듯이, 아무리 공들여 개발한 기술이라 하더라도 기술창업기업에 적합하지 않은 기술은 쓸모가 없다. 세상에 수많은 기술이 존재하는데, 그 중에 기술창업기업에 적합한 기술을 어떻게 가릴 것인가? 기술사업화에 맞는 적합한 기술을 선별하기 위해서는 우선 기술창업기업의 현 상황을 객관적으로 판단하는 것이 중요하다. 다음과 같은 요인들을 점검하여 적합한 기술을 선택할 필요가 있다.

/ 잘 알고 있는 기술인가?

기술창업기업의 창업자를 포함한 전문 인재들이 단기간에 습득 가능한 기술을 찾아야 한다. 아무리 훌륭한 기술이라도 이를 잘 이해하고 응용할 줄 모르면 쓸모없는 것이다. 기업의 핵심 인재들의 전공, 경험 등과 관련해 연관성이 있는 기술을 선택하여 기술에 대한 이해도를 높이는 것이 중요하다. 또한 내부 인력의 기술 이해도가 부족하면 기술 개발을 직접 수행한 인력을 기술창업 초기단계부터 팀원으로 영입하여 기술에 대한 이해와 응용력을 높이는 전략이 필요하다.

/ 독보적인 기술로 아무나 모방할 수 없는가?

민간 기업에서 연구개발이 활발한 분야 보다 특수한 연구영역에서 대학과 공공연구기관이 집중적으로 연구개발한 분야를 선정할 필요가 있다. 이들 분야에는 상용화되지 않는 제품과 서비스가 존재하고 있기 때문에 개발 이후 시장을 선점할 수 있는 가능성이 높다.

예를 들어 한국원자력연구원에서 개발한 콜마비앤에이치(주)의 방사선 응용 기술은 기술 접근성과 난이도가 높기 때문에 기술적 경쟁자가 소수일 수밖에 없다. 따라서 제품을 상용화하여 시장에 진출한다면 기존 경쟁자 대비 차별성을 확보하기가 수월하다. 물론 이런 경우 원천기술에 가까워 상용화 기술 개발에 여러 난관이 있을 수 있지만, 시장에서 기술적 진입장벽을 높일 수 있는 차별성을 확보할 수 있는 큰 장점이 있기 때문에 기술개발을 상용화할 가치가 있다. 누구나 어깨 넘어 배울 수 있는 기술이라면 어떻게 경쟁자와 싸워서 이길 수 있겠는가!

Chapter 05

/ 소규모의 자본과 인력으로 상용화가 가능한가?

기술창업기업은 창업 초기 자본과 인력이 절대적으로 부족한 상태이다. 사업화를 위해서 대규모의 투자가 필요한 기술은 피하는 것이 좋을 것이다. 즉 비메모리 반도체 기술, 자율주행자동차 기술, 무인항공기 기술과 같이 거대한 자본과 대규모 인력이 투입되어야 사업화가 가능한 기술은 대기업에 양보하자. 따라서 비교적 소자본과 소수의 기술 인력으로 사업화 가능한 기술을 선정할 필요가 있다.

/ 단기간에 상용화가 가능한가?

사업화에 필요한 기간이 3년 이상의 장기간이 소요되면 기술창업기업은 그 기간 동안 버티기가 어려워 질 수 있다. 따라서 기술 획득 이후 1~2년 이내에 기술사업화가 가능한 기술 여부를 신중하게 살펴보아야 한다. 이에 기술수명주기 상 도입기 보다는 성장기 혹은 성숙기의 기술을 도입할 필요가 있다.

읽어보기

기술수명주기 (Technology Life Cycle)

기술수명주기는 수익적 관점에서 기술의 탄생부터 소멸까지의 전주기를 지칭하는 용어로 일반적으로 도입기, 성장기, 성숙기, 쇠퇴기 등의 4단계로 구분된다. 즉 기술의 수명은 연구개발을 통해 탄생한 신기술이 시장에 최초로 소개되는 도입기, 시장에서 급속하게 신기술이 보급되는 성장기, 신기술이 보편화되는 성숙기, 경쟁기술 출현으로 인해 경쟁력을 잃어버리는 쇠퇴기로 구분될 수 있다. 기술의 종류와 특성에 따라 수명주기에 차이가 발생할 수 있는데, 예를 들어 정보통신, 전기전자, 바이오 기술은 철강, 제지, 시멘트 제조 기술에 비해 상대적으로 수명주기가 길고 기술 변화가 빠르다.

/ 목표 시장이 명확한가?

기술창업기업은 마케팅 역량과 신규 시장을 창출할 수 있는 역량이 상대적으로 부족하다. 이에 목표 시장이 불분명하거나 신규 시장을 개척해야 하는 기술은 피하는 것이 좋다. 예를 들어, '꿈의 신소재'라 불리는 그래핀(Graphene)은 적용 분야가 너무 다양하여 목표 시장이 명확하지 않다. 기술창업기업에게는 만능의 기술이 필요한 것이 아니라 목표 시장에 최적화된 구체적인 기술이 필요하다. 또한 애플사의 '아이폰'과 같이 신규 시장을 창출하는 혁신적인 제품에 도전하는 것은 무리가 따른다. 마케팅, 자본, 인지도, 전략 등이 부족한 기술창업기업이 혁신적인 제품을 개발하더라도 새로운 개념의 시장에 소비자들을 유인하는 데에는 한계가 있다는 사실을 인정하자.

/ 수입 대체 효과 및 수출 가능성이 있는가?

수입 대체 효과가 크거나 수출 가능성이 높은 기술이 유리하다. 특히 소수의 기업들만이 제품과 서비스를 공급할 수 있는 분야에 진출하면 시장 수요자들의 선택을 받을 확률이 높아진다. 소수의 기업들이 독과점을 형성하고 있는 시장에서는 시장 수요자들은 협상의 지위가 불리하기 때문에 대안을 기다리고 있다. 기술창업기업은 이들을 공략하는 것이 효과적일 것이다. 또한 수입 대체 및 수출 가능성이 있는 기술들은 정부에서 정책적으로 지원을 받기 유리한 장점이 있다.

5.2. 기술 도입 방식

일반적으로 기술 도입 방식에는 기술구매, 공동개발, 라이센싱(licensing), 분사(spin-off), 합작벤처(joint venture), 인수합병(M&A) 등이 있다. 각 방식은 특장점이 있기 때문에 이를 잘 이해하여 기술사업화에 적합한 방식을 선택해야 한다. 〈그림 5.5〉는 기술도입방식 유형을 나타내고 있다. 이 절에서는 각각의 기술도입방식 유형을 설명한다.

〈그림 5.5〉 기술도입방식

5.2.1. 기술구매

기술구매란 기술수요자인 기업에게 기술의 권리를 구매하는 것으로, 기술의 매수와 같은 의미이다. 기술양도의 경우 지식재산권과 같은 기술의 권리를 완전히 매각하는 경우도 있지만 권리의 일부를 양도하는 것이 가능하다. 마찬가지로 기술수요자 입장에서는 향후 기술사업화를 안정적으로 시행하기 위해 혹은 특허 분쟁 발생 시 기술공급자와 공동으로 대처하기 위한 전략적인 목적으로 권리를 일부만 매입할 수 있다.

기술 구매를 통해 기술을 획득하는 경우, 기술구매에 따른 경제적 보상의 크기는 사전에 결정하는 것이 어렵기 때문에 현실적으로 매매 당사자들이 제시한 가격 범위 내에서 협상에 따라 결정된다. 이때 기술도입 주체들의 협상능력에 따라 가격이 결정되기 때문에 각자의 위치에서 유리한 가이드를 제시하는 것이 좋다. 예를 들어 기술 공급자 입장에서는 개발 비용 등을 고려하여 책정한 기술료에서 크게 벗어나지 않는 수준에서 계약이 이루어지는 것이 위험을 최소화 할 수 있는 방법일 것이다. 그러나 기술도입자의 입장에서는 기술의 사업화 가능성이나 경제성 등과 관련된 모든 위험을 떠안게 되기 때문에 사업화 후의 수익은 모두 기술도입자의 몫이 된다.

전문가 Tip

양도를 통해 기술의 권리 전부를 이전 받는 경우, 기술을 도입하는 기술창업기업 관점에서는 기술이전료의 부담이 발생한다. 따라서 다수의 기술을 일시에 이전 받는 데에는 막대한 비용이 필요하므로 핵심 기술만을 선별적으로 이전 받을 수 있도록 해야 한다. 기술보증기금에서 제공하고 있는 기술인수보증 등의 금융 상품 등을 비용 조달에 활용 할 수 있다.

5.2.2. 공동개발

공동개발은 기업이 자신이 보유하고 있는 기술을 제공하여, 다른 기업이나 연구기관과 상호기술을 보완하여 신제품이나 신기술을 개발하는 것이다. 공동개발 계약은 비용의 공동부담, 혹은 비용의 분산을 원칙으로 하며, 공동연구로부터 산출된 지식재산권에 대한 소유권과 특허출원에 대한 권리는 계약서에 명시하는 것이 대부분이다. 또한 기술이전계약은 연구기간 등의 계약기간을 일정기간으로 제한하는 조항을 포함한다.

/ 공동개발 형태

기술 복합화의 진전으로 자체 기술력만으로는 기술개발 및 신제품개발이 부족하기 때문에 자사 기술을 보완하는 공동연구가 필요하게 된다. 공동개발의 (1) 첫 번째 형태는 대학이나 공공연구기관 또는 기업이 자신이 보유한 기술을 제공하고, 다른 기업 또는 연구기관과 추가적인 연구를 진행하여 기술을 개량하거나 신제품 혹은 신기술을 개발하는 것이다. 공동연구의 (2) 두 번째 형태는 특정기술의 개발을 목표로 연구기관, 기업 등이 비용을 공동부담 또는 비용의 분산을 원칙으로 하여 공동개발과정에 참여하는 것이다.

/ 공동개발 주체

공동개발의 주체가 **기업과 기업인 경우**, 두 주체의 상용화 목적이 뚜렷하고 의지가 강한 만큼 성공 확률이 높을 수 있지만, 공동 개발 과정에서 각 기업이 보유한 기술이 외부로 유출되거나 개발의 파급 효과가 큰 경우에는 파트너 기업이 의도적으로 개발 속도를 지연시킬 가능성도 존재한다.

기업과 대학, 공공연구기관의 공동개발의 경우, 두 주체의 시너지 효과가 분명하고 원천기술을 상용화 할 수 있는 사업적 기회를 마련할 수 있으나, 두 주체의 이해관계가 상이하여 성공 가능성이 낮고 문화적 조직적 성향의 차이로 갈등이 발생할 가능성이 있다. 동부하이텍의 녹내장 치료제는 기업과 공공연구기관 간의 공동개발로 신약 개발을 한 사례이다. 각 주체들의 자신의 장점을 최대화 할 수 있도록 기초 연구는 한국화학연구원이, 전 임상단계부터는 동부하이텍이 개발을 주도하며 각자의 역할 분담을 현명하게 수행한 성공사례이다.

읽어보기

성공사례_ 광학렌즈를 탑재한 레이저 빔(Laser Beam) 제조기술을 보유한 벤처기업 크레모텍社는 초소형 휴대용 프로젝터 상품화에 성공하여 '14년 'Smart Beam Laser' 라는 상품명으로 판매를 개시하였다. 레이저 빔은 중형 또는 대형 프로젝터 등에서 사용되고 있는 광학렌즈를 활용하여 언제 어디서나 사용할 수 있도록 휴대용 빔으로 개발하기 위한 프로젝트로 SK텔레콤과 중소기업청이 함께 개발투자로 성공한 제품이다. 이는 매출액이 '12 252백만 원에서 '14년 2,125백만 원으로 약 8배 증가하였으며 국내외 투자 등을 통해 자본은 18배 증가하는 성과를 이뤘다.

이러한 기술사업화 성공은 크레모텍社는 SK텔레콤의 기술사업화 지원 및 공동개발을 통해 이루어졌다. SK텔레콤은 스마트 빔 레이저의 판로 지원을 위해 '15년 크레모텍社와 71억 원 규모의 상품 매입과 개발계약을 체결하였고, SK텔레콤이 제공한 9건의 특허와 공동개발에 따른 공동특허출원 등을 통해 2015년 현재 세계 최초 레이저 광원 안전 1등급 획득의 괘거를 이루었다. 또한, 주요 해외 전시 행사(MWC, IFA 등 다수)에 참여할 수 있도록 지원과 해외 기업과도 판매계약을 체결할 수 있도록 지원을 통해 미국과 유럽 등 해외에 35,000 여대의 수출(국내 제품가 기준 140억 원) 성과를 이루었다.

/ 위탁개발

위탁 개발은 주로 기업이 위탁자가 되어 각종 연구기관 및 대학에 연구를 의뢰하는 경우에 이루어지는 것으로 공동연구의 한 형태로 보기도 한다. 위탁 개발은 전문적인 기술개발의 주체들과 상거래 형식의 계약을 통해 필요한 기술을 개발하고 구매하는 형식이다. 위탁 개발은 기술적 역량을 단기간에 확보해야 하는 경우에 내부적인 개발인력이 부재한 경우 등의 상황에서 선택할 수 있는 기술사업화 유형이다. 기술분야에 따라 상이하지만 상대적으로 기술개발에 필요한 기간이 짧은 것이 장점이다. 반면, 단점으로는 외주 개발기관이 주된 기술개발의 주체이기 때문에 향후 기술사업화의 지속성이 위험에 처할 수 있다는 점을 들 수 있다. 즉, 개발에 필요한 기술노하우가 외부에 존재하기 때문에 기술적 역량을 내부화하지 않는데 따르는 위험을 잘 관리해야 한다.

기업의 관점에서 볼 때 계약의 상대방은 기업경영방식과 조직문화의 측면에서 매우 이질적인 성격을 가지므로 연구기관이나 대학의 실태, 업무처리절차, 성격 등을 충분히 이해한 다음에 계약을 맺는 것이 중요하다. 또한 계약연구의 경우 수탁자의 능력이 기대 효과 달성에 미치는 영향이 크기 때문에 계약상대방이 최선의 노력을 경주하느냐가 계약이행의 중요점이라 할 수 있다.

5.2.3. 라이센싱 (licensing)

라이센싱은 기술 양도와 함께 가장 많이 사용되는 기술이전 형태의 하나로 기술제공자(licensor)가 기술도입자(licensee)에게 기술료를 받고 특정기술에 대하여 일정기간 실시권을 허여하는 계약이다. 기술도입자 입장에서는 실시대가를 지불하고 일정기간 기술에 대한 실시권리를 획득할 수 있다. 일반적으로 실시권 허여는 특허, 프로그램, 노하우 등을 기술도입자가 자신의 사용 목적 (제품 및 서비스 생산 등)에 맞게 자유롭게 사용토록 함을 의미한다.

라이센싱은 기술 보유기관이 직접 기술을 사업화하거나 합작투자를 통해 합작법인을 만드는 경우보다는 투자비용 및 소요자원의 측면에서 비용 및 성공가능성에 대한 위험이 상대적으로 적다. 즉, 기술제공자의 개발, 제조, 마케팅 등의 기술 상업화에 대한 위험의 상당 부분이 기술도입자 측으로 이전되기 때문이다. 그러나 상대적으로 기술사업화에 따른 수익 또한 이전된 위험의 크기만큼 이전된다. 따라서 적절한 위험 부담의 분산 및 수익 배분을 위해서는 위험의 크기에 따라 기술도입자와 기술제공자 모두에게 적합한 라이센싱 전략이 요구된다.

라이센싱 계약은 전형적으로 특허유지비용 및 기타 라이센싱 관련 비용, 실시대가, 상업화에 대한 계획, 계량기술에 대한 지식재산권의 소유권 등을 포함한다. **라이센싱 유형**에는 기술 실시권의 유형에 따라 전용 또는 독점적 실시권 (exclusive license), 통상 또는 비독점적실시권 (Non-exclusive License) 등으로 나눌 수 있으며 이외에도 재실시권 (Sublicense), 상호실시권 (Cross License), 일괄실시권 (Package License) 등이 기술이전의 목적, 성격 등에 따라 시행되기도 한다.

기술 라이센싱의 특이한 방식 중 하나는 상호 라이센싱(cross licensing)이다. 이것은 각각의 상호 보완적인 기술을 보유하고 있는 기업 주체가 각각의 기술에 대해 상호 라이센스를 부여하는 방법이다. 공동으로 상호 간 실시권을 상호 부여하여 생산에 적용할 수 있는 방법이기 때문에 기술사업화에 관심이 많은 기업들 간에 자주 이용되는 방식이다.

5.2.4. 합작벤처 (joint venture)

합작벤처는 공동연구 수준의 기술이전 방식에서 한 걸음 더 나아가 단순히 연구개발 부문만이 아닌 전 사업 영역에서의 협력을 포함한다. 예를 들면 기술을 보유한 기관은 기술개량과 기술 상품화와 같은 연구개발 영역을 제공하고, 다른 참여자는 제조, 마케팅, 판매, 유통 등을 담당하는 방식이다. 이러한 합작벤처의 경우 기업 또는 연구기관으로부터 완전히 분리 독립된 형태의 법인 형태로 이루어지는 경우가 많다.

합작벤처의 경우에는 지식재산권을 사용할 수 있는 라이센싱 계약 등이 반드시 포함되며 부정경쟁방지법 및 영업비밀보호에 관한 법률이나 반독점법과 같은 법령에 관한 고려가 필요하게 된다. 대학이나 정부출연 연구기관의 측면에서 본다면 자본과 경영노하우를 가진 기업과의 합작투자를 통해 기술사업화 가능성을 높일 수 있다. 하지만 실제로 기업은 기술의 불확실성이 큰 공공연구기관과의 합작벤처 설립을 적극적으로 추진하지 않는 경향이 있기 때문에 합작투자를 적용하기까지에는 여러 가지 어려움이 따른다.

합작벤처 설립을 통한 기술이전 방식은 기술사업화 과정에 따른 위험, 수익, 지배력 등을 공유하기 때문에 여전히 불확실한 요소들이 많다. 하지만 참여기관의 기반기술과 보유자원이 상호보완적일 경우 합작벤처 설립에 참여하는 각 기업 또는 연구기관의 위험은 감소하며 성공 잠재력은 제고될 수 있다.

5.2.5. 인수합병 (M&A)

기술 또는 관련 경영자원을 개별적 또는 조합하여 거래의 대상으로 삼을 수도 있지만 좀 더 넓게 본다면 기술력이 뛰어난 기업을 팔거나 사는 것도 기술이전 거래의 한 형태로 보아야 할 것이다. 따라서 기술의 획득을 위하여 라이센싱 등을 통해 기술에 개별적으로 접근하는 대신 기술을 보유한 기업을 인수(takeover)하여 기술, 관련설비 등을 한꺼번에 획득하는 것도 확장된 기술이전 거래방법의 하나라고 할 수 있다.

기술을 가진 기업이나 소유자의 입장에서도 기술만을 분리하여 개별적으로 거래하기 보다는 기술, 관련 설비, 기술 인원 및 기타 자산을 한꺼번에 매각하는 전략을 택하기도 한다. 이러한 기술 보유 기업의 매수, 매각 등을 통한 기술의 거래는 기술 개발 혹은 변화속도가 매우 빠르거나, 관련 기술 및 제품의 수명 주기가 극히 짧아 발 빠른 대처가 필요한 경우에 주로 채택된다. 기술 중심의 경영이 본격화되고 또 기술혁신이 가속화되면서, 기술력을 갖춘 소규모의 벤처기업들을 중심으로 이런 방식의 기술거래는 크게 증가할 것으로 예측된다.

그러나 매수, 매각 대상기업의 기술평가 및 가치분석이 쉽지 않으므로 이러한 기술거래의 방식에도 한계가 있다. 매수합병을 통한 기술이전은 가장 발달된 형태의 기술이전 방법이다. 하지만 기술 뿐만 아니라 다른 요인들이 복잡하게 관련되어 있기 때문에 기술의 획득만을 목적으로 하는 경우라면 소규모 벤처기업에 대한 매수합병을 제외하고는 그 실효성이 떨어질 수 있다. 예를 들어, 구글, MS, facebook 등의 IT기업들은 최근 M&A를 통해 신성장동력산업을 육성하는 전략을 펼치고 있다. 이들은 자본과 기술력을 바탕으로 다양한 IT 분야에서 시너지가 발생할 수 있는 기술과 기업을 발굴하고 단기간에 사업 영역을 확장하기 위해서 M&A를 통한 기술습득 전략을 활용하고 있다.

5.2.6. 분사 (spin-off)

일반적인 분사는 사내벤처로 일컬어진다. 다각화 등으로 조직이 방대해진 기업이 핵심 주력사업부문이 아닌 사업부문을 따로 분리시켜 별도의 법인으로 만들고, 새로운 경영진을 구성하여 이를 경영하도록 하는 것이다. 우리나라 기업들의 분사는 종업원인수(Employee-Buy-out)와 유사하다. 분사의 이점으로는 기존의 자원과 역량을 핵심 주력사업에 집중할 수 있어 모기업의 경쟁력 향상에 도움이 되며, 매각자금 유입으로 모기업의 재무구조가 개선될 수 있다는 데 있다. 뿐만 아니라 분사부문을 종업원들이 인수하여 경영함으로써 자연스럽게 기술이전이 이루어진다는 장점도 있다.

우리나라의 경우, 1998년에 '벤처기업육성에 관한 특별조치법' 이 개정되면서, 분사는 연구인력의 창업 위험부담을 줄이기 위해 대학이나 연구기관이 일정기간 휴직을 허용하고 본인이 희망할 경우 복직을 보장함으로써 창업을 지원하는 제도로써 그 의미를 가지게 되었다. 특히 미국이나 캐나다, 영국 등에 서는 이러한 방식의 기술이전을 중요시하여 각종 지원제도를 마련하고 있다. 대학이나 연구소에서 직접 창업자금을 지원하거나 인큐베이션 시스템을 활용하기도 하며, 사업계획 작성과 경영팀 구성을 돕고 다른 투자자를 연결하는 역할 등에도 나서고 있다.

연구기관 혹은 대학에서의 분사는 대학이나 연구소 근무자가 특정 분야의 기술을 갖고 이를 활용해 창업하는 것을 말한다. 이 과정에서 기술을 보유한 연구기관과 창업자 사이에 기술의 사용 등에 관한 계약을 통해 자연스럽게 기술이전이 이루어진다. 나노신소재(주)는 한밭대 응용화학생명학부 교수였던 박장우 교수가 창업한 기업으로, 연구 활동에서 습득한 기술을 연구자 본인이 직접 사업화를 시도하여 성공한 사례이다.

Chapter 05

읽어보기

대학 창업 사례_ 나노신소재의 성공사례

나노신소재는 회사명에서도 알 수 있듯이 다양한 전방 산업에 나노 소재를 공급하는 기업으로, 한밭대 응용화학생명공학부의 박장우 교수가 2000년 3월에 설립하였다. 1997년 외환위기로 인해 지도학생들의 취업이 어려워지자, 제자들의 진로를 위해 회사를 설립하였다.

나노신소재의 주력 제품은 태양전지와 LCD, OLED 등의 디스플레이 소자에 적용되는 ITO 타겟이다. 특히 스퍼터링으로 제작한 원통형 타겟의 제조 효율이 90% 수준으로 경쟁기술 대비 기술경쟁력이 뛰어나다. 기술력을 인정받으면서 3M, NEC, 파나소닉, 삼성전자와 LG전자 등 글로벌 기업들에 제품을 납품하며 매출이 급증하였다. 2008년 이전에는 매출액이 매년 50%이상씩 수직상승하기도 했으며, 2011년 2월 코스닥 시장까지 진입에 성공하였다.

박장우 교수의 제자이자 창업 멤버 3인들이 나노신소재의 주주로서 회사 이익을 공유하고 있고, 한밭대에 회사 주식을 기증하는 등 산학협력의 모범 사례로 꼽히고 있다. 또한 나노신소재는 중소기업진흥공단이 선정하는 월드클래스 기업, 수출입은행이 선정하는 히든챔피언에 지정되는 등 공신력 있는 기관으로부터 기업의 기술력과 미래가치를 인정받으며 성장을 거듭하고 있다.

앞서 살펴본 바와 같이 외부기술을 도입하는 방법으로 기술구매, 공동개발, 합작투자, 라이센싱, 인수합병, 분사 등 다양한 유형이 존재한다. 중요한 것은 〈표 5.1.〉 외부기술 획득 유형 및 특징에서 보인 것처럼 이들 유형의 각 장단점을 파악하고 기술창업기업에 적합한 방법을 선택하는 것이다. 예를 들어 개별 기술을 구매하는 경우, 자체 개발이나 인수합병에 비해 비용은 상대적으로 높을 수 있으나, 사업화에 소요되는 기간이 짧고 사업화 단계에서 관리하는 용이한 장점이 있다.

〈표 5.1.〉 외부기술 획득 유형 및 특징

유 형	상대적 비용	사업화 소요기간	기술 소유권	관리 난이도
기술구매	고	단기	전체 · 일부	저
공동개발	중	중장기	일부	중
라이센싱	저	단기	없음	저
합작벤처	저	장기	일부	고
인수합병	고	단기	전체	저
분사	중	단기	전체	저

5.3. 기술도입 절차

기술도입은 〈그림 5.6.〉과 같은 절차로 이루어진다. 기술과 기술공급자에 대한 탐색이 끝나면 기술이전 계약서에서 다루어야 할 중요한 조건과 부수적 조건을 협상해야 한다. 이전조건에 대한 협상이 끝나면, 이를 총체적으로 정리한 기술이전 계약서를 작성하여 기술공급자와 기술창업기업이 서명날인 함으로써 기술이전계약이 성사된다. 계약서 작성과 날인으로 계약이 성립되면 서로 합의한 계약서의 조건을 순차적으로 이행하게 된다. 기술이전에 관한 더 자세한 내용은 7장. 기술가치 평가하기 부문에서 설명하기로 한다.

〈그림 5.6.〉 기술도입 절차

5.4. 기술도입 사례 분석

다음의 사례를 통해 기술도입 및 외부기술 활용 시 기술사업의 성공을 위해 어떠한 점을 유의해야 하는지 살펴보기로 한다.

읽어보기

발광형광체 기술사업화 사례

B기업은 LED 분야의 UV chip, Chip on Board 모듈을 주력으로 하고 있는 LED 전문기업이다. 주요 기술인 발광형광체 기술은 백색광원, 디스플레이 등의 분야에서 폭 넓게 사용되는 기술로, 현재 상업적으로 사용하고 있는 형광체는 입경이 마이크로미터(㎛) 사이즈인 벌크(bulk) 형광체이다. 기본적인 청색광원을 노란색의 형광체를 통해서 흰색광원으로 전환시킴으로써, 조명대체용으로 사용하는 것이 일반적이다. 발광형광체 기술의 궁극적인 목표는 빛의 품질을 개선하여 태양광과 가장 비슷한 빛을 만드는 것이다.

B기업 대표가 기업을 2006년에 창업할 당시 칩(chip)에 대한 기술은 많이 보유하고 있었지만, 형광체 기술 등 관련 요소기술은 부족하다고 인식하고 있었다. 그래서 우선적으로 형광체 기술을 친분이 있는 E 대학으로부터 이전받게 되었다. 결론적으로 기술이전으로 기업의 높은 성장을 기대하던 B기업의 발광형광체 기술의 사업화는 실패로 끝났다. 이전받은 기술에 대해 B기업은 거의 이해를 하지 못했고, 그 기술을 어떻게 적용해야하는지, 목표 고객과 시장분석은 어떻게 해야 하는지에 대한 의견이 일치되지 못했다. 결국 높은 가격을 지불하고 이전한 기술은 기업이 보유한 역량이 부족하여 사업화로 이루어지지 못했다.

폴리아릴렌 재생섬유 기술사업화 사례

B기업은 섬유 원단을 자체적으로 생산하여 신사복, 여성복, 단체복의 형태로 섬유 소재를 가공하고 이후 제품화 및 판매하는 섬유 소재 기업이다. 현재 연매출액이 500억 원에 달하는 코스닥 상장업체이다. 폴리아릴렌 재생섬유 기술은 아크릴 계열의 섬유소재로서 H연구소로부터 기술을 이전 받았다. 일반적으로 단순 재생의 경우 염색이나 옷감으로 재사용하기 어려운데, H연구소와 공동으로 2006년에 국제협력사업의 과제(벨라로스 기업)를 추진하게 되면서 H연구소로부터 폴리아릴렌 재생섬유 기술을 이전받게 되었다. 일본에서 재생섬유가 큰 인기를 끌었기 때문에 재생 원료 시장의 전망을 좋게 예상하여 폴리아릴렌 재생섬유 기술의 기술사업화를 추진하게 되었다.

기술 이전 후 B기업은 이전한 기술을 사업화시키는데 큰 오류를 발견했다. 기술이전에 대한 전략이 부족했던 것이다. 기술을 이전시켰으나 그것을 본 기업에 적용가능하게 할 때까지 생각보다 오랜 시간이 걸렸으며, 이는 시장에 제품을 내놓을 타이밍을 놓치게 만들었다. 결국 소비자의 외면 속에서 재생섬유기술사업화는 실패하게 되었다.

앞서 소개한 두 기업은 업종, 업력, 규모 등에서 상이하지만 사업화가 실패한 원인을 살펴보면 이전할 기술 분석에 대한 이해가 부족했다는 점을 꼽을 수 있다. 중요한 것은 적합한 기술을 탐색하고 사업화 가능한 기술을 안정적으로 확보할 수 있는 전략이다. 또한 대학 및 공공연구기관에서 개발한 기술은 개발수준 단계의 기술이고 상용화 단계의 기술이 아니라는 점을 명심해야 하며, 기술 확보 추진 전략을 다각적 관점에서 수립해야 한다. 대기업에서 제공하는 기술 역시 시장에서 상용화가 이루어진 것이 아니므로 상용화에 필요한 추가적인 기술개발이 뒤따를 수밖에 없다.

아무리 훌륭한 기술을 외부에서 도입하더라도 상용화 시킬 수 있는 역량이 부족하다면 값비싼 비용만 지불하게 될 것이다. 설사 무상으로 기술을 이전 받는다 하더라도 역량이 부족한 상황에서 기업이 보유한 자원을 투입한다는 것은 결국 낭비가 된다. 따라서 진정한 기술은 사업화 기술이라는 점을 인식하고 이를 확보하기 전에 외부 기술을 이전 받는 것에 대한 신중한 접근이 필요하다.

Chapter 05

단원요약

- 외부 기술 활용을 위한 기술탐색은 대학 및 공공연구기관, 기술은행, 미래기술마당, 대기업 등에서 가능하다
- 기술은행은 온라인 창구에 등록되거나, 테크노파크(TP), 창조경제혁신센터, 창업사관학교 등으로부터 수집한 중소벤처기업의 필요기술을 분석해, 기술보유기관, 거래가능 여부 등을 정해진 기일 내에 회신하는 수요자 중심의 기술거래 지원 서비스를 제공한다.
- 대기업이 제공하는 기술정보 서비스로는 SK의 '기술사업화 Market Place' 가 대표적이다. SK의 계열사들이 제공하는 무상의 기술을 이전 받을 수 있으며, SK 주요 계열사와 연계하여 기술사업화 지원을 받을 수 있는 점이 공공기관에서 제공하는 서비스와의 차이다.
- 기술도입 방식으로는 기술양도, 공동개발, 라이센싱(licensing), 분사(spin-off), 합작벤처(Joint venture), 인수합병(M&A)이 대표적이며, 각 특장점을 알아보고 기업에 적합한 방식으로 기술을 도입하여야 한다.
- 외부기술을 활용한 기술사업화는 상용화 가능한 역량이 부족하면 높은 비용을 지불하고도 실패할 가능성이 크다. 따라서 기업 내의 사업화 기술의 역량을 먼저 구축하는 것이 중요하다.

핵심용어 정리

- 기술 탐색
- 기술 도입 방식
- 기술구매
- 공동개발
- 인수합병
- 분사
- 라이센싱
- 합작벤처

학습하기

1. 외부기술을 효과적으로 획득할 수 있는 방법은 무엇인가?
   - 이를 조사, 검색하여 활용 가능한 기술을 탐색해보자 .
   - 외부 기술 도입 방법 중 업종별로 가장 효율적인 방법은 무엇인지 논의해보자.
2. 기술의 옥석 가리기에서 검토해야 할 사항을 설명해보자.
   - 탐색한 기술이 타당한지 검토사항을 토대로 논의해보자.
3. 외부기술도입 유형과 각 유형별 특장점을 설명해보자.
4. 나노신소재 사례를 참고하여 대학생 창업기업의 성공가능성을 높일 수 있는 전략에 대해 토의해보자.

참고문헌 및 보충자료

- 김용정, 정부 R&D 성과의 기술사업화 실패 사례 연구, 한국과학기술기획평가원, 2014.
- 기술이전 업무매뉴얼, 한국산업기술진흥원, 2010.
- 기술은행 홈페이지 www.ntb.kr
- 정보통신산업진흥원, 제품 및 기술 수명 주기 활용 동향, 주간기술동향, 2012.
- 안승구, 대형 국책연구개발사업의 성과 및 성공요인, 2009.
- 연구성과실용화진흥원, 미래기술마당 브로셔, 2015.
- 연구개발활동 조사보고서, 2013.
- 한국과학기술기획평가원, 2014.
- M.A.White, G.D.Bruton, 이청호 외 역, 기술경영, 한경사, 2010.

Chapter 6

아이디어 보호하기

학습목표 1

기술과, 기술이 구체화된 사업아이템을 시장에서
실질적으로 보호할 수 있는 것이 지식재산권임을 알 수 있다.

학습목표 2

지식재산권은 기업의 상황에 맞게 전략적으로 활용해야 하는 수단임을 이해할 수 있다.

학습목표 3

선행특허조사 및 특허정보 분석을 통하여 기술사업화 대상 기술의 가치와
활용전략을 이해할 수 있다.

학습목표 4

지식재산권은 만드는 방법을 체득하고 지식재산권을 기업의 상황에 맞게
활용하는 전략을 이해할 수 있다.

Chapter
06

단원도입사례

코닥 (Kodak) vs. 폴라로이드 (Polaroid) 지식재산권 전쟁

폴라로이드社(이하 폴라로이드)는 1948년 처음 즉석카메라를 개발하여 시장에서 큰 히트를 쳤다. 그리고 코닥社(이하 코닥)는 폴라로이드의 즉석카메라에 사용되는 필름을 납품하였다. 그러던 중 코닥은 즉석카메라 개발에 욕심이 생겼고 즉석 카메라 개발에 착수했으나 실패하였다. 실패 후에도 계속하여 즉석카메라 개발에 매진한 코닥은 결국 1976년에 즉석카메라 개발에 성공하여 제품을 출시하는 쾌거를 이루어내었다. 코닥은 큰 수익을 얻었으며, 폴라로이드의 강력한 경쟁자로 발돋움하였다. 그러나 코닥의 성공을 지켜보던 폴라로이드는 코닥을 상대로 미국 보스톤 지방법원에 폴라로이드 특허 12건을 침해했다는 특허침해소송을 제기하였고, 약 10여년이라는 장기간의 소송기간동안 7건의 특허침해가 인정되었다.

폴라로이드는 즉석카메라 기술을 개발한 후 관련 기술을 꾸준히 특허출원하여 등록을 받았고, 즉석카메라 기술에 대해 특허장벽을 구축하고 후발주자가 시장에 들어오지 못하도록 준비하고 있었던 것이다. 코닥은 그러한 폴라로이드의 특허장벽을 제대로 대비하지 못했고 특허침해라는 그물에 걸려들고 말았다. 결국 코닥은 폴라로이드에 특허침해로 인한 손해배상액으로 약 9억2천만 달러를 지불하였고, 수십억 달러를 들여 지은 즉석카메라 공장을 폐쇄하고 이미 판매된 즉석카메라들은 막대한 비용을 들여 시장에서 회수할 수밖에 없었다. 특허침해로 인해 막대한 배상을 하게 된 코닥은 결국 즉석카메라 시장에서 사라지게 되었다.

기업보유의 기술을 보호하기 위한 수단으로 가장 먼저 생각하는 것이 지식재산권(특허권, 디자인권, 상표권, 저작권 등 지식활동에서 발생하는 모든 권리)이다. 그러나 기술사업화 초기에는 여러가지 다른 이유로 인해 지식재산권확보에 큰 노력과 관심을 가지기 어려운 것이 현실이다.
하지만, 지식재산권은 기술사업화의 초기부터 전략적으로 접근해야 한다. 지식재산권을 출원하면 기업 기술의 보호는 충분하다고 단순히 생각해서는 안되며, 기업의 상황에 맞추어 전략적으로 지식재산권을 출원하고 또한 전략적으로 활용해야한다. 이것이 바로 지식재산 경영전략이다.

이 장에서는 지식재산권에 대한 기초이론보다는 기술사업화 과정에 있어서 실제로 발생했던 사례들과 실무적으로 필요한 지식재산권의 확보전략 및 활용전략을 알아본다.

6.1. 지식재산권 만들기

6.1.1. 왜 지식재산권을 확보해야 하는가?

기술사업화 과정에 있어서 지식재산권을 확보해야 하는 이유는 다음과 같다.

- 경쟁기술을 보유하거나 입찰, 판매, 납품 등을 진행할 때 경쟁사를 견제할 수 있는 강력한 보호방법으로 사용할 수 있다.
- 시장에서 기업기술력에 대한 이미지와 신뢰도를 높이고 기업 간의 기술협력을 통한 동반성장을 용이하게 할 수 있다.
- 지식재산권을 통한 로열티 수입으로 기업의 새로운 이익창출 수단으로 활용할 수도 있다.
- 특히, 초기 기술창업기업에게는 지식재산권의 보유여부가 투자를 유치여부를 결정하는 중요한 의사결정 사안으로 투자금액의 단위가 달라지는데 결정적인 역할을 할 수 있다.

Chapter 06

/ 기업에서의 지식재산권 전략의 변화

지식재산권이 1980년대 이후 미국 및 전 세계적으로 그 중요성이 인식되기 시작하면서 기업에 있어 지식재산권에 대한 인식 및 전략도 변화되고 있다. 즉, 예전에는 지식재산권을 출원하고 등록하는 것으로 만족했던 기업들이 점차 경쟁회사의 마케팅 활동과 판매를 억제하는 수단으로 지식재산권을 활용하였고 지식재산권을 통한 수익창출(로열티)에 집중하기 시작한 것이다.

읽어보기

워커디지털社(이하 워커디지털)는 역경매방식으로 유명한 프라이스라인의 모기업인데, 프라이스라인은 "name your price. 당신의 가격을 말하라" 는 슬로건을 내걸었다. 발상의 전환을 통해 소비자가 항공권 가격을 제시하고 그 가격에 항공권을 판매할 수 있는 판매자를 연결하는 방식의 특허를 통해 엄청난 수익을 올린 것으로 유명하다. 워커디지털은 약 200여개 이상의 미국특허를 보유하고 전 세계 450개 이상의 특허를 확보하고 있으며, 보유한 지식재산권의 라이센싱 사업을 통하여 연간 2억 달러 이상의 매출을 올리고 있다. 2011년에는 애플 社와 그루폰社로부터 2500만 달러 이상 특허침해배상금을 받아냈고, 100여개 이상의 기업을 대상으로 특허소송을 벌이고 있어 지식재산권을 이용한 이윤창출 기업의 대표적인 사례이다.

따라서 성공한 기업의 지식재산권 전략이 권리확보에서 권리활용으로 변화되고 있음을 이해하고, 기술사업화를 통해 기술창업을 할 경우 기업의 보유기술 성격과 이를 지식재산권으로 어떻게 활용할 것인지 고민해야 한다. 최근에 전 세계적으로 크게 관심을 끌었던 삼성과 애플의 지식재산권 침해 공방이 천문학적인 소송비용으로 인해 조기에 합의로 끝날 것이라는 세간의 예상을 뒤집고 치열한 소송 전으로 발전하여 서로 승소와 패소를 주고받으며 막대한 손해배상액 판결을 받기도 하였다. 이와 같이 삼성과 애플의 특허소송사건은 최근 글로벌 기업들이 지식재산권을 어떻게 전략적으로 활용하고 접근하고 있는지를 잘 보여주는 사례라고 할 수 있다.

6.1.2. 지식재산권의 유형 및 개념

지식재산권의 종류는 아래 〈그림 6.1.〉과 같이 구분되어진다.

〈그림 6.1.〉 지식재산권의 종류

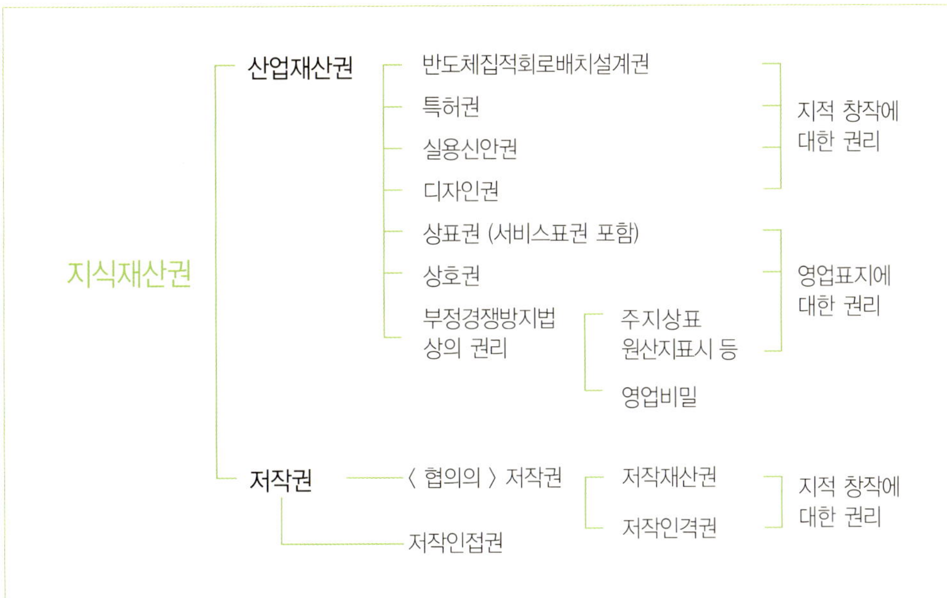

6.1.2.1. 특허와 실용신안

특허는 지식재산권제도에서 가장 발달된 제도로, 발명(자연법칙을 이용한 기술적 사상으로서 고도한 것; 특허법2조)을 한 발명자에게 일정기간 동안 기술적 아이디어에 대한 독점 · 배타권을 부여하는 것이다. 특허와 실용신안은 모두 '기술적 아이디어' 를 보호하는 제도라는 점에서 공통점을 보이며, 그 기술적 난이도가 '고도' 한가, 고도하지 않은가에 따라 고도하면 특허, 그렇지 않으면 실용신안으로 보호를 해주는 차이점이 있다.

6.1.2.2. 디자인

디자인이란 물품의 형상, 모양, 색채 또는 이들을 결합한 것에 심미감과 창작성이 있을 경우 일정기간 동안 그 형상, 모양 등에 대하여 독점 · 배타권을 부여하는 것이다. 디자인권의 대상이 되는 물품은 완성품뿐만 아니라 "물품의 부분" 이나 "글자체" 디자인이 포함되며 디스플레이장치(핸드폰, 모니터, 태블릿 등)에 표시되는 UI(User Interface)도 디자인권으로 보호받을 수 있다.

기업이 보유한 "기술" 에 집중한 나머지 특허권에 비하여 디자인권의 중요성을 가볍게 보거나 디자인권 확보를 간과하는 경우가 있다. 하지만 기술을 기반으로 사업을 하더라도 결국 소비자에게 판매되는 것은 기술이 구현된 물품인 경우가 많으므로, 기술기업이라고 할지라도 최종제품의 디자인권 확보를 놓쳐서는 안 된다. 그밖에 스마트폰용 앱(App)이나 게임프로그램 등 소프트웨어 관련 사업의 경우에도 개발된 프로그램의 화상디자인, 즉 UI(User Interface)에 기존과 다른 독창성이 있다면 반드시 디자인권 확보에 노력해야 한다.

읽어보기

초등학교 방과 후 학습시간에 이용되는 "비행기 완구" 를 제작 판매하는 소기업인 ㈜0000는 자사 비행기완구에 장착되는 "완구용 전원단자" 도 최초로 개발하고 "비행기 완구" 와 더불어 전국의 초등학교를 대상으로 판매하고 있었다.

"완구용 전원단자" 는 커패시터와, DC전원단자 및 모터단자를 인쇄회로기판(PCB)에 배치한 단순한 구조로서 가볍고 간단한 구조로 초등학생이 제작하는 비행기 완구에 적합한 제품이다.

〈디자인 등록된 완구용 전원단자〉

〈홍길동씨의 침해품〉

㈜0000의 대표이사인 정00사장은 지식재산권이 회사의 기술과 제품을 보호하는데 필수적인 요소임을 인식하고 있었고, '완구용 전원단자' 의 각 구성요소의 배치구조의 참신성을 강조하여 '완구용 전원단자' 에 대하여 디자인권을 획득하였다.

한편, ㈜0000로부터 상기 비행기완구와 완구용 전원단자를 받아 초등학교에 납품하는 대리점을 운영하던 홍길동씨는 상기 완구용 전원단자를 ㈜0000로부터 납품받는 것을 중단하고 직접 제작하여 더 저렴한 가격으로 학교 등으로 판매하기 시작하였고, ㈜0000는 회사 매출에 큰 타격을 받게 되었다. 정00사장은 자사의 완구용 전원단자를 보호하는 방법은 지식재산권에 근거한 침해소송밖에 없다고 판단하여 침해소송을 준비하던 중, 오히려 홍길동씨가 본인의 제품이 정00사장의 디자인권의 권리범위에 속하지 아니한다는 심판결정을 구하는 소극적 권리범위확인심판을 특허심판원에 먼저 청구하였다.

특허심판원에서는 홍길동씨의 청구를 받아들여 홍길동씨의 제품 디자인이 정00사장의 디자인권의 권리범위에 속하지 아니한다는 심판결정을 내렸고, 이에 불복한 정00사장은 특허심판원의 심판결정에 불복하는 소송을 특허법원에 제기하였다. 치열한 공방 끝에 특허법원은 홍길동씨의 제품디자인은 정00사장의 디자인권과 그 물품이 동일하고, 모터단자의 연결방향과 DC전원단자의 형상이 일부 상이하다고 하더라도 디자인의 지배적인 특징에 해당하는 배치구조와 전체 형상이 유사하므로 정00사장의 디자인권의 권리범위에 속한다는 판결을 내렸고 특허심판원의 심판결정이 뒤집어졌다. 이로써 정00사장은 자신이 최초로 개발한 "완구용 전원단자" 를 모방품으로부터 지켜낼 수 있었고, 다시 예전처럼 사업을 영위할 수 있었다.

아울러, 정00사장은 완구용 전원단자에 대한 10여건의 디자인권을 확보하여, 완구용 전원단자 시장에 후발주자가 들어오는 것을 방지할 수 있도록 지식재산권 전략을 구사하여 시장에서 독점적인 지위를 계속해서 유지할 수 있는 기틀을 다질 수 있었다.

Chapter 06

6.1.2.3. 상표

상표란 자타상품을 식별하기 위하여 사용하는 기호, 문자, 도형, 입체적 형상 또는 이들을 결합한 것과 이들 각각에 색채를 결합한 것을 의미한다. 이에 더하여, 색채 또는 색채의 조합만으로 된 상표, 홀로그램상표, 동작상표 및 그 밖에 시각적으로 인식할 수 있는 모든 유형의 상표가 상표법으로 보호받고 있다.

예를 들어, 국내에서 가장 유명한 과자 중 하나인 초코파이는 동양제과에서 1974년 출시되었고, "초코파이" 가 아니라 "오리온 초코파이" 로 상표를 출원하여 등록을 받았다. 이후 오리온 초코파이는 국내에서 가장 오래되고 인기 있는 과자로 자리매김하게 되었고, 그러자 국내 제과회사들이 연달아 "롯데 초코파이", "크라운 초코파이", "해태 초코파이" 등 "초코파이" 제품을 출시하였다. 동양제과는 "초코파이" 에 대한 상표권을 주장했지만 법원은 "초코파이" 라는 명칭이 "초코를 원료로 해서 만든 파이(둥그렇고 납작하게 생긴 미국과자)" 의 의미로 널리 알려진 보통명칭에 해당하여 "초코파이" 라는 명칭에는 독점권이 인정되지 않는다고 판단하였다.

결국 "롯데 초코파이" 명칭은 "오리온 초코파이" 상표권을 침해하지 않는다고 판단하였다. 이에 따라 국내의 초코파이 시장을 거의 점유하고 있던 동양제과는 롯데제과 등 타 회사와 국내 시장을 나눌 수밖에 없게 되었다. 만일 동양제과에서 초코파이 출시 당시에 〈그림 6.2.〉과 같이 "오리온 초코파이" 가 아닌 "초코파이" 로 상표등록을 시도했다면 상표등록이 될 수 있었을 것이라는 가정을 조심스럽게 해본다. 동양제과가 "초코파이" 라는 명칭만으로 상표등록을 받았다면 지금까지도 "초코파이" 라는 과자는 동양제과에서만 만들어 내고 있었을 것이다. 기업의 상표전략이 시장 지배에 큰 영향을 미칠 수도 있음을 설명하는 좋은 사례라고 할 것이다.

〈그림 6.2.〉 초코파이 상표예시

전문가 Tip

기업이름(상호)도 상표출원 하라!

상표는 자타상품을 식별하기 위하여 상품에 부착하는 표장인데, 상호는 상인(법인 · 개인)이 영업상 자기를 표시하는 명칭으로서 영업의 동일성을 표시하는 표지이다. 사업자등록을 하고상호등록을 하는 것으로 충분하다고 생각할 수 있으나, 최근 CI(Corporate Identity)의 BI(Brand Image)화 경향에 따라 기업이름을 그대로 상품에 붙여 사용하는 경우가 크게 증가하고 있다. 이러한 경우의 상호사용은 상표로서 기능하게 되어 유사한 선(先) 등록 상표가 있을 경우 상표권 침해의 문제가 발생할 수 있다. 따라서 기업이름을 기업이 영위하는 업종에 대하여 상표등록 함으로써 기업이름에 대한 독점권을 확보할 필요가 있다.

6.1.2.4. 상표와 도메인 네임

도메인 네임은 인터넷상 호스트컴퓨터의 주소에 해당하는 숫자나 문자로 된 주소(IP Address)를 의미한다. 상표는 상품출처표시의 기능을 하고 도메인 네임은 인터넷에 연결된 네트워크상의 컴퓨터 주소라는 서로 다른 기능에서 출발하였지만, 전자상거래의 활성화로 도메인 네임 자체가 일반 소비자에게 상품이나 서비스업의 출처표시로서의 기능도 하게 되면서부터 상표권과 도메인네임이 서로 충돌하는 사례가 증가하고 있다.

도메인 네임도 상표 출원하여 등록받을 수 있으며, "www." 이나 ".com" 처럼 누구나 사용해야 하는 부분을 제외한 나머지 부분이 상표로서의 요건을 갖춘다면 상표등록이 가능하다. 하지만 상표등록을 한다고 하여 도메인 네임 등록에 우선권이 주어지는 것이 아니다. 따라서 상표를 도메인 네임으로 사용하려면 도메인 네임도 등록기관에 등록해야 한다. 한편, 아래 사례에서 나타난 것처럼 타인의 상표로서 국내에서 널리 알려진 상표와 동일 또는 유사한 명칭을 도메인 네임으로 등록하여 사용하는 것이 수요자에게 오인혼동을 일으키게 하거나 등록상표의 식별력을 손상시키는 경우, 부정경쟁방지법의 적용을 받는 부정경쟁행위가 될 수 있다. 또한 타인의 상표와 동일 또는 유사한 상표를 부정한 목적으로 도메인 네임으로 등록하여 사용하면서 정당한 상표권자에게 비싼 값에 되팔려는 사이버스쿼팅(Cybersquatting) 행위도 부정경쟁방지법상 부정경쟁행위로서 처벌될 수 있다.

읽어보기

저명한 샤넬(chanel)이라는 상호 또는 상표를 프랑스의 샤넬사와 무관한 피고가 「chanel.co.kr」 이라는 인터넷 도메인 네임을 등록한 다음 그 홈페이지 여러 곳에 "Chanel International" 또는 "샤넬 인터내셔널" 이라는 상호를 표시하고 있다. 그리고 피고의 거래상품도 샤넬이라는 상호 내지 상표를 들으면 소비자의 머릿속에 연상될 상품 또는 그와 유사한 상품을 전자상거래에서 취급한 사건이다. 이에 원고들은 부정경쟁방지법 위반을 들어 부정경쟁행위의 금지 또는 예방으로서 피고의 도메인 네임 등록말소를 청구하였다.

〈출처 : 서울지방법원 1999. 10. 8. 선고 99가합 41812 판결〉

6.1.2.5. 저작권

인문학 · 학술(學術) 또는 예술의 범위에 속하는 창작물인 저작물에 대한 배타적 · 독점적 권리이다. 즉, 저작권(Copyright)이란 소설이나 시, 음악, 미술 등과 같은 저작물을 창작한 사람이 자신의 창작물(저작물)을 복제, 공연, 전시, 방송 또는 전송하는 등 법이 정하고 있는 일정한 방식으로 스스로 이용하거나, 다른 사람들이 그러한 방식으로 이용하는 것을 허락할 수 있는 권리이다.

저작권은 저작물의 창작이 완료됨과 동시에 발생하며 등록이나 어떠한 절차가 필요 없다. 이런 점에서 권리가 발생하기 위하여 출원, 등록이라는 과정을 거쳐야 하는 특허권, 디자인권, 상표권과는 다르다.

전문가 Tip

전통문양 사용을 마음대로?

유명사찰 내의 건물이나 대문 등에 새겨진 꽃문양 등 전통문양도 원칙적으로는 저작권의 보호대상이다. 그러나 전통문양 중 저작권 보호기간(저작자 사망 후 50년간)이 지난 문양들은 저작권의 보호대상에서 제외된다. 다만 이러한 저작물을 2차적으로 가공하는 경우, 2차적 저작권이 발생되고 저작권에 의해서 보호되니 무단사용을 주의해야 한다.
문화체육관광부는 도깨비, 연꽃 등 약 4700여건의 전통문양을 데이터베이스(DB)로 구축하여 산업에 활용할 수 있도록 무료로 개방하고 있다. 문화체육관광부 한국문화정보원 사이트(www.culture.go.kr)에 가면 다양한 전통문양을 무료로 다운받을 수 있다.

6.1.2.6. 기타 다양한 개념들

법률에 정해진 법정용어는 아니지만, 지식재산권 분야에서 흔히 사용되는 용어들의 개념은 다음과 같다.

원천특허_ 원천기술이란 (1) 어떤 제품을 생산하는 데 있어 없어서는 안 될 핵심 기술을 뜻한다. (2) 또한 다른 기술에 의존하지 않는 독창성을 지녀야 하며, (3) 그로부터 다수의 응용기술을 만들어 낼 수 있는 생산성이 있어야 한다.

우수한 원천 기술을 확보하게 되면 끊임없는 기술적 진화와 타 산업의 파급효과로 높은 부가가치를 지닌 비즈니스 영위 기반을 만들 수 있다. 대표적인 기술로는 퀄컴의 CDMA 기반기술, 샤프의 LCD 기반기술, 톰슨사 등의 MP3 기술 등이 있다. 이러한 원천기술이 특허등록 된다면 원천특허라고 할 수 있다.

BM특허_ 영업방법 등 사업 아이디어를 컴퓨터, 인터넷 등의 정보통신기술을 이용하여 구현한 새로운 비즈니스 시스템 또는 방법을 말한다. 단순한 영업방법이나 사업방법만으로는 특허의 대상이 되지 않지만 사업방법 등이 컴퓨터, 네트워크, 인터넷 등과 같은 정보통신기술을 매개체로 하여 정보(데이터)를 주고받는 내용을 포함한다면 BM특허로 등록이 가능하다.

Chapter 06

특허괴물(patent troll)_ 특허괴물이란 특허에 의한 상품의 제조나 판매는 하지 않고 특허만 보유해 특허 사용료를 주 수입원으로 삼는 특허관리전문회사(NPE : Non-Practicing Entity)를 말한다.

특허괴물은 적자에 허덕이는 회사의 특허나 원천기술을 보유한 소규모 기업을 인수하여 특허권을 확보한 후, 특허소송 전문변리사나 변호사를 통해서 소송을 걸어 합의금을 받는 방식으로 운영되고 있다. 또한 협상이 원만이 진행되지 않으면 침해금지 소송을 통해서 기업에 압력을 넣어서 합의를 유도하고 있다.

읽어보기

최근 중국의 샤오미는 미국의 특허전문기업인 블루스파이크로부터 특허침해소송을 제기 당했다. 샤오미의 "미5, 미5플러스" 스마트폰이 블루스파이크의 특허를 침해했다는 이유다. 블루스파이크는 미국의 전형적인 특허괴물에 해당한다. 출시를 앞둔 스마트폰 제조업체에 소송을 제기하고 출시시기에 압박을 느낀 제조업체가 빨리 합의할 수밖에 없는 약점을 노리는 것이다.

한편, 샤오미는 중국 내에서 사업을 하면서는 중국정부의 자국기업 우선주의에 힘입어 특허침해를 크게 고려하지 않고 기술개발 및 영업을 할 수 있었으나, 해외로 진출하기 위해서는 "특허문제" 를 간과할 수 없게 되었다. 특히 중국 내수시장을 기반으로 하여 크게 사업을 성장시키고 자금여력이 있는 샤오미는 해외의 특허괴물들, 특히 미국의 특허괴물들에게는 더할 나위 없이 좋은 먹잇감이 될 수밖에 없는 것이다.

샤오미는 미국 퀄컴사와 특허권의 상호사용계약을 체결함으로써 특허문제를 해결하기 위한 첫 걸음을 내딛었다. 그러나 퀄컴 이외에도 마이크로소프트, 노키아, 에릭슨 등 매우 많은 수의 특허를 가지고 있는 글로벌 기업이과의 특허저촉문제를 해결해야 하는 것이 앞으로의 큰 과제이다.

주변 특허(주변 기술)_ 자사의 제품이나 사업화에 직접 핵심적으로 적용되는 핵심기술이나 핵심기술과 1차적으로 접속되는 기술은 아니지만, 핵심기술과 2,3차적인 관련성과 기술수준을 가지는 기술 및 특허를 주변기술(또는 주변특허)라고 한다.

예를 들어, IBM은 보유하고 있던 주변특허를 활용하여 오늘날 세계에서 가장 많은 로열티 수입을 올리고 있는, 지식재산권 전략을 가장 잘 활용하는 기업이라고 할 수 있다. IBM은 연간 50억 달러에 달하는 연구개발비를 지출하고 수년간 미국특허등록 1위를 유지하고 있으며, 수십 개의 연구소와 수천 명의 연구 인력을 보유한 기업이다. 이러한 IBM도 1990년대 초반부터 시작된 '개인용 컴퓨터(PC)' 의 보급이라는 시장흐름에 제대로 대응하지 못하여 경쟁력이 약화되었다.

그러나, 새롭게 CEO로 취임한 루이스 거스너(Louis V. Gerstner)에 의해 IBM의 특허전략은 새로운 전환을 맞이한다. 거스너는 IBM이 보유하고 있는 핵심기술은 자신들이 사업화 하고, 주변기술(주변특허)들은 적극적으로 다른 기업에 이전하여 로열티수입을 높이는 전략을 수행하였고 그 결과 로열티 수입이 2000년대에 들어와서는 1990년대에 비하여 2배 이상 증가되었다. IBM은 자사의 주력제품 분야의 기술과 특허는 계속 독자적으로 연구 개발하여 시장에서의 독점적 지위를 유지하고, 기업에 따라 라이센싱 대상특허의 선정과 계약내용을 다양하게 체결하는 전략으로 주력분야에서의 독점지위유지와 로열티 수익의 극대화라는 두 마리 토끼를 모두 잡을 수 있었다.

6.1.3. 왜 특허정보를 보아야 하는가? - 특허정보의 활용

기술사업화를 위해 기술을 도입할 때 또는 보유기술이 있을 때, 그 기술의 사업화 경쟁력을 평가하는 데 가장 좋은 방법 중의 하나는 그 기술을 중심으로 하여 특허정보를 조사 분석하는 일이다.

특허정보란 기술과 관련된 특허가 이미 존재하는지 등의 선행기술조사를 포함하여 국가별 특허동향, 기술별 특허동향, 경쟁사의 특허동향 등을 모두 포함하는 정보를 의미한다.

(1) 특허정보를 통해 그 기술을 이용한 사업화나 연구가 이미 기존에 되고 있었는지, 얼마나 이루어 졌는지 등을 확인함으로써 그 기술에 대한 중복연구나, 중복투자를 피할 수 있다. 이미 다른 회사에서 특허로 보유한 기술임을 모르고 기술사업화를 시작했다가 나중에 그 사실을 알았을 경우 얼마나 큰 손실이 되겠는가?

기존특허가 존재하는 기술의 사업화가 필요하다면, (2) 기존특허의 권리를 회피하는 회피설계를 준비할 수 있으며, 기존특허들이 존재하지 않는 영역(공백기술 영역)을 파악하고 그러한 영역에서의 기술개발을 발전시킬 수 있다.

또한 (3) 기존특허들을 많이 출원한 회사들이나 연구자들(발명자들)을 파악할 수도 있으며, 기술의 연구방향이나 추이를 파악하여 기술사업화 전략에 활용할 수도 있다. 따라서 기술사업화의 초기단계에서 기술과 관련된 특허정보를 검토하는 것은 필수적이다.

전문가 Tip

특허정보로서 누구나 용이하게 접근할 수 있는 것은 특허검색사이트(www.kipris.or.kr) 에서 검색할 수 있는 것이 특허공보이다. 경쟁회사나 관심기술에 대하여 특허검색을 통하여 얻어진 특허공보들은 다음과 같은 특징을 가진다. 특허공보에 실린 정보들은 "특허출원인, 발명자, 특허출원일자, 공개일자, 등록일자, 선행기술조사문헌, 발명의 명칭, 요약내용" 과 같이 통일된 서식으로 정보를 제공하며, 기재된 내용이 그 기술을 실시할 수 있을 정도로 구체적이어서 기술내용과 기술동향, 관련업계의 기술개발추이 등을 쉽게 파악할 수 있다. 또한 검색사이트에는 방대한 양(연간 약 60-70만 건)과 광범위한 기술 분야의 특허들이 저장되어있어 과거에서부터 현재까지의 기술흐름이나 변화를 쉽게 파악할 수 있다. 이에 미래의 기술발전방향도 예측할 수 있다.
다양한 특허정보는 각국 특허청 온라인사이트나 전문적인 특허정보조사기관으로부터 얻을 수 있다.

6.1.3.1. 특허정보 조사 방법

〈표 6.1.〉 대표적인 특허검색사이트

DB명	운영기관	주요정보	URL	비 용
KIPRIS	한국특허정보원	한국특허	www.kipris.or.kr	무료
WIPS	(주)윕스	한국 및 세계특허	www.wipson.com	유료
USPTO	미국특허상표청	미국특허	www.uspto.gov	무료
DELPHION	IBM	미국 및 세계특허	www.delphion.com	유료
EPO	유럽특허청	세계특허	worldwide.espacenet.com	무료
JPO	일본특허청	일본특허	www.j-platpat.inpit.go.jp/web/all/top/BTmTopPage(일문)	무료
CIPO	중국특허청	중국특허	www.sipo.gov.cn	무료
WIPO	세계지적재산기구	PCT 출원	www.wipo.int/pctdb/en/	무료

기술사업화를 준비하는 창업자는 도입하려는 기술과 관련된 특허정보를 조사할 때 〈표 6.1〉에 표시된 사이트를 참조하면 된다. 특허정보 조사, 특히 선행기술조사를 수행하는 방법에는 (1) 키워드를 이용하는 방법, (2) IPC 분류체계를 이용하는 방법, (3) 출원 번호를 이용하는 방법 등이 있으며, 보통 초보자들은 키워드를 이용하는 방법을 선호한다.

키워드를 이용할 경우, 핵심키워드를 추출하는 것이 중요하다. 같은 의미를 가진 용어라도 특허문서에서 다양하게 표현될 수 있으므로, 모든 가능한 상황을 고려하여 키워드를 추출해야 하고, 띄어쓰기를 고려해야하며 적절한 검색 연산자(and, or, not, adj, near 등)를 활용할 수 있어야 한다. 또한 키프리스에서 선행기술을 검색을 할 경우 "발명의 명칭" 보다는 "초록" 이나 "청구범위" 관련 빈칸에 키워드를 기재하여 검색을 하는 것이 노이즈를 줄일 수 있는 방법이다. "전문검색" 관련 빈칸에 키워드를 넣어 검색하는 일은 피해야 한다.

/ 특허 맵(MAP)

세계 각국에 출원/등록된 특허정보를 검색, 가공, 분석하여 복잡하게 얽힌 기술 및 권리 관계를 정확하게 파악할 수 있도록 정량적, 정성적으로 분석하여 그래프 등으로 시각화 한 자료를 의미한다. 〈그림 6.3.〉과 같이 특허 맵을 통하여, 특정 기술 분야의 년도 별 출원 건수, 주요 출원인의 년도 별 출원 건수, 주요 출원인 별 특정 국가에 대한 출원 현황, 주요 기술 분야에 대한 출원인 동향, 기술의 수명 주기 파악 등 기업에서 경영전략으로 활용할 수 있는 다양한 정보를 얻을 수 있다.

〈그림 6.3.〉 특허맵 예시 : 주요 출원인별 출원건수

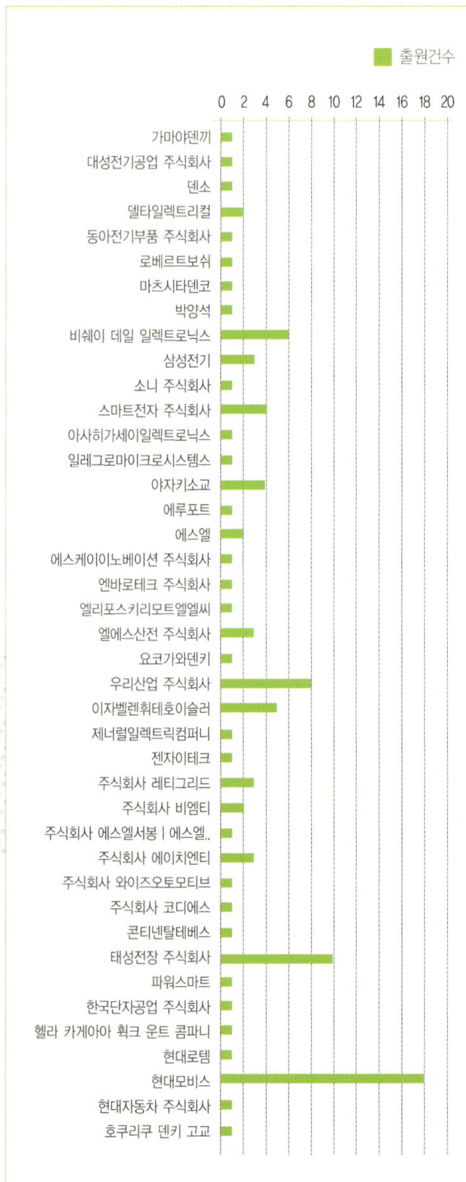

6.1.3.2. 기술사업화 프로세스와 특허정보 활용 프로세스의 상관관계

〈그림 6.4.〉 기술사업화 프로세스–특허정보의 대응관계

단계	점검사항	특허정보 활용
01.기술 사업화기획	a. 도입예정기술과 동일/ 유사한 기술이 개발되었는지? 특허조사 / 특허 맵은 작성하였는지? b. 기획과정에서 특허정보를 활용했는지?	특허조사 분석 특허맵 작성
02.사업화 제품설계	a. 설계 시 선행특허조사 내용을 고려했는가? b. 설계에서 얻어진 기술을 자사특허로 출원하였는가?	자사특허 출원
03.시제품 제작	a. 기술사업화에 방해가 될 문제 특허가 있다면 회피설계는 가능한가? b. 회피불가시 전략은? 특허매입, 기술제휴, Cross License	회피설계/ 문제특허 대응전략수립
04.시제품 보완	a. 시제품의 부족부분을 보완 / 개량한 사항에 대해 추가 출원을 하였는가? b. 기술의 사업화를 위해 국내 및 해외에서의 특허장벽을 구축했는가?	개량특허 출원 특허장벽구축을 위한 특허전략수립
05.생산 및 마케팅	a. 경쟁사의 특허출원 / 등록 동향을 분석했는지? b. 자사기술의 경쟁사특허 침해 또는 경쟁사기술의 자사 특허 침해 시 대응전략은 마련했는지?	경쟁사 지식재산권 출원 / 등록확인 침해여부확인

〈그림 6.4〉는 기술사업화 프로세스와 대응되는 특허정보 활용 및 지식재산권확보 전략을 제시하고 있다.

(1) 기술사업화 기획단계_ 도입하려는 기술과 유사한 선등록특허가 존재하는지를 선행기술조사나 특허맵을 이용하여 반드시 확인해야 한다.

(2) 사업화제품설계 단계_ 선행 기술조사 자료나 특허맵 자료를 활용하여 기술동향을 파악하고 시장에 맞는 사업화제품을 설계하며 그 과정에서 나온 자사 특허를 출원해야 한다.

(3),(4) 시제품제작 및 보완단계_ 시제품이 저촉되는 선행특허가 있다면 회피설계를 하여 시제품에 반영해야 할 것이며, 회피설계에 따라 시제품보완이 필요하기도 하다. 또한 회피가 어려운 문제특허들이 존재한다면 무효화 등의 대응전략을 수립하고 시제품제작 및 보완에 따른 개량특허출원과 여러 건의 특허출원을 이용한 특허장벽 구축전략을 수립하고 수행해야 한다.

(5) 생산 및 마케팅단계_ 시장에서의 경쟁사 특허들을 다시 확인해보고 경쟁사 특허의 침해문제는 없는지, 혹시 침해가능성이 있을 때 대응전략은 준비했는지를 판단하는 것이 필요하다.

6.1.4. 지식재산권의 확보절차

지식재산권 절차는 특허 프로세스와 거의 유사하므로 특허출원 프로세스를 기준으로 지식재산권의 확보절차에 대해서 알아본다.

6.1.4.1. 특허출원서의 작성

특허를 출원해서 특허권을 확보하는 첫 단계로, 먼저 변리사를 만나 특허출원서를 작성하여 특허청에 제출해야한다. 특허출원서는 기업이 보유한 신기술을 기술의 영역에서 법률의 영역으로 변경하는 과정에서의 산출물이므로 그 의미가 크다. 특허문서는 (1)기술 문헌으로서의 기능(발명의 상세한 설명)과 (2) 권리문서로서의 기능(특허청구범위)을 수행한다. 특허출원서에는 요약서, 〈그림 6.5.〉와 같이 명세서 및 도면(필요한 경우)이 첨부된다.

〈그림 6.5.〉 국내출원 명세서 양식

【명세서】

【발명의 명칭】

【기술분야】

【발명의 배경이 되는 기술】

【발명의 내용】
　【해결하고자 하는 과제】
　【과제의 해결 수단】
　【발명의 효과】

【도면의 간단한 설명】

【발명의 실시를 위한 구체적인 내용】

【부호의 설명】

【특허청구범위】
　【청구항 1】

【요약서】
　【요약】
　【대표도】

【도면】
　【도 1】

기술사업화 과정에서 특허출원을 준비할 경우 발명신고서를 준비한다. 발명신고서는 특허를 확보하려는 기술 내용을 정리한 기술문서로서 변리사에게 전달되고 기재된 내용은 특허출원명세서의 내용이 되는 특허출원의 기초자료이다. 발명신고서의 작성방법을 알면 적은 노력으로도 보호받고자 하는 기술내용을 효과적으로 변리사에게 전달하여 좋은 특허출원명세서가 작성될 수 있도록 할 수 있다.

발명신고서에는, (1)발명자가 생각하는 발명의 명칭, (2)발명의 목적, (3)발명의 분야와 종래기술 및 종래기술의 문제점, (4)문제점을 해결한 본 발명의 구성(도면과 함께 설명), (5)효과를 기재해야한다. 특히, (6)특허로 보호받고 싶은 핵심적인 사항들(아이디어들)을 번호 매겨 나열식으로 기재하는 것도 좋은 방법이다.

6.1.4.2. 특허출원 및 심사 절차

특허 출원은 〈그림 6.6.〉과 같이 출원 및 심사절차가 이루어진다.

〈그림 6.6.〉 출원 및 심사절차 흐름도

출처 : 특허청

/ 출원서류의 제출

특허출원을 하려면, 특허출원서류를 특허청에 온라인 또는 오프라인을 통해 제출해야 한다. 특허출원서에는 앞서 설명된 명세서와 출원인에 대한 서지사항이 기재된다. 특허청 홈페이지(http://www.kipo.go.kr)에 접속하여 "특허로" 사이트에서 특허출원서식을 다운 받을 수 있다.

〈그림 6.7.〉과 같이 특허청에서 심사가 진행되며, 특허출원을 하려면, 1회에 한하여 특허출원인을 식별할 수 있는 출원인코드를 신청하여 부여받아야 하며, 이후의 모든 절차는 출원인코드에 의해서 진행된다.

〈그림 6.7.〉 특허청에서의 심사차 흐름도

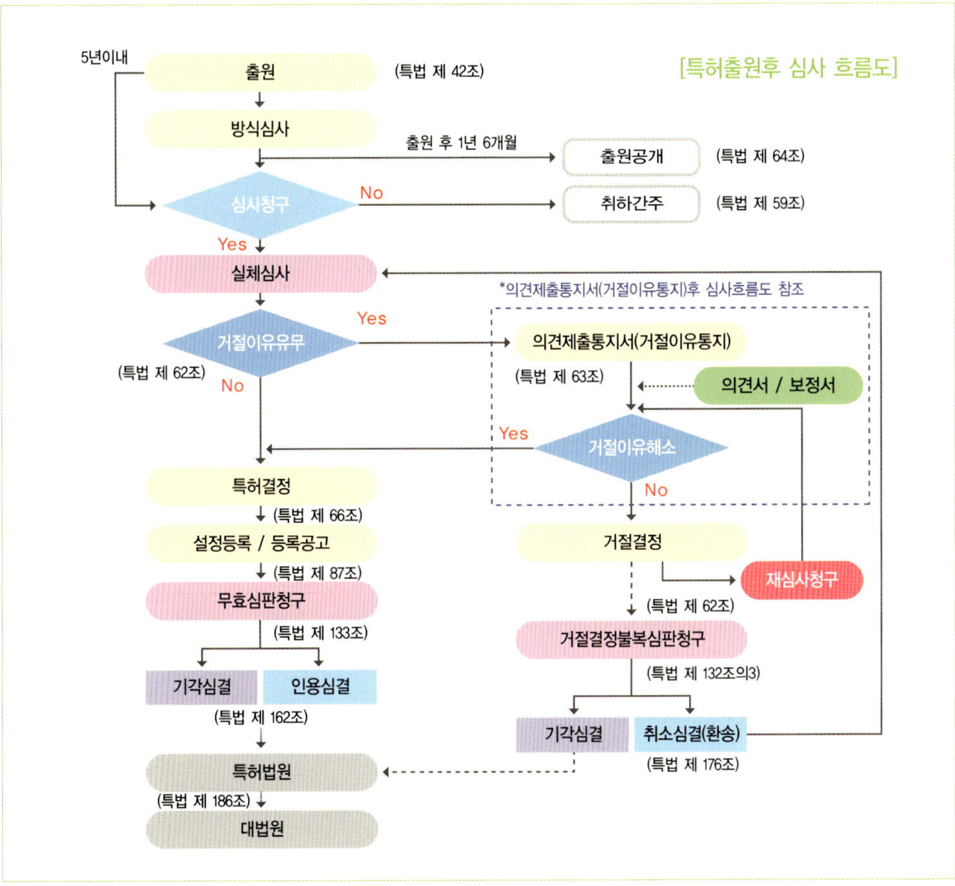

출처 : 특허청

/ 출원에서 권리취득까지

(1) 방식심사는 출원서나 명세서 등의 출원서류가 특허법에서 정하고 있는 절차적, 형식적 요건을 구비하고 있는지 여부를 심사하는 것을 말한다.

(2) 출원공개 : 출원일로부터 1년 6개월이 지나면 「공개특허공보」에 특허출원의 내용이 공개되며, 각종 검색사이트를 통해 그 내용을 검색할 수 있다. 다시 말하면, 각종 검색사이트를 통하여 확인할 수 있는 특허내용들은 모두 현 시점으로부터 적어도 1년 6개월 이전에 특허출원 된 내용이라는 것이다. 출원공개를 시킴으로써 제3자가 동일하거나 유사한 기술에 대해 중복하여 연구하거나 개발하는 것을 방지하여 중복투자로 인한 사회적인 비용을 절감할 수 있다. 출원공개 후, 제3자가 공개된 기술내용을 실시하는 경우 출원인은 그 발명이 특허출원된 발명임을 서면으로 경고할 수 있으며, 경고일로부터 특허권 설정등록일까지의 실시에 대한 보상금을 특허권 획득 후 청구할 수 있다.

(3) 조기공개제도는 특허출원일로부터 1년 6개월이 경과하기 전이라도 출원인의 신청이 있으면 그 특허출원내용을 특허공보에 게재하여 공개하는 제도이다. 출원일로부터 일반적인 공개 시점인 1년 6개월 사이에 제3자가 출원발명에 대한 기술을 모방할 경우 조기공개를 신청하여 침해자에게 경고장을 발송하게 함으로써 출원인을 보호할 수 있다.

(4) 실체심사는 심사청구된 출원이 특허청 심사관에 의해서 특허등록여부를 결정하는 특허요건(산업상이용가능성, 신규성, 진보성)을 만족하는지 여부를 심사하는 것이다.출원일로부터 5년이내에 「출원심사청구서」를 제출하고, 심사청구료를 납부함으로써 비로소 특허청 심사관에 의한 실체심사가 시작된다. 정해진 기한 내에 심사청구를 하지 않는 경우에는 특허출원이 취하 간주 된다.

전문가 Tip

심사청구는 전략적으로 해야 한다. 출원과 동시에 심사청구를 하는 경우가 보통이지만, 출원된 특허의 기술적 진보성이 약하다고 판단되거나, 기업의 비즈니스 진행 정도를 고려할 때 특허등록을 천천히 받는 것이 유리하다고 판단될 경우에는 출원과 동시에 심사청구를 하지 않고 심사청구 시기를 조절하여 특허등록 결정시기를 기업의 상황과 연계시키는 전략을 구사하는 것이 바람직하다. 심사청구시기 결정은 출원인 혼자 결정하기 어려우며 반드시 출원을 담당했던 변리사와 상의하는 것이 필요하다.

(5) 우선심사제도는 특허출원은 심사청구 순서에 따라 심사하는 것이 일반적이지만, 일정한 요건을 만족하는 출원에 대해서 심사청구 순서와 관계없이 우선적으로 심사하여 결과를 출원인에게 알려주는 제도이다. 우선심사 신청을 하면 보통 출원일로부터 약 4–5개월 정도 이내에 심사결과를 알 수 있다.

전문가 Tip

무조건 우선심사를 신청하여 빠르게 심사받는 것만이 유리한 것은 아니며, 담당 변리사와 우선심사 신청 여부를 함께 검토하는 것이 필요하다. 해외출원 계획이 있는 경우, 우선심사를 이용하여 한국에서의 특허등록여부를 빠르게 확인한다면 해외출원여부를 결정하는 데 도움이 될 수 있다.

(6) 특허결정 : 실체심사는 심사관의 결정에 의해 종료한다. 심사관에 의한 최종 처분은 특허를 부여하는 「특허결정」과 특허권이 부여되지 않는 「거절결정」 2종류가 있다. 심사관이 심사한 결과, 거절 이유를 발견할 수 없거나 출원인의 의견서 또는 보정서에 의해 거절이유가 해소된 경우 심사관은 그 특허출원에 대하여 특허를 허여한다는 취지의 결정을 한다. 특허등록결정이 있으면 등록결정일로부터 3개월 이내에 1~3년차를 등록료를 납부하고 3년 이후에는 해마다 연차료를 납부해야 등록특허가 유지된다.

6.1.4.3. 국제출원 전략

국내시장은 좁다. 넓은 해외시장으로 눈을 돌려야 한다. 해외출원을 해야 하는 이유는 (1)해외시장에서의 영업활동을 위해, (2)특허 로열티 수입원 확보를 위해, (3)기업관 전략적 제휴에 활용하기 위해, (4)기업의 기술력 및 국제적 이미지 제고를 위해서 필요하다. 그러나 미국, 일본, 유럽 등 더 큰 시장을 가지고 있는 국가들은 지식재산권에 대해서도 훨씬 더 엄격하다. 따라서 해외출원을 할 대상 국가를 결정할 때 다음과 같은 사항을 고려해야 한다.

- 시장 – 자사 제품의 주요 수출국가에 출원해야 함
- 제조국가 – 자사제품의 제조국가 및 경쟁사 제품의 제조국가에 출원(eg.중국)
- 주요 경쟁사의 본사위치 국가 및 비즈니스 대상국가
- 향후 파트너쉽을 가져갈 회사가 위치한 국가

특허는 권리를 등록한 국가에서만 보호되기 때문에(속지주의) 해외로 제품을 수출하고 있거나, 해외에 진출하고자 하는 기업은 진출하려는 국가마다 별도로 특허출원을 진행하여 특허권을 획득해야 한다.

/ 외국에 직접 출원하는 경우(파리조약에 의한 국제출원)

한국에 특허 출원한 후, 한국 특허출원일로부터 1년 이내에 출원하려는 각 국가의 언어로(영어, 일본어, 프랑스어, 중국어 등) 번역한 명세서를 각 국가의 특허청에 제출하는 출원 방법이다.

아래 〈그림 6.8.〉에서처럼, 미국, 일본 중국의 3개 국가에 해외출원을 하고 싶다면, 한국의 특허출원일로부터 12개월이 지나기 전에 미국, 일본, 중국에 특허출원을 하는 것이다. 12개월 이내에 각 국가에 출원할 경우 각 나라에서의 특허 출원일을 한국에서의 특허출원일로 소급하여 인정해준다.(우선권)

개별 국가에서의 특허출원 진행을 빨리 할 수 있다는 장점이 있으나, 초기에 여러 나라에 대하여 한 번에 출원하게 되므로 출원 비용이 많이 들고, 한국에서의 특허출원이 등록되기 전에 해외출원을 진행하게 되므로 해외에서의 특허등록 가능성이 불확실 한 상태에서 큰 비용을 지출하게 되는 위험이 있다.

〈그림 6.8.〉 특허 출원 기간

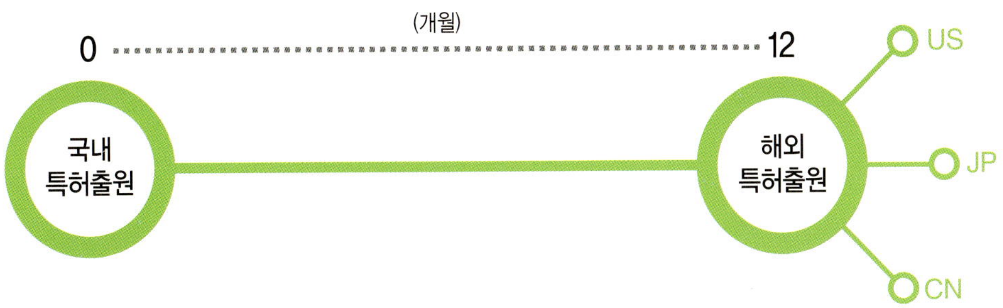

/ PCT제도에 의한 국제출원

한국에 특허출원한 후, 한국 특허출원일로부터 1년 이내에 특허를 등록받기를 원하는 국가(지정국가)를 선택하여 국제사무국에 PCT출원서를 1회 제출하여 국제출원을 하는 방법이다.

PCT출원은 파리조약에 의거하여 동일한 발명에 대하여 다수국에서 특허를 취득하고자 하는 경우 출원 비용과 절차의 부담을 경감하면서 각국 [미국/중국/일본/유럽] 특허청의 중복 심사에 드는 노력을 줄이기 위하여 재정한 것이다.

PCT(특허협력조약 : Patent Cooperation Treaty) 출원을 할 경우, 아래 〈그림 6.9.〉처럼 실제로 각 나라 특허청에 서류를 제출하여 특허절차를 진행하는 것(국내단계 진입이라고 함)은 한국 출원일로부터 30개월 또는 31개월 이내에만 이루어지면 된다. 역시나 각 나라에서의 특허출원일이 한국에서의 특허출원일로 소급하여 인정된다. 출원 언어도 영어나 한국어를 사용할 수 있으므로, 1년 이내에 여러 나라의 언어로 번역해서 출원해야 하는 파리조약에 의한 국제출원보다 편리하다.

〈그림 6.9.〉 PCT 출원

각 개별 국가에서의 출원절차의 진행이 늦어지지만, 한국의 특허출원이 등록되는지 여부를 확인한 후 개별 해외국가 내에서의 절차를 진행할 수 있으므로 각 국가에서의 출원비용을 안정적으로 집행할 수 있으며, 1회의 PCT출원으로 지정국가로 선택한 모든 나라에 특허출원을 한 효과를 얻을 수 있는 장점이 있다.

전문가 Tip

미국 진출 시에는 반드시 특허조사를 수행할 것 ! 미국은 한국보다 훨씬 지식재산권의 권리주장과 침해 시 제재가 강하며 큰 비용이 들어가고, 미국 기업은 자신들의 지식재산권 침해에 대하여 상당히 예민하다. 따라서 미국시장에 진출할 경우에는 한국에서 사업을 진행하는 것보다 더 철저하게 관련 기술 분야의 특허조사를 수행하고, 혹시 미국 기업의 특허를 비롯한 지식재산권의 침해에 해당하는 문제가 없는지 꼭 확인해야 한다. 자칫 지식재산권 침해로 인한 제소라도 당하게 된다면, 미국시장에 진출하지 아니함만 못한 결과를 얻을 수도 있다.

6.2. 지식재산권 활용하기

앞서 설명한 지식재산권으로 어떻게 공격하고 방어할 수 있을까? 지식재산권을 기업에서의 직접적인 이익창출 수단으로 활용하는 방법, 지식재산권으로 경쟁기업을 공격하거나 후발업체의 진입을 사전에 방지하여 자사의 시장을 보호하는 방법을 구체적으로 알아본다.

6.2.1. 지식재산권으로 기업이익 창출하기

읽어보기

한미약품은 2015년 국내 제약업계의 역사를 새로 썼다. 한미약품에서 독자 개발한 당뇨신약 물질(아직 완제품은 아님)의 "전세계 시장에 대한 독점적 권리" 를 프랑스의 사노피사에 팔았으며(단, 한국과 중국시장에선 사노피사와 한미약품이 공동으로 권리를 갖는다.) 국내 제약업계에서 기술이전을 통하여 벌어들인 수익금액의 최고기록을 세웠다.

한미약품은 지난 10년간 R&D투자를 대폭 늘렸고 드디어 그 결실을 맺게 된 것이다. 이번 기술수출계약(라이센싱)으로 신약은 국내 역량으로는 안 된다는 국내 제약업계의 지배적인 분위기도 변화시켜 놓았다.

한미약품의 기술판매 조건은 계약금 EUR 400,000,000(약 5200억 원)과 임상시험, 시판허가 등에 성공할 경우 단계별 마일스톤(milestone)으로 EUR 3,500,000,000(약 4조5천억 원)을 별도로 지급받도록 되어 있다.

한미약품이 당뇨신약 물질을 임상시험과 시판허가 등을 거쳐서 완전한 약으로 출시하였다면 더 큰 이익을 볼 수도 있었을 것이라는 의견도 있었다. 하지만 임상시험과 시판허가까지 드는 시간과 엄청난 비용과 세계시장에서 인정받기 위한 마케팅 비용, 한국의 작은 제약회사로써 세계 제약시장에서의 인정가능성 등을 고려해볼 때, 매우 훌륭한 지식재산권 전략을 구사했다는 의견이 다수이다. 세계적인 제약회사에 지식재산권을 활용한 기술이전을 하면서 큰 수익을 발생시키고 세계적인 제약회사의 마케팅능력이나 임상능력 등을 활용하면서 추가적인 수익을 낼 수 있었기 때문이다.

제품 판매만으로 매출을 올리는 시대는 지났다. 최근에는 기업들이 지식재산권을 기술을 보호하기 위한 보호수단으로 이용하는 것에 더하여 기업의 직접적인 이익 창출수단으로 활용하는 전략에 집중하고 있는 추세이다. 이러한 이익창출의 방법에는 지식재산권의 라이센싱, 이전(양도,판매), 대출 등이 있다.

6.2.1.1. 지식재산권의 라이센싱 (실시권)

지식재산권을 사용할 수 있는 권리를 부여하고 금전적인 대가를 받는 것을 의미한다. 지식재산권 라이센싱은 두 가지로 구분할 수 있는데, 첫째는 자사의 미활용 지식재산권을 필요로 하는 기업에게 라이센싱하는 것이다. 둘째는 기술개발업체와 제품상용화업체가 다른 경우로, 벤처기업이나 대학에서 기술을 개발하고 이에 대한 지식재산권을 다른 기업들이 사용할 수 있도록 하는 것이다.

특허법에서 규정하는 실시권에는 〈그림 6.10.〉처럼 전용실시권과 통상실시권이 있다. 전용실시권은 라이센싱(실시권)을 받는 회사가 독점적으로 실시하고, 계약으로 정한 기간과 지역에서는 특허권자도 실시할 수 없다. 반면 통상실시권은 여러 개의 기업이 동시에 실시권을 받아서 특허를 실시할 수 있으며, 특허권자도 실시할 수 있다. 전용실시권은 특허청에 전용실시권의 설정등록을 해야만 그 법적 효력이 발생하며, 통상실시권은 특허청에 설정등록을 하지 않아도 효력은 발생하지만 제3자에게 그 통상실시권을 가지고 대항할 수 없다.

〈그림 6.10.〉 중소기업을 위한 지적재산 관리 매뉴얼

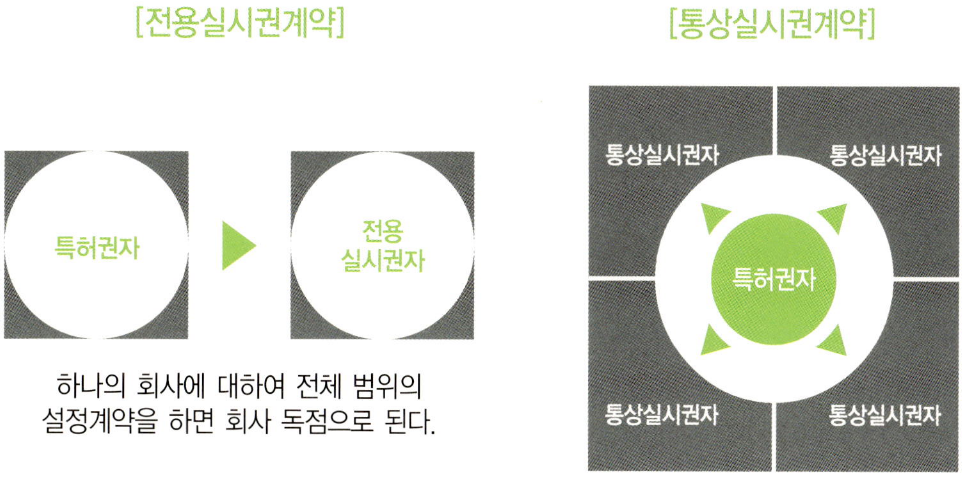

출처 : 중소기업을 위한 지적재산 관리 매뉴얼, 대한변리사회, 2006

6.2.1.2. 지식재산권의 이전 (양도)

지식재산권의 권리를 완전히 판매하는 것이 양도(이전)이다. 보통 특허권이 발생된 후에 판매가 되면 "특허권의 양도" 절차를 밟게 되고, 특허출원 중에 그 출원특허를 판매하면 "출원인 명의변경" 절차를 밟는다. 특허권만 형식적으로 판매하는 것 보다는 특허권의 내용이 되는 기술이 실질적으로 이전되어야 하며, 기술이전을 위하여 기술자(엔지니어)가 일정기간 동안 매수자 기업에 파견을 나가는 경우도 있다.

특허권의 양도에 있어서, 양도 후 그 특허가 무효된 경우에 특허의 양도인과 양수인 사이의 관계를 명확하게 해두는 것이 중요하다. 특허의 양도와 함께 기술이전, 설비까지 함께 양수인에게 넘어갔는데 특허가 무효된 경우 양수인의 피해가 심각할 수 있기 때문이다. 양도계약에 있어서, 계약서는 양도인과 양수인 사이에서 자유롭게 작성할 수 있으나, 양도의 대상이 되는 권리를 특허번호 등을 표시하는 등 명확하게 특정해야 하며, 양도기간, 특허권 행사의 범위 등에 대해서도 명확하게 표시해야 한다.

6.2.1.3. 기술담보대출

기술을 사업화하거나 기술이 적용된 제품의 개발, 생산, 판매를 통해 그 기술이 창출할 경제적 가치를 담보로 하여 금전대출을 받을 수 있다.

기술담보대출의 사례는 아니지만, 스타트업 기업이 막대한 투자금액을 받은 사례가 있다. 2012년 초에 창업하여 휴대용 무선 초음파 진단기(소논(sonon))를 제조하는 기술창업기업인 주식회사 힐세리온은 청진기와 같이 병원의 모든 의사 개인이 휴대할 수 있고 즉석에서 초음파 영상을 찍은 후 휴대폰이나 태블릿PC에서 초음파 영상을 바로 확인할 수 있는 진단기의 필요성을 느끼고 개발에 착수하여 2년여 만에 개발에 성공하였다. 이듬해 엔젤투자자들로부터 20억 원을 투자와 2014년에는 다시 기존 투자자들로부터 40억 원을 투자받고 미국 FDA 승인에 이어 베트남 수출계약까지 체결하는 등 의료기기 업계에 돌풍을 일으키고 있다.

힐세리온은 소논 제품에 대한 기술적 아이디어부터 소논에 적용된 세부 요소기술들에 대하여 수십 여건의 국내 특허권, 디자인권 및 상표권을 획득하였고, 미국, 유럽 등 해외에도 특허, 디자인, 상표를 출원 중이다. 창업한지 3년도 채 안된 기술창업기업이 총 60억의 투자를 받을 수 있었던 이유는 창업아이템 기술의 우수성도 있지만, 창업아이템 기술을 시장에서 보호해주고 경쟁에서 우위를 유지할 수 있도록 해주는 지식재산권을 풍부하게 보유하고 있음을 투자자들에게 크게 어필(appeal)할 수 있었기 때문이다.

6.2.2. 특허활용, 공격하기 vs. 방어하기

아직 실용화 되지 않은 5G통신 기술을 기업들이 앞 다투어 특허출원하는 이유는 무엇일까? 두말할 것도 없이, 글로벌 시장을 선점하고 후발주자들을 특허장벽을 이용하여 진입하지 못하게 함으로써 시장에서의 독점적인 지위를 유지하려는 것이다.

이렇게 첨예하게 대립하는 글로벌 시장에서 기업이 가진 기술을 법적으로 보호하고 경쟁회사를 공격할 수 있는 지식재산권은 기업의 유지와 성장에 있어서의 큰 재산에 해당한다. 기업의 지식재산권을 타사에서 침해한다는 것은 결국 기업의 재산을 침해하는 것이고 이는 기업의 경영, 시장 확보뿐만 아니라 기업의 존립과 미래에 큰 영향을 미친다. 따라서 기업의 지식재산권이 침해되는 경우에는 그 침해에 대해서 적극적으로 대응해야 하며, 반대로 타사의 지식재산권을 침해하거나 침해할 우려는 없는지 여부도 항상 검토해야 한다. 지식재산권의 침해와 분쟁을 예방하기 위해서 다음과 같은 사항을 검토할 필요가 있다.

6.2.2.1. 지식재산권 분쟁의 예방

/ 철저한 선행기술조사 수행

기업에서는 신규 사업아이템을 사업화하기 전, 또는 기술개발을 시작하기 전에 반드시 특허뿐만 아니라 디자인, 상표 등의 선행 지식재산권의 존재에 대한 선행 지식재산권조사를 수행해야 한다. 만일 타 기업의 기존 특허권에 저촉될 경우 제품의 설계변경을 고려하는 등 특허분쟁의 소지를 미리 제거하는 방법을 마련해야 한다. 특허맵을 활용하면 경쟁회사의 기술개발 동향을 파악하거나, 반대로 필요한 기술을 가진 경쟁회사들을 파악할 수 있다.

/ 업계동향을 항상 주시한다.

업계의 기술개발 동향뿐만 아니라 특허소송을 많이 제기하는 국내 또는 해외기업의 특허소송 제기 상황을 계속 관찰하여 분쟁가능성을 줄이도록 해야 한다.

/ 특허권 매입이나 M&A 도 전략이다.

보유기술에 대한 특허권을 확보하고 있지 못한 상태라면 관련 특허권을 보유한 회사로부터 특허권을 매입하여 특허권을 확보하거나, 특허 보유업체를 인수함으로써 분쟁위험을 회피하는 것도 분쟁 예방을 위해 효과적이다.

/ 제품출시보다 특허출원이 우선이다.

새로 개발한 기술을 특허출원 전에 광고하거나 외부로 공개하면 신규성 상실로 특허를 받을 수 없다. 따라서 제품이나 기술이 외부로 공개되기 전에 반드시 특허출원을 먼저 해야만 한다.

/ 계약서 작성 시 지식재산권 조항을 삽입한다.

공동 기술개발계약이나 제품 생산 계약 체결 시, 기술개발의 결과물로 나온 특허권은 누구에게 귀속시킬 것인지, 결과물을 토대로 추가 개발을 한 경우의 특허권은 누구에게 속할 것인지 등, 발생 가능한 지식재산권 분쟁 상황을 고려하여 계약서에 반영시킨다.

6.2.2.3. 특허로 공격하기_ 타사가 자사의 지식재산권을 침해한 경우

특허침해란 타인의 특허권 또는 전용실시권으로 되어있는 발명을 제3자가 정당한 권한 없이 업(業)으로 실시하는 경우를 의미한다. 타사가 자사의 특허권, 디자인권 또는 상표권 등 지식재산권을 침해하고 있다고 의심되는 경우에는 침해대상이 되는 물품 등을 확보해야 하며, 실제로 침해에 해당하는 지를 변리사와 검토해야 한다. 특허권자는 자신의 권리범위를 넓게 해석하는 경향이 있기 때문에, 법률적으로는 침해에 해당하지 않아도 침해라고 판단하여 바로 경고장을 보냄으로써 추후에 오히려 문제가 발생되는 경우가 있기 때문이다. 따라서 침해의 증거를 확보한 후에는 변리사와 침해여부에 대해서 명확하게 판단하여 대응전략을 마련하는 것이 중요하다. 특허침해에 대한 대응전략은 다음과 같다.

/ 특허침해의 유형

특허침해가 인정되기 위해서는,

- 유효한 특허권 또는 전용실시권의 존재
- 발명의 동일성 – 특허발명(특허청구범위에 기재된 발명)과 실시발명이 서로 동일 또는 유사해야 할 것
- 업으로서의 실시 – 제3자가 사업적으로 실시하여야 한다는 의미이다.
- 실시의 위법성 – 제3자는 실시권 등 정당한 권한 없이 실시해야 한다.
- 특허법상 실시의 정의에 해당 – 특허법상 "실시" 란 물건의 발명인 경우, 그 물건을 생산, 사용, 양도, 대여 또는 수입하거나 그 물건의 양도 또는 대여의청약(양도 또는 대여를 위한 전시를 포함)을 하는 행위를 말한다.

/ 침해 증거 확보

특허가 침해당했다는 사실을 알게 된 경우에는 즉시, 침해임을 입증할 수 있는 증거들을 확보해야 한다. 침해증거가 물품이라면 물품을 구매하고 영수증 등을 반드시 보관해놓아야 하며, 침해품을 설명하는 타사의 카탈로그 확보, 침해품이 설명된 타사의 홈페이지 화면 캡쳐, 침해품의 생산방법 확인, 침해품의 유통경로 확인, 침해품의 판매량, 판매개시 시기 등 관련된 자료는 모두 수집해놓는다. 추후 침해소송으로 발전될 경우 상대방 측에서 증거를 인멸하고 비 침해주장을 할 가능성이 있기 때문이다.

/ 침해여부 검토

침해증거를 확보한 후에는 변리사에게 침해가 맞는지 여부를 검토한다. 변리사는 침해대상물을 특정하고 특허권의 권리분석을 통하여 침해여부에 대한 감정을 진행한다. 감정의견이 침해가 아니거나 침해가능성이 낮은 것으로 확인될 경우도 있으므로 무턱대로 침해자를 접촉하는 일은 피해야 한다.

/ 대응전략 마련

침해가능성이 높다고 판단된 경우, 경고장을 먼저 송부할지, 바로 법원에 특허침해관련 소송을 제가할지, 특허심판원에 권리범위확인심판을 제기하여 특허침해임을 명확히 확인할지 여부를 변리사와 상담하여 결정해야 한다. 경고를 했을 경우 상대방의 대응태도에 따라 그 후의 대응방법의 여러 가지 경우를 고려하여 전체적인 대응 전략을 마련한 후 순서대로 진행해야 한다.

/ 경고

경고는 보통 서면으로 행하며, 특허권리자, 및 특허번호, 침해상대방, 침해자의 침해행위, 침해물품을 특정하고 회신기한 등을 표시하여 내용증명우편으로 상대방에게 발송한다. 경고를 하면, 상대방은 경고장을 수령한 때로부터 "악의(특허침해가능성을 알고서도 침해행위를 수행하는 것)"로 간주된다.

전문가 Tip

경고장 송부를 통하여 상대방의 영업에 큰 타격을 줄 수 있다. 예를 들어, 침해자가 홈쇼핑 등의 유통업체를 통해 침해제품을 판매하는 경우, 침해제품을 판매하는 유통업체의 판매행위도 특허권의 침해에 해당하기 때문에 경쟁업체 뿐만 아니라 유통업체에도 특허권의 침해를 이유로 경고장을 발송할 수 있다. 보통 유통 업체는 특허권 침해 경고를 받게 되면 납품 업체에 그 해결을 요구하고 문제가 해결될 때까지 침해제품의 판매 및 납품을 중단시키며, 특허권자는 경고장 송부로 인해 침해업체가 유통업체를 통해 제품을 판매하는 것을 중지시킴으로써 상대방에게 큰 영업상의 타격을 주고, 경쟁사의 시장진입을 일정기간동안 방지할 수 있는 것이다.

홈쇼핑 등의 회사에 경고장을 보내는 것은 정당한 특허권자의 권리 행사에 해당하는 것이다. 그러나 이 때 주의해야 할 것은 침해 상대방이 변리사의 감정을 받아 침해가 아님을 적극적으로 회신하고 오히려 특허권의 무효심판, 권리범위확인심판 등을 제기하여 권리침해가 아님을 적극적으로 대응을 하였음에도 다시 홈쇼핑등에 경고장을 보내는 등 과도한 권리행사를 할 경우, 문제가 발생할 수 있다는 것이다. 즉, 나중에 상대방의 행위가 침해가 아니라고 법원이나 특허심판원을 통해 인정된다면 상대방의 명예회손, 허위사실 유포, 업무방해 등의 문제가 될 수 있다. 따라서 전문가와 상의하여 경고행위도 신중하게 해야 한다.

/ 심판 및 소송

경고장을 상대방에게 송부하였음에도 상대방이 무응답으로 대응 한다던가 침해행위를 계속하는 경우에는, 민사법원에 특허침해금지가처분, 특허침해금지 및 손해배상소송을 제기할 수 있다. 또한 민사법원에 소를 제기하는 것이 비용과 시간적인 측면에서 부담된다면, 특허심판원에 권리범위확인심판을 청구함으로써 상대방이 실제로 특허침해행위를 하고 있음을 객관적으로 인정받은 후 민사법원에 침해금지에 대한 소송을 제기할 수도 있다. 또한, 침해죄로서 형사고소를 제기할 수도 있다.

전문가 Tip

변리사의 감정서, 권리범위확인심판이나 무효심판의 결과는 침해소송의 판단에 있어서 법원의 판단에 중요한 참고자료가 되고 있으므로, 침해소송의 제기에 앞서 변리사의 감정서, 권리범위확인심판이나 무효심판을 청구하여 그 결과를 확인한 후 침해소송 제기 여부를 결정하는 것도 전략일 수 있다.

6.2.2.3. 특허로 방어하기_ 타사의 지식재산권을 침해하고 있다고 경고 받은 경우

자사에서 의도한 바는 아니었으나, 자사도 모르는 사이에 타사(경쟁사)의 지식재산권(특허권, 디자인권, 상표권 등)을 침해하게 되는 경우가 있다. 침해로 인하여 경고장을 수령한 경우의 대응방법에 대해서 알아본다. 물론, 이러한 일이 발생하지 않도록 하기 위하여 선행기술조사를 미리 수행하여야 함은 당연하다.

세계 최대의 지식재산 강국인 미국에서는 사업을 영위하는 중에 발생하는 타사특허권의 침해로 인한 손해배상액이 천문학적인 금액이어서 손해배상액을 마련하지 못한 회사가 어쩔 수없이 회사를 특허권자 회사에 팔게 되는 경우도 많다. 즉, 특허권자에게는 지식재산권이 경쟁회사를 M&A하는 수단으로도 이용되고 있다는 것이다. 지식재산권의 중요도가 날로 커지고 있는 대한민국에서도 이러한 일이 발생할 날이 멀지 않았다. 따라서 신규 기술로 사업을 시작하거나 새로운 개발 아이템이 있을 경우에는 반드시 선행기술조사를 통하여 향후 있을지 모르는 특허분쟁을 미연에 방지해야 하며, 많은 조심을 하였음에도 특허침해의 경고를 받게 되는 경우에는 적극적이고 전략적으로 대응해야 한다. 특허침해의 대응전략은 다음과 같다.

/ 경고장 내용이 사실인지를 확인 한다

경고장에 기재된 특허번호를 확인하여 특허가 현재 유효하게 유지되고 있는지, 경고장을 보낸 자가 특허권자 또는 경고를 할 수 있는 권리가 있는 자인지, 자사에서 실시하고 있다고 주장하는 내용이 명확한지, 침해의 증거가 명시되어 있는지, 상대가 원하는 것이 무엇인지 등을 명확하게 확인해야 한다.

회신기한이 짧다면 상대방에게 전화를 걸어 검토할 시간이 필요하니 회신기한을 늘려줄 것을 요청해도 되며, 만일 경고장 내용에 침해의 이유가 명확히 설명되지 않은 경우에는 침해라고 주장하는 이유를 명확하게 해줄 것을 요구할 수 있다. 즉, 경고장을 받았다고 걱정하거나 당황할 필요도 없으며, 반대로 경고장을 그대로 무시해서도 안 된다는 것이다.

/ 변리사와 상담하기

상대방은 침해라고 주장하고 있으나, 법률적으로 침해인지 여부는 전문가인 변리사에게 의뢰하여 분명하게 침해인지 여부를 확인해야 한다. 특허권자는 침해라고 주장하나 실제로 법률적으로 판단할 때 침해가 아닌 경우도 많기 때문이다. 이러한 침해여부를 당사자 스스로 판단하여 행동에 나서면 큰 낭패를 보기 쉬우므로 전문가인 변리사와 상의해야 한다.

/ 대응전략 마련

변리사의 검토결과, 특허침해 가능성이 매우 낮거나 침해가 아니라고 판단되면, 침해가 아닌 이유를 기재하여 정중하게 회신을 하되, 추후 재 경고를 방지하기 위해서 단호하게 침해가 아님을 설명해야 한다. 아울러, 침해가 아님에도 불구하고 침해라는 주장을 업계에 퍼뜨리거나 하는 경우에는 영업방해 행위에 해당하여 법률적 조치를 취할 수 있음도 밝혀둘 필요가 있다. 만일 침해가능성이 높다고 판단되면, 일단은 (1) 침해행위를 중단해야 한다. 그리고 침해행위에 해당하는 사업을 계속해서 진행할 것이라면 권리자에게 실시권의 설정을 요구하는 등 합의를 위한 노력을 해야 할 것이다.

또 다른 방법으로는, (2) 권리자의 특허권을 무효화시킴으로써 침해문제에서 벗어나는 방법이 있다. 상대방에게 특허무효심판을 청구하여 특허를 무효 시키거나, 또는 소극적 권리범위 확인심판(제품의 생산, 판매, 양도 등 자사의 행위가 특허권의 권리범위에 속하지 않는다는 것을 확인해달라는 취지의 심판)을 특허심판원에 청구하여 그 결과를 확인할 수도 있다.

Chapter
06

읽어보기

삼성 vs 애플의 소송

2011년 4월 15일, 애플은 삼성전자가 애플의 아이패드의 디자인과 UI(User Interface)를 침해했다고 하며 삼성을 제소했다. 삼성은 2011년 4월 21일, 서울을 시작으로 일본, 독일, 미국에 순차적으로 애플의 아이폰이 삼성의 통신기술 특허를 침해했다고 소송을 제기했다. 이것이 삼성과 애플의 특허소송의 시작이다.

애플이 삼성에게 소송을 제기했을 때, 삼성의 최대 고객인 애플(삼성은 아이폰의 핵심부품을 세계에서 가장 많이 애플에 공급하는 부품회사이다)에게 삼성은 소송대신 협상을 제안할 것이라는 예상도 있었지만, 삼성은 매우 신속하게 거의 모든 주요 국가에서 애플을 상대로 특허침해소송을 제기하였고 천문학적인 액수의 특허소송이 진행되었다. 애플은 스마트폰 시장에서 경쟁상대 없이 독점적인 수익을 창출하던 때가 있었다. 그러나 구글의 안드로이드 운영체제를 탑재한 여러 스마트폰들이 스마트폰 시장에 뛰어들자 압박을 느낀 애플이 안드로이드 폰의 대명사인 삼성에게 소송을 제기한 것이라는 의견이 많다. 구글의 지도서비스나 구글의 검색엔진, 구글의 유튜브 등을 기본으로 사용하고 있는 아이폰으로 구글을 직접 공격하기는 쉽지 않았던 것이다.

현재까지도 삼성과 애플은 여러 국가에서 서로 승패를 주고받으며 특허소송을 진행하고 있다. 최대의 부품공급처이자 파트너 관계에 있던 두 회사가 스마트폰 시장을 놓고 세계최대의 특허소송을 진행하고 있는 것을 보면, 비즈니스에는 더 이상 국경도 없고, 영원한 친구도 적도 없음이 분명하다. 한편, "세계에서 스마트폰을 만드는 회사는 애플과 삼성밖에 없다" 라는 인식을 세계인들에게 심어준 것이 천문학적인 액수를 들인 두 회사의 특허소송의 진정한 결과라는 의견에도 귀를 기울여 볼만 하다.

단원요약

- 특허와 실용신안은 기술적 아이디어인 발명을 보호대상으로 하고, 디자인은 물품의 형상, 모양, 색채 또는 이들의 결합을 보호대상으로 하며, 상표는 상품/서비스업을 나타내는 표지(기호, 문자, 도형)를 보호대상으로 한다.
- 선행기술조사나 특허맵과 같은 특허정보를 이용하여 기술동향, 연도별 출원동향, 경쟁사 출원동향, 기술의 수명주기파악, 특허의 무효자료 등 다양한 정보를 얻을 수 있으며, 기술사업화 과정에서는 반드시 특허정보를 활용해야한다.
- 특허권을 받기위한 요건으로, 발명이 산업에 이용할 수 있어야 하며(산업상 이용가능성), 출원하기 전에 이미 알려진 기술(공지기술)이 아니어야 하고(신규성), 공지기술로부터 용이하게 창작해 낼 수 없는 것(진보성)이어야 한다.
- 국제 출원에는 PCT출원과 파리조약에 의한 출원이 있으며, 모두 한국출원일로부터 1년 이내에 출원해야 한다.
- 특허분쟁을 해결하기 위한 민사적 해결수단으로서, 침해금지청구, 손해배상청구, 신용회복청구, 부당이득반환청구, 가압류 · 가처분이 있으며, 형사적 해결수단으로 침해죄, 몰수, 양벌죄의 규정이 있다.
- 지식재산권은 기술의 법적인 보호수단뿐만 아니라 기업의 직접적인 이익창출 수단으로 활용되고 있으며, 후발업체를 견제하고 시장에서의 독점적 지위를 유지하기 위한 경영전략으로 이용되고 있다.

핵심용어 정리

- 특허권
- 디자인권
- 상표권
- 저작권
- 영업비밀
- BM특허
- 우선심사제도
- 특허괴물
- 주변특허
- 특허출원/특허등록
- PCT국제출원
- 경고
- 특허정보
- 전용실시권/통상실시권

Chapter
06

학습하기

1. 특허출원번호 10-2014-0146400호(전기자동차 전원장치 및 그 제어방법)를 특허DB를 활용하여 검색 후 내용을 파악해보자.
2. 위 10-2014-0146400호 특허를 거절할 수 있는 유사선행특허를 특허 DB를 활용하여 검색한 후, 검색된 특허의 내용 중 유사하다고 판단한 근거가 되는 부분에 대해서 토의해보자.
3. 실용신안출원번호 20-2014-0000241호(휴대단말기용 접이식 거치대)를 특허DB를 활용하여 검색 후 내용을 파악해보자.
4. 위 20-2014-0000241호 실용신안을 거절할 수 있는 유사선행특허를 특허 DB를 활용하여 검색한 후, 검색된 특허의 내용 중 유사하다고 판단한 근거가 되는 부분에 대해서 토의해보자.
5. 내 기술 (또는 제시된 기술)의 어떤 기능/기술을 특허로 보호할 수 있는지 논의해보자
6. 내 기술 (또는 제시된 기술)의 핵심 특허와 주변 특허를 어떻게 나눌 수 있는지 토의해보자
7. 내 기술 (또는 제시된 기술)로 특허 출원서를 작성해보자.
8. 지식재산권의 종류를 설명하고 보호대상에 대해서 설명해보자.
9. 타인이 내 특허권을 침해한 경우 취할 수 있는 조치를 설명해보자.
10. 타인의 특허권을 침해했다고 경고 받은 경우 대응방안을 설명해보자.

TECHNOLOGY COMMER-CIALIZATION

|기술사업화|

참고문헌 및 보충자료

- 구영우, 조성복, 조기헌, 과학기술자를 위한 기술사업화 이해, 2014.
- 김성민 , 류태규 , 박종복 , 김종주 , 봉선학, 유영철, 이성상, 이승호, 정문교, 기술사업화의 이해와 적용, 경문사, 2015.
- 대한변리사회 편, 중소기업을 위한 지적재산 관리 매뉴얼, 2006.
- 성태경, 장동식, 김형기, 기술마케팅과 사업화, 2014.
- 특허청, 특허검색 고도화를 위한 검색시스템 및 검색기법 연구, 2014.
- 특허청, 국가 R&D과제발굴 단계에서의 특허분석정보 활용 확대방안, 2013.
- 특허청/한국발명진흥회, 특허제도와 출원서 작성, 2007.
- 특허청, 국제특허분쟁 대응 표준매뉴얼, ㈜원니스, 2008.
- 한국발명진흥회 지식재산연구센터, 특허기술이전 활성화 방안에 관한 연구, 2002.
- 한국지식재산연구원, 지식재산제도의 실효성 제고를 위한 법제도 기초연구, 2012.
- 한국지식재산연구원, 우리기업의 해외 지재권 분쟁실태 조사, 2015.
- 한정희, 이윤준, 기술사업화와 지식재산비즈니스, 2014.
- Display bank, 기업특허전략의 변화와 특허정보 활용의 중요성, 2011.

Chapter 06

단원 사례연구

B주식회사는 LCD 패널을 검사하는 "필름형 프로브유닛" 기술을 개발하고 특허등록을 받았으며, 이 기술을 국내 굴지의 대기업인 S전자와 NDA를 체결한 후 S전자 공장 내에서 테스트하고 있던 중, S전자에 종래형상의 프로브유닛을 납품하던 C주식회사로부터 특허침해를 이유로 하는 침해금지소송과 형사고소를 당했다.

소송에서 문제가 된 필름형 프로브 유닛은 LCD패널 검사장치의 일종으로서, 기존의 B주식회사의 프로브유닛이 블레이드타입의 핀이 장착되어 패널 검사 시 패널에 손상을 일으키는 문제가 있었는데, 블레이드 대신 필름을 사용함으로써 이런 문제를 해결한 획기적인 제품이었다.

침해분쟁이 시작되자 S전자는 분쟁이 해결될 때까지 A 주식회사의 필름형 프로브유닛의 테스트를 중단하였다. B주식회사는 C주식회사가 제기한 특허의 침해가 아님을 침해금지소송과 검찰에서 주장하고, 나아가 B주식회사의 특허에 대해서는 무효심판과 소극적 권리범위확인심판을 청구하였다.

이러한 소송이 약 2년 정도 진행되는 동안, 오히려 C주식회사는 필름형 프로브유닛을 개발하여 S전자에 납품하기 시작하였고 이를 알게 된 B사는 C사를 상대로 C사가 가진 3건의 특허를 침해했음을 이유로 특허침해금지 가처분을 제기하였다. 이에 C사는 B사의 3건의 특허에 대한 무효심판을 청구하였고, B사는 S전자와 NDA 체결 후 테스트하고 있던 제품이 B사로로 넘어갔다는 것을 확인하고 다시 C사를 상대로 영업비밀침해소송을 제기하였다.

B사는 결국 대법원까지 가는 긴 소송을 통하여, C사가 제기했던 특허침해소송에서 이겼음은 물론 C사의 특허를 무효 시켰고, 영업비밀침해 사건에서도 유리한 위치에 서게 되었다. 그러던 중, S전자의 중재로 양사는 모든 소송을 취하하고, C사가 B사에게 사용한 그동안의 소송비용을 배상하고, B사는 S전자에 제품을 납품하는 선에서 합의하였다.

토/의/문/제

1. B사는 신기술을 개발하고도 C사에 의해서 특허소송에 휘말리게 되어 S전자에 신제품을 납품하는 시기도 지연되고, 막대한 소송비용을 부담하는 등 많은 손해를 보게 되었다. C사가 제기한 모든 소송에서 승리하였음에도 실질적으로 B사가 손해를 보았다고 여겨지는 이유는 무엇일까? 특허경영전략의 입장에서 생각해보자.

2. C사는 B사를 상대로 한 모든 소송에서 패소하였음에도 여러건의 소송을 제기하였는데 그 이유는 무엇일까? C사는 소송패소로 인하여 손해만 본 것일까?

3. 위 사례에서 B사는 신기술이 적용된 제품을 국내 대기업에 납품하기 위한 테스트를 진행 중에 위와 같은 소송에 휩쓸리게 되었다고 한다. 중소기업이 대기업에 납품할 때 지식재산권 관점에서 주의해야 할 것을 토의해보자.

Chapter 06

그룹 프로젝트

다. 지식재산권 보유 현황

① 특허출원 1건	② 11월, 추가적인 특허 출원 예정
▣ 출원날짜 : 2014. 01. 20. ▣ 출원번호 : 10 – 2014 – 0006748 ▣ 출원인 : 성정학, 하태복	▣ 상부 케이스 및 하부 케이스 ▣ 용지 삽입구 모양 변형 가능 ▣ 카트리지 고정형 ▣ 복수개의 롤러

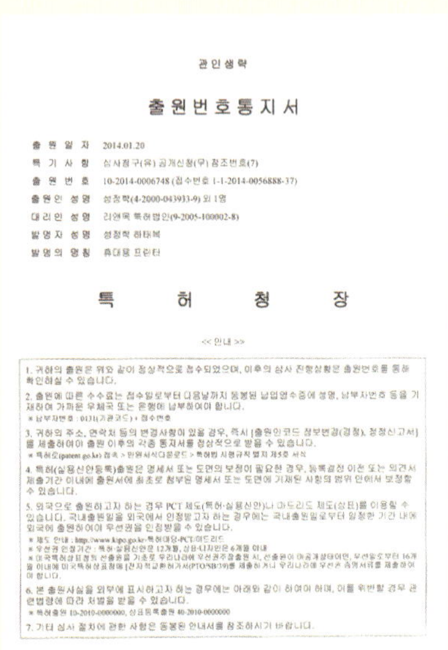
관인생략

출원번호통지서

출 원 일 자	2014.01.20
특 기 사 항	심사청구(유) 공개신청(무) 참조번호(7)
출 원 번 호	10-2014-0006748 (접수번호 1-1-2014-0056888-37)
출원인 성명	성정학(4-2000-043933-9) 외 1명
대리인 성명	리앤목 특허법인(9-2005-100002-8)
발명자 성명	성정학 하태복
발명의 명칭	휴대용 프린터

특 허 청 장

<< 안내 >>

1. 귀하의 출원은 위와 같이 정상적으로 접수되었으며, 이후의 심사 진행상황은 출원번호를 통해 확인하실 수 있습니다.

2. 출원에 따른 수수료는 접수일로부터 다음날까지 동봉된 납입영수증에 성명, 납부자번호 등을 기재하여 가까운 우체국 또는 은행에 납부하여야 합니다.

〈출원번호 통지서〉

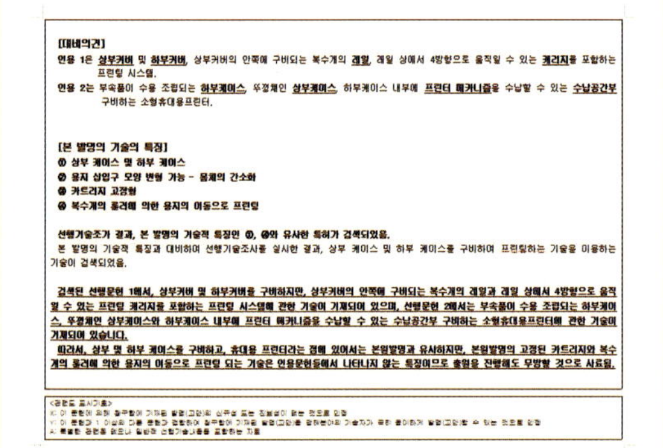
[대비의견]

인용 1은 **상부커버** 및 **하부커버**, 상부커버의 안쪽에 구비되는 복수개의 **레일**, 레일 상에서 4방향으로 움직일 수 있는 **캐리지**를 포함하는 프린팅 시스템.

인용 2는 부속품이 수용 조립되는 **하부케이스**, 뚜껑체인 **상부케이스**, 하부케이스 내부에 **프린터 메커니즘**을 수납할 수 있는 **수납공간부** 구비하는 소형휴대용프린터.

[본 발명의 기술의 특징]

① 상부 케이스 및 하부 케이스

② 용지 삽입구 모양 변형 가능 – 몸체의 간소화

③ 카트리지 고정형

④ 복수개의 롤러에 의한 용지의 이동으로 프린팅

선행기술조사 결과, 본 발명의 기술적 특징인 ①, ④와 유사한 특허가 검색되었음.

본 발명의 기술적 특징과 대비하여 선행기술조사를 실시한 결과, 상부 케이스 및 하부 케이스를 구비하여 프린팅하는 기술을 이용하는 기술이 검색되었음.

검색된 선행문헌 1에서, 상부커버 및 하부커버를 구비하지만, 상부커버의 안쪽에 구비되는 복수개의 레일과 레일 상에서 4방향으로 움직일 수 있는 프린팅 캐리지를 포함하는 프린팅 시스템에 관한 기술이 게재되어 있으며, 선행문헌 2에서는 부속품이 수용 조립되는 하부케이스, 뚜껑체인 상부케이스와 하부케이스 내부에 프린터 메커니즘을 수납할 수 있는 수납공간부 구비하는 소형휴대용프린터에 관한 기술이 게재되어 있습니다.

따라서, 상부 및 하부 케이스를 구비하고, 휴대용 프린터라는 점에 있어서는 본원발명과 유사하지만, 본원발명의 고정된 카트리지와 복수개의 롤러에 의한 용지의 이동으로 프린팅 되는 기술은 인용문헌들에서 나타나지 않는 특징이므로 출원을 진행해도 무방할 것으로 사료됨.

〈선행기술 조사 보고서〉

창업자 관점 기술 특허

핵심특허는 출원했지만 주변 특허는 비용 부담이 크다(7개 정도). 세밀한 기술을 등록하는데 드는 비용이 더 많이 들어 특허 등록을 보류했다.

| 문제점

특허 비용 등의 문제로 주변기술의 자산화를 보류하는 경향이 많다.

투자자 관점 기술 특허

기술자산은 무조건 필요하며 차별화 관점에서 매우 중요하다. 모든 것을 자산화 해라!

토/의/하/기

1. 주만지의 프린터 기술 중 핵심특허와 주변특허를 구분해 보자.
   (전체 사업계획서(부록첨부)의 아이템 개발내용 참고)
2. 자산화하여 보호할 수 있는 주변특허가 무엇이 있는지 알아보자. (5개 이상 검토)
3. 적은 비용으로 기술을 자산화하기 위한 방법은 무엇이 있는지 알아보자.
4. 특허등록이 되면 그것을 유지하기 위한 비용이 발생한다. 당장 특허를 통해 자산화하는 것이 옳은 결정인가?

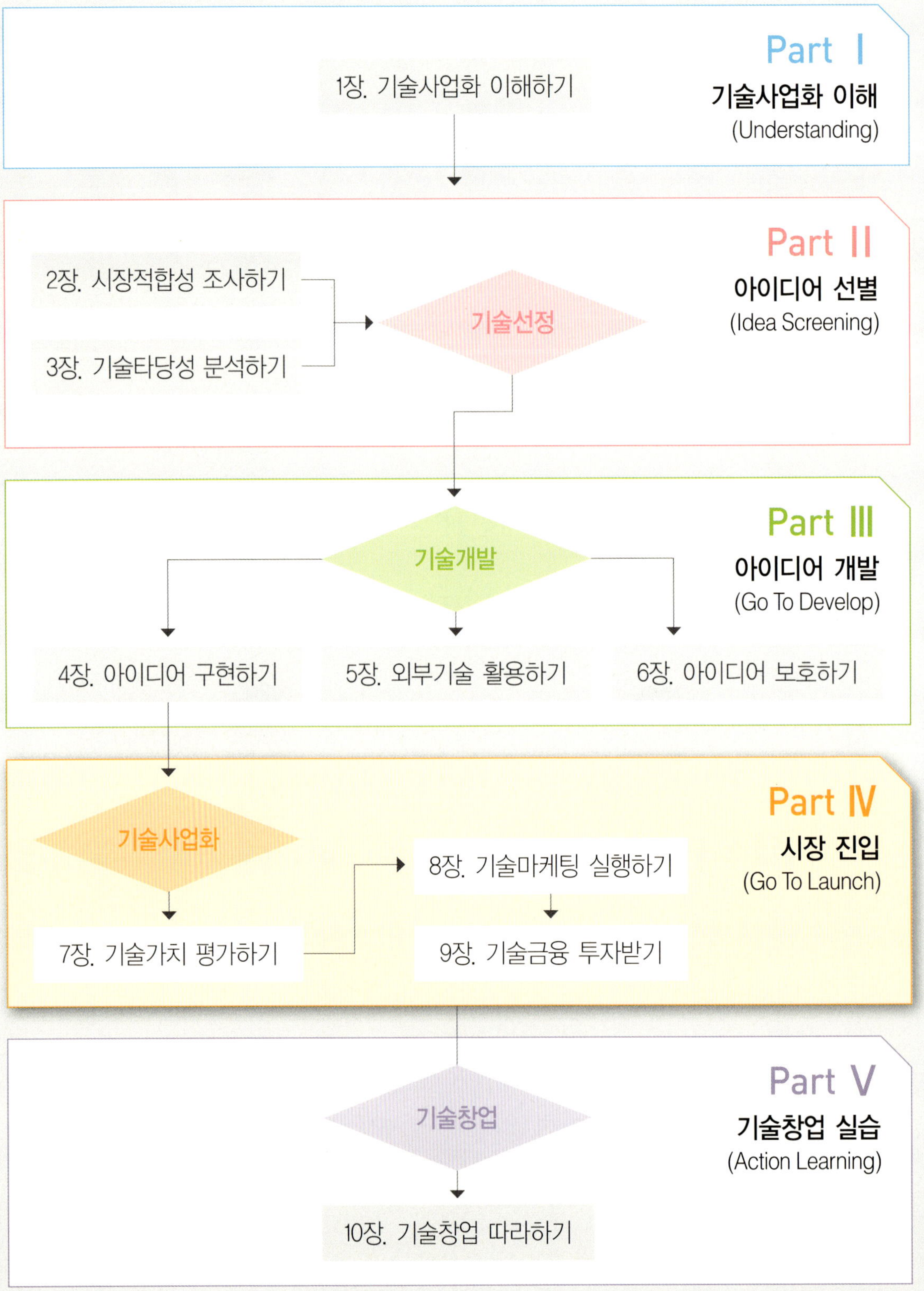
Part Ⅰ
기술사업화 이해
(Understanding)
1장. 기술사업화 이해하기
Part Ⅱ
아이디어 선별
(Idea Screening)
2장. 시장적합성 조사하기
3장. 기술타당성 분석하기
기술선정
Part Ⅲ
아이디어 개발
(Go To Develop)
기술개발
4장. 아이디어 구현하기
5장. 외부기술 활용하기
6장. 아이디어 보호하기
Part Ⅳ
시장 진입
(Go To Launch)
기술사업화
7장. 기술가치 평가하기
8장. 기술마케팅 실행하기
9장. 기술금융 투자받기
Part Ⅴ
기술창업 실습
(Action Learning)
기술창업
10장. 기술창업 따라하기

Go To Launch

시장 진입

Part IV

Chapter 7

4부 시장 진입

기술가치 평가하기

학습목표 1

기술이전의 목적과 절차를 이해하고 계약체결에 대하여 파악할 수 있다.

학습목표 2

기술가치평가가 필요한 이유를 설명할 수 있다.

학습목표 3

3가지 기술가치평가방법에 대해 이해할 수 있다.

학습목표 4

기술가치금액을 높일 수 있는 전략을 알 수 있다.

Chapter 07

단원도입사례

청년 창업 기술이전의 장을 열다

국내 A대학 기계로봇에너지 공학과 전공학생들로 이루어진 청년 창업단은 2016년 1월 8일 제이에스피(JSP)로의 기술이전에 성공했다. A대가 글로벌로직스에 이전한 기술은 '카트 자동화 시스템'에 관련된 특허로, 마트에서 카트를 계산대로 자동으로 이동시켜 계산시간을 획기적으로 단축, 고객에게 편의를 제공할 수 있을 것으로 기대를 모으고 있다.

나의 기술과 아이디어를 중소기업 또는 대기업 등에 어떻게 팔 수 있을까? 이 장에서는 기술창업기업의 창업(개발)자가 보유한 기술을 팔고 이전할 수 있는 방법 및 절차에 대해 알아본다. (앞서 6장, '외부기술 활용하기' 부문은 기술 도입자 관점에서 기술이전의 개념을 보다 자세하게 설명하고 있다.)

7.1. 내 기술 팔아보기

7.1.1. 기술이전 목적

기술 공급자 관점에서 보유 기술을 기술의 도입을 원하는 기업에 이전하는 것은 그 목적이 기업의 전략적 차원에서 고려해야 한다. 단순히 기술을 판매하여 수익을 창출하려는 것인지, 기술을 이전하고 기술이 반영된 제품을 가지고 싶은 건지, 상호 실시권에 따른 전략적인 제휴를 위한 것인지 등을 사전에 검토하여 그 목적을 명확하게 해야 한다.

이는 적합한 기술료를 책정하고 마케팅 전략을 수립하기 위한 것이다. 이전하는 기술이 경쟁사로 유출되어 오히려 원하지 않는 결과로 나타나지 않기 위해 명확한 전략을 수립해야 한다. 대부분 대학 및 지원 연구소에서 기술을 이전하며, 이는 공익 차원의 것이 많으므로 기술 비용에 치중된 목적보다는 사업화에 보다 높은 비중을 두는 데 그 목적이 있다.

7.1.2. 기술이전 절차

기술이전은 〈그림 7.1.〉과 같은 절차로 이루어진다. 수요자와 공급자의 관점마다 단계별 수행 내용은 각기 다르다.

〈그림 7.1.〉 기술이전 절차

출처 : 기술사업화 이론과 실제, 2013

다시 말해, 기술을 이전하려는 목적이 무엇인지를 명확하게 정의를 한 후 이에 적합한 전략과 마케팅 계획을 수립하고, 수익을 창출 할 수 있는 조건 협상과 계약 체결이 이루어진다. 이후 쌍방 간의 초기 계약에 따른 조건 이행과 관리가 이루어진다.

7.1.3. 기술이전 전략

기술 이전의 목적을 명확히 하였다면, 어떤 방법과 수단으로 기술 이전을 추진할 것인가를 결정해야 한다. 이는 기술이전 할 고객을 먼저 규명해야한다. 이미 알고 있는 비즈니스 관계자인지, 아니면 다수 공공의 이익으로 기술이전의 혜택을 부여할 것인지 등을 기업 경영 목표와 맞물려 전략을 수립해야 한다. 시장의 규모에 따라 그 전략도 판이하게 달라질 수 있다.

시장의 규모가 불명확하거나 작을 시 기술 매각 전략을 수립하는 것이 유리하며, 시장의 규모가 크고 명확할 경우는 실시권이 유리할 수 있다. 어느 상황이든 전략을 먼저 수립하고 기술이전 조건을 검토하는 것이 더 유리하며, 기술이전료도 미리 책정해 놓는 것이 좋다.

7.1.4. 기술이전 협상

다음 〈그림 7.2.〉와 같이 기술이전 협상이 진행된다. 기술과 기술공급자에 대한 탐색이 끝나면 기술이전 계약서에서 다루어야 할 중요한 조건과 부수적 조건을 협상해야 한다. 이때 해당기술에 대한 지식재산권의 권리가 확보되어 있는지, 상품화가 가능한 지를 조사하여 그 결과를 기술이전 조건협상에 반영한다. 즉, 기술창업기업에서는 조사결과를 바탕으로 기술공급자가 제시하는 조건에 대한 문제를 제기하고 좀 더 유리한 조건의 계약을 체결해야 한다. 협상에서는 중요한 조건을 우선적으로 진행하되, 쉽게 접근할 수 있는 것부터 합의를 도출하는 것이 바람직하다. 다만, 중요한 조건들은 기술료와 연계하여 조건의 양보 여부를 결정하는 것이 바람직하다. 즉 기술료 증감과 추가 연구개발 지원 등의 조건들을 연계하여 조정하도록 협상력을 키워나가야 한다.

〈그림 7.2.〉 기술이전협상을 위한 단계별 업무 흐름도

출처 : 기술이전 업무매뉴얼, 한국산업기술진흥원, 2010

7.1.5. 기술이전 계약체결

이전조건에 대한 협상이 끝나면, 이를 총체적으로 정리한 기술이전 계약서를 작성하여 기술공급자와 기술도입자가 함께 서명날인 함으로써 기술이전계약이 성사된다. 이때 계약체결에서 계약당사자가 법적인 행위능력, 권리능력이 있는지 등을 파악해야 하며, 서명날인이나 기명날인의 당사자가 계약서상의 계약당사자가 아니라면 대리행위를 하게 하거나 다른 방법으로 유효한 계약이 될 수 있도록 조치해야 한다.

기술이전을 위한 계약과정은 〈그림 7.3.〉과 같이 크게 다섯 단계로 구분할 수 있다. (1) 계약 일반사항 점검, (2) 계약적 · 형식적 사항 점검, (3) 계약 공통사항 점검, (4) 기술이전 실제사항을 검토하고, (5) 사후처리에 대한 사항을 검토한다.

〈그림 7.3.〉 기술이전 계약체결 시 단계별 점검항목 예시도

계약일반사항체크	계약효력발생요건 – 실현가능성, 확장성, 적법성, 사회적타당성, 등록요건 당사자 – 법인, 개인
계약서 형식적사항 체크	당사자 특정, 계약대상물 특정, 채권채무 명확성, 효력발생요건, 기명날인
계약공통사항 체크	전문, 비밀유지, 불가항력, 분쟁처리, 손해배상, 권리이전 / 등록, 계약내용의 변경, 일부무효, 기존계약과의 관계, 통지, 해제와 해지, 유효기간, 계약종료시의 조치, 미규정 사항의 협의, 후문, 부록
기술이전 실제사항 체크	실시권허여조항, 기술정보제공조항, 기술원조조항, 계약정보의 보호조항, 선불금 및 정산기술료, 회계자료조항, 기술공급자로부터 제품구매조항, 기술공급자로부터 기구 및 설비 구매조항, 기술도입자의 계약제품 수출조항, 침해소송조항, 계량기술조항, 품질관리조항, 독점적 상표사용조항, 중재조항, 통지조항
사후처리 체크	

출처 : 기술이전 업무매뉴얼, 한국산업기술진흥원, 2010

기술이전계약은 기술이전 표준계약서를 활용하여 적법하고 공정하게 작성된 계약서에 의하여 체결되어야 하며, 기관별로 고유 사정을 반영하여 다르게 정할 수는 있으나, 정부가 보급하는 종별 표준계약서의 활용을 원칙으로 한다.

7.1.6 표준계약서

표준계약서는 크게 서문, 본문, 말미 및 부록으로 구성되며, 표준계약서의 핵심인 본문은 용어의 정의, 실질조항과 일반조항으로 이루어져 있다. 용어의 정의는 계약서에 기술된 용어 및 문구의 의미와 범위를 구체적으로 규정하며, 계약 해석과 권리의무에 영향을 준다. 실질조항은 당사자 간의 권리의무의 핵심부분으로 협의가 가능한 부분이다. 일반조항은 모든 계약의 공통적인 사항으로 계약기간, 계약의 해지 및 종료, 계약의 수정, 분쟁해결방식 등이 있다.

용어의 정의는 계약서를 해석하는 기준으로 이를 정확히 이해해야 당사자 간의 계약서 해석에 관한 분쟁을 피할 수 있다. 특히 '상업화', '매출액', '생산개시일' 의 정의는 기술료 산정과 밀접하게 연결되기 때문에 분명하게 이해할 필요가 있다.

제O조(용어의 정의)

본 계약의 적용을 위한 용어는 다른 특별한 언급이 없는 한 다음 각 호의 의미로 사용된다.

1. 본 계약에서 '계약기술' 이라 함은 하기에 명시한, '甲' 이 보유하고 있거나 출원 중인 지식재산권 또는 '甲' 이 보유하고 있는 기술 또는 Know-How를 말한다.
   - 특허 제 ****************** (등록)
   - US Patent *************************** (등록)
2. 본 계약에서 '실시' 라 함은 대한민국 특허법 제2조 제3호 각 목의 1에 해당하는 것을 말한다.
3. 본 계약에서 '계약제품' 이라 함은 '계약기술' 을 적용하여 제조한 제품 및 생산장치를 말하고, 중간체 또는 원료를 생산 판매하는 경우 그 중간체 또는 원료를 포함한다.
4. 본 계약에서 '개량기술' 이라 함은 '계약기술' 을 개량, 대체, 확장 또는 추가한 기술을 의미한다.
5. 본 계약에서 '선행기술' 이라 함은 '계약기술' 을 개발하기 위해서 '甲' 이 이전에 개발한 기술을 의미한다.

6 본 계약에서 '파생기술' 이라 함은 '계약기술' 에서 갈려 나왔고 '甲' 이 개발한 기술을 의미한다.

7 본 계약에서 '관련기술'이라 함은 '계약기술'과 관련되었지만 계약에 포함되지 않는 '甲' 이 개발한 기술을 의미한다.

8 본 계약에서 '상업화' 이라 함은 '계약제품' 을 판매하여 매출을 올린 것을 의미한다.

9 본 계약에서 '매출액' 이라 함은 본 계약 '계약제품' 의 국내외 총 매출액을 말한다.

10 본 계약에서 '생산개시일' 이라 함은 '계약제품' 을 최초로 생산한 날을 말한다.

기술료에는 계약 시 지불하는 선급기술료와 매출이 발생했을 때 매년 지불하는 경상기술료가 있다. 통상적으로 경상기술료는 매출액 혹은 영업이익의 일부를 지급하며, 생산개시일로부터 계약기간동안 지급하게 된다. 실무적으로 경상기술료의 근거가 되는 매출액 혹은 영업이익은 당사자 간의 분쟁의 소지가 있으므로 회계법인의 감사를 통해 그 근거를 산출한다.

제O조(기술료의 정산 및 보고)

1 '乙' 은 매년 1월 1일로부터 12월 31일까지의 기간 동안 발생한 기술료를 정산하여 익년도 2월 28일까지 납부하여야 한다. 단, '생산개시일' 이 당해 연도의 6월 30일을 초과한 경우에는 익년도에 포함하여 정산하며, 만료 연도에는 만료일로부터 60일 이내에 납부하여야 한다.

2 '乙' 은 본 '계약기술' 을 이용한 제품의 '생산개시일' 을 '甲' 에게 서면 통지하여야 한다.

3 '乙' 은 기술료 및 그 산출근거를 기재한 실시보고서와 이를 증빙하는 서류를 회계법인이 발행하는 회계감사보고서와 함께 실시료 지급 시에 '甲' 에게 제출하여야 하며, 관련 회계기록 및 근거자료를 5년간 보관하여야 한다. 단, '甲' 은 필요에 따라 직접 또는 '甲' 이 선정한 대리인을 파견하여 본 항의 실시보고서 및 회계감사보고서를 실사할 수 있으며 '乙' 은 이에 성실히 협조하여야 한다.

4 제3항에 따른 실사결과 '乙' 이 '甲' 에게 지급하여야 할 기술료 차액이 발견되는 경우 '乙' 은 그 차액을 '甲'에게 지급하여야 하며, 차액이 5% 이상인 경우 실사를 위한 제반 비용을 '乙' 이 별도로 부담하여야 한다.

5 제5항 또는 제4조 제4항의 경우 손해배상 청구에 영향을 미치지 아니한다.

일반적으로 기술공급자들은 대학 혹은 공공연구기관이고 기술수요자는 중소기업으로, 공급자들이 수요자에 비해 우월한 지위를 갖는 경우가 대부분이다. 이에 따라 공급자에게 유리한 계약서를 실무적으로 접하게 되는데, 대표적인 것인 '보증의 일부면책 및 불가쟁' 조항이다.

계약기술이 특허인 경우 특허가 무효가 되거나 등록유지에 필요한 특허연차료 납부 관련 문제가 발생할 수 있다. 이때 기술공급자들이 '보증의 일부면책 및 불가쟁' 조항에 특허유효성 및 등록유지를 책임지지 않는다는 내용을 삽입하는 경우가 있으므로 기술창업기업은 이에 유의할 필요가 있다. 또한 기술을 실시하면서 제3자로부터 특허침해 소송이 발생하는 경우 기술공급자들이 고의적으로 행한 과실이 아니면 책임을 지지 않는다는 사실도 명심했으면 한다.

제○조(보증의 일부면책 및 불가쟁)

1. '甲' 은 본 '계약기술' 의 특허유효성 및 등록유지를 보증하지 않으며, '乙' 에 의한 본 '계약기술' 의 실시가 제3자의 특허권 기타 산업재산권을 침해하지 않음을 보증하지 않는다. 또한 '계약기술' 의 실시로 인해 '乙' 에게 발생한 제3자에 대한 기술료의 지불을 포함하여 '乙' 의 어떠한 손실에 대해서도 '甲' 은 책임을 지지 않는다.
2. 다만, '甲' 은 이전 대상이 되는 기술을 '乙' 이 실시함에 있어, 제3자의 특허를 "고의 또는 중과실" 로 침해하지 않음을 보증하며, 계약일 이후 제3자로부터 '甲' 의 "고의 또는 중과실" 로 인한 특허권리 침해로 인한 분쟁이 발생할 경우, '甲' 의 책임 하에 분쟁을 해결하고, 그에 따른 비용은 '甲' 이 부담하며, 분쟁결과 제3자의 권리를 침해한 경우, 그에 따른 '乙' 의 손해를 전부 배상하여야 한다.
3. 본 '계약기술' 과 관련하여 제3자가 소송이나 청구를 제기한 경우 상대방에게 그 사실을 즉시 통보하고 상호이익을 위해 협력한다.
4. '乙' 이 직접 또는 간접적으로 본 계약에 관련된 기술의 특허의 유효성을 다툰 경우에 '甲' 은 본 계약을 해지할 수 있다.

7.1.7. 기술이전 조건이행과 사후관리

계약서 작성과 날인으로 계약이 성립되면 서로 합의한 계약서의 조건을 순차적으로 이행하게 된다. 기술공급자는 기술이전하기 위한 서류의 제공, 권리이전 절차상의 협조, 기술지도의 의무를 이행하고, 그 반대급부로 금전적 수입을 얻게 된다. 이와 반대로 기술 도입자는 현금을 제공하고 반대급부로 기술을 이전받게 된다.

기술이전 계약이 성사된 이후 계약서에 명시된 대로 계약조건이 성실하게 이행되는지에 대한 사후관리가 필요하다. 이는 정상적으로 계약이 이행되는 경우와 그렇지 않은 경우로 분리하여 고려할 수 있다. 정상적으로 계약이 이행되는 경우에는 원만하게 계약이 종결될 수 있도록 하는 차원에서 사후관리가 대부분을 차지하겠지만, 계약이 정상적으로 이행되지 않는 경우에는 계약이행의 촉구, 채무의 변제, 계약의 해지 등 일련의 법적 수단이 동원되는 사후관리 절차에 착수하게 된다.

7.2. 내 기술은 얼마일까?

7.2.1. 기술가치 평가, 왜 하나?

현재와 같이 기술이 고도화되고 첨단화되어 가는 상황에서 혁신적인 기술은 학교, 연구소, 기업 등에서 지속적으로 양산되고 있다. 이렇게 생산된 기술들 중 대부분은 사업화를 목적으로 개발된 것이며, 따라서 기업의 영업활동에 기술이 미치는 영향이 클 수밖에 없다. 그와 관련하여 다양한 이유로 기술의 가치를 돈으로 환가하려는 요구가 발생한다. 즉 기업이 이익을 창출하는 데에는 여러 가지 요소가 있지만, 그 중에 기술이 기여하는 정도가 어느 정도인지 알고 싶어한다. 기업에서 기술의 기여도를 추출하는 것이 바로 **기술가치평가**이다.

산자부의 기술평가기준 운영지침에 따르면 기술가치평가의 목적은 이전 · 거래, 금융, 현물출자, 전략, 청산, 소송, 세무, 기타 등 〈표 7.1.〉과 같이 8가지로 구분된다. 그 중 몇 가지 목적에 대해 간단히 설명하고자 한다. 기술가치평가의 목적은 다양하지만, 결국엔 가치를 창출할 수 있는, 즉 돈을 벌 수 있는 기술을 보유하는 것이 기술가치평가의 전제 조건이 된다.

〈표 7.1.〉 기술가치평가의 목적과 용도

이전 · 거래 기술의 매매, 라이선스 가격 결정	**금융** 기술의 담보권 설정 또는 투자 유치
청산 기업의 파산 또는 구조조정에 따른 자산평가, 채무상환계획 수립	**전략** 기업의 가치 증진, 기술사업화, 분사(spin-off), 장기 전략적 경영계획 수립
세무 기술의 기증, 처분, 상각을 위한 세무계획 수립 및 세금 납부	**소송** 지식재산권 침해, 채무불이행, 기타 재산 분쟁 관련 소송
현물출자 기술 또는 지식재산권의 현물출자	**기타** 특례상장 등

출처 : 산업통상자원부, 2014.

(1) 이전 · 거래

기술 이전 혹은 거래를 통해 기술공급자에게서 기술수요자로 기술이 이동하기 위해서는 기술공급자가 기술수요자에게 그에 상응하는 대가, 즉 돈을 지불해야 한다. 따라서 거래 성사에 필요한 기술의 가격을 산정해야 하는데, 이 때 필요한 것이 바로 기술가치평가이다. 기술공급자 입장에서는 높은 가격을, 기술수요자 입장에서는 낮은 가격을 선호하기 때문에 당사자 간에 이해관계가 충돌할 수밖에 없다. 실무적으로 보면 이해당사자가 합의한 기관에서 산출한 기술가치평가 금액을 수용하든지, 개별 당사자 각자가 산정한 기술가치금액을 놓고 협상을 진행한다.

한국전자통신연구원, 서울대, 한국과학기술연구원 등의 공공연구기관들이 보유한 기술을 민간 기업에 이전하는 경우에는 공공연구기관에서 기술가치금액을 자체 산출하거나 기술보증기금과 같은 공공기술거래기관을 통해 산출하게 된다. 보통 이런 경우 기술수요자인 기업에서 이를 인정하는 편이다. 공공연구기관은 기술이전을 통한 수익 창출 보다는 기술이전을 통한 사업화 에 관심이 높기 때문에 기업에서 수용할 수 있는 기술가치금액을 제시하는 것으로 판단된다.

산자부에 따르면, 2014년 기준 공공연구기관의 기술이전건수는 8,524건, 기술이전료 수입은 140,332백만 원으로 조사되어, 기술건당 기술료 수입은 16.4백만 원 수준이다. 공공연구기관의 이전 기술 중 85.3%가 중소 · 중견기업으로 이전되고 있는 상황을 감안한다면, 기술건당 기술료 수입 금액 16.4백만 원은 중소 · 중견기업이 부담할 수 있는 수준이라고 판단된다. 또한 대기업에 비해 사업능력이 부족한 중소 · 중견기업의 사업화 역량을 기술가치평가 시 고려한 것으로 판단된다.

공공연구기관의 기술이전 · 거래에는 이해당사자가 기술가치금액에 대해 마찰이 적을 수 있으나, 기업 대 기업으로의 기술이전 및 거래는 가치금액에 대해 매우 민감하게 반응할 수밖에 없다. 따라서 기술공급자 및 기술수요자가 개별적으로 기술가치금액을 산정하거나 외부 기관에 의뢰하여 산정한 가치금액을 제시하게 된다. 즉 상호 이해관계가 충돌되기 때문에 각 주체별로 자신에게 유리하게 기술가치금액을 산정할 수밖에 없다.

결국 당사사간에 기술가치금액의 차이는 필연적으로 발생하고 이는 협상을 통해 해결할 수밖에 없다. 참고로 산자부에 따르면 2014년 민간거래기관의 기술거래건수는 399건이며 거래금액은 159억 원으로 기술건당 거래금액은 39.3백만 원으로 계산된다.

이는 공공연구기관의 기술료수입 16.4백만 원의 2배 이상으로, 민간거래기관을 통해서는 주로 기업 대 기업의 기술이전이 성사되는 점을 고려하면 쉽게 이해가 간다.

(2) 금융

기술 특히 지식재산권(IP)의 가치평가를 통해 금융기관으로부터 보증, 대출 및 투자를 유치할 수 있다. 즉 금융기관들이 중소기업의 기술가치평가를 통해 산출된 기술의 가치금액을 기반으로 보증, 대출 및 투자를 진행하는 것이다. 우수한 기술을 보유하고 있으나 자기자본 및 자금 조달능력이 부족한 중소기업들이 주로 활용할 수 있다.

전문가 Tip

어떠한 기술금융을 활용할 수 있을까?

기술보증기금에서는 특허가치평가연계보증을 제공하고 있는데, 중소기업이 보유한 특허기술의 가치평가를 통해 대출에 필요한 보증서를 은행에 제공하고 있다. 기술보증기금의 일반적인 보증은 중소기업의 기술 사업타당성평가를 통해 필요한 운전자금과 시설자금을 지원하는 반면에, 특허가치평가연계보증은 특허기술의 가치금액 한도에서 보증을 지원할 수 있는 상품으로 초기창업기업과 매출액이 부진한 경우 요긴하게 활용될 수 있다. 특허가치평가연계보증은 일반 보증에 비해 평가료가 고액(통상 5백만 원)이나 발명진흥회, 기업은행, 국민은행 등을 통해 지원 받을 수 있다.

산업은행과 기업은행은 중소기업이 보유한 특허기술의 가치금액을 평가하여 이를 담보로 직접 대출을 공급하는 IP 담보 대출 상품을 운용 중이다. 가치평가의 공신력을 보장하기 위해 특허청, 한국발명진흥회 등과 협업을 진행하고 있다. 특허가치평가연계보증과 마찬가지로 특허가치평가에 필요한 평가료를 발명진흥회에서 지원하고 있다.

산업은행에서는 중소기업의 지식재산권을 활용(취득 · 매각 · 유동화 등)하는 'IP 펀드' 를 출시하였다. IP 펀드는 중소기업이 보유한 지식재산권을 활용하여 특허소송, 로얄티 협상 등을 직접 추진함으로써 수익을 창출한다. 2015년 9월 기준 총 9건, 4350억 원 규모의 IP펀드가 조성되어 있다.

(3) 현물출자

주식회사는 자본금이 있어야 하는데, 현금이 아닌 재산, 즉 현물로 자본금을 출자할 수 있다. 이 현물에는 토지, 건물, 기계장치 등의 유형자산도 있지만 특허권과 같이 무형자산도 가능하다. 특히 벤처기업의 경우에는 특허권, 실용신안, 디자인 등의 지식재산권 뿐만 아니라 이에 준하는 기술도 현금 대신 자본금을 출자할 수 있게 규정해 놓았다[1]. 이를 위해서는 법원이 인정한 감정인이 지식재산권 등에 대한 가치평가를 진행해야 한다.

현금이 부족한 기술창업기업이 자본금을 증자할 수 있는 해결책으로, 대표자 혹은 이해당사자가 소유하고 있는 개인의 지식재산권 등을 기업에 주고 대신 주식을 받는 방식이다. 이 과정에서 기술가치평가는 개인의 지식재산권 등의 가치를 금액으로 환산해 주는 것이다. 엄격한 법률절차인 만큼 법원에서 인정한 공인된 감정인만이 가치평가를 진행할 수 있는데, 대표적인 감정인으로는 기술보증기금이 있다. 또한 정부출연연구소에서 연구소기업을 설립하면서 현금 대신에 정부출연연구소이 보유한 기술을 현물로 출자하기도 한다. 정부출연연구소 연구기관으로서 현금보다는 기술을 보유하고 있기 때문에 이 같은 제도를 활용해 연구소기업을 설립하고 있다.

(4) 전략

기업 내부적인 의사결정을 위해 기술가치평가를 진행할 수도 있다. 다양한 기술을 보유한 기업에서 사업화를 추진할 신수종사업을 선정할 때, 대상 기술에 대한 기술가치평가를 진행하여 그 결과에 따라 신수종사업을 선택할 수 있다. 기업뿐만 아니라 정부도 R&D과제 심사 시에 기술가치평가를 통해 과제를 선정하기도 한다. 즉 여러 가지 사안에 대한 최종 선택을 가치금액에 따라 결정하는 것이다.

다른 자산과 마찬가지로 지식재산권을 유지하는 데에는 비용이 수반된다. 따라서 기업이 보유한 지식재산권의 권리기간이나 사업기간 동안 지식재산권을 유지하는데 필요한 비용이 향후 얻게 될 수익보다 더 클 것으로 예상된다면 기업으로서는 지식재산권를 보유하는 것이 부담이 될 수 있다. 따라서 지식재산권의 가치평가를 통해 산출한 가치금액은 계속 보유할 것인지, 외부에 라이센싱(licencing)할 것인지, 아니면 포기할 것인지 여부를 결정하는 의사결정의 기준이 된다. 또한 기업이 보유 기술을 기반으로 기업의 사업부가 독립하는 분사(spin-off) 의 경우 기술가치평가가 필요하다.

1) 벤처기업육성에 관한 특별법 제6조(산업재산권등의 출자특례).

(5) 청산

기업이 파산하여 사업을 정리하는 경우에는 보유 자산을 처분해야 한다. 지식재산권 등의 무형자산도 자산이므로, 처분을 위해서는 가치평가를 통한 금액을 산정해야 한다. 실무적으로는 기술가치평가 시 기업 주체에 대한 요소가 반영되기 때문에 소위 망한 기업이 보유한 지식재산권등의 가치금액이 높게 산정될 수 없다.

(6) 소송

최근 지식재산권의 권리침해 사건이 증가하고 있는 추세로, 권리침해가 확인되면 권리자에게 정당하게 지불되어야 할 지식재산권의 가치 산정해야 한다.

7.2.2. 기술가치평가, 어떻게 하나?

국내에는 기술가치평가를 전문적으로 수행하는 기술보증기금, 한국과학기술정보연구원, 발명진흥회 등과 같은 다수의 평가기관이 존재하므로, 기술창업기업은 이들에게 기술가치평가를 의뢰하면 된다. 따라서 기술창업자들이 기술가치평가와 관련된 전문지식까지 습득할 필요는 없다. 기술가치평가와 관련된 이론과 사례를 간단히 소개함으로써 기술창업자들이 기술가치평가에 대한 이해를 돕고자 한다.

기술가치평가 방법은 평가대상인 기술의 유형과 평가자에 따라 다양하게 존재하는데, 일반적으로 시장접근법(Market Approach), 원가접근법(Cost Approach), 수익접근법(Income Approach)이 사용되고 있다.

(1) 시장접근법은 대상기술과 동일 또는 유사한 기술이 활성시장에서 거래된 가치에 근거하여 비교 · 분석을 통하여 상대적인 가치를 산정하는 방법으로, 시장접근법을 적용할 경우에는 비교 대상과 어느 정도 유사성이 있는지 판단하여 비교 대상과 유의한 차이가 있을 때는 그 차이를 적절히 조정하여야 한다.

Chapter 07

아파트를 매매할 때 일반적으로 공인중개사 혹은 국토부 실거래사이트, 국민은행 홈페이지를 통해 시세를 확인하고 이를 기반으로 매수자, 매도자가 거래대금을 결정하는데 이것이 바로 시장접근법이다. 시장접근법의 핵심은 시장이다. 즉 아파트처럼 거래가 활발한 시장이 있어야 시장접근법이 활용될 수 있는데, 아쉽게도 국내에는 기술이 거래되는 시장은 활성화되지 못하고 있다. 따라서 실무적으로 널리 사용되고 있지는 못하고 있다.

(2) 원가접근법은 대체의 경제 원리에 기초를 두고 동일한 경제적 효익을 가지고 있는 기술을 개발하거나 구입하는 원가를 추정하여 가치를 산정하는 방법으로, 원가접근법을 적용할 경우 기술개발비용, 재생산원가, 대체원가 등 상세한 원가 정보가 필요하다.

원가접근법은 미래 경제적 이익이 불분명한 기술자산을 평가하는데 유용한 방법인 반면에 사업화에 의해 얻게 되는 경제적 이익, 이익산출기간, 투자 리스크, 예상 이익성장률 등의 중요한 요소가 고려되지 않는다는 단점이 있다. 원가접근법을 활용해 원자력발전소의 가치금액을 산정해 본다면, 원자력발전소의 건설비용 혹은 원자력발전소를 대체하는 다른 발전소의 건설비용을 가치금액으로 산정할 수 있다.

원가접근법 사례

2012년부터 2014년까지 3년 동안 총 2,700백만 원을 투자하여 개발된 기술이 있다고 가정 하자. 원가접근법을 이용하여 기술의 가치금액을 산출하기 위해서는 지금까지 신규로 개발했을 때 소요되는 개발비용과 신규 개발기간동안의 기회비용 및 진부화율을 고려하여야 한다. 따라서 기술의 신규 개발비용 2,910백만 원과 기회비용 138백만 원을 합산하고 진부화로 인한 가치감소분 304백만 원을 차감한 2,744백만 원이 기술가치평가금액이다. 실제로는 시간 흐름에 따른 화폐가치의 감소를 고려한 할인율을 적용해야 하지만 여기서는 계산 편의를 위해 생략하였다.

〈지출된 개발 비용〉 (단위 : 백만 원)

	2012년	2013년	2014년
인건비	300	400	400
직접비	200	300	300
간접비	100	100	100
위탁연구개발비	100	200	200
소계	700	1,000	1,000
지출개발비		2,700	

〈원가접근법을 활용한 기술가치평가금액〉 (단위 : 백만 원)

	2016년	2017년	2018년
인건비	350	480	480
직접비	180	280	280
간접비	120	120	120
위탁연구개발비	100	200	200
신규개발비소계	750	1,080	1,080
기회비용	30	54	54
진부화율	0.1	0.1	0.1
소계	702	1,021	1,021
기술가치금액		2,744	

(3) 수익접근법은 대상기술의 경제적 수명기간 동안 기술사업화로 인하여 발생될 경제적 이익을 추정한 후 할인율을 적용하여 현재가치로 환산하는 방법이다. 수익접근법의 가치 산정에는 기술의 경제적 수명, 현금흐름, 할인율, 기술기여도 등 4가지 평가요소의 추정이 필요하다. 기술을 이용하여 발생하는 미래의 현금흐름을 추정하여 기술의 가치를 평가하는 방법으로 기술의 공정시장가치(Fair Market Value)를 구할 수 있다. 수익접근법은 실무적으로 가장 많이 사용하는 방법으로 4가지 요소에 따라 합리적인 가치금액을 산출할 수 있다는 장점이 있다. 반면에 4가지 요소의 정확도가 떨어지면 가치금액의 신뢰도가 하락할 수 있는 치명적인 약점이 있다.

수익접근법에 의한 기술가치평가를 수행하기 위해서는 <그림 7.4.>와 같이 예비평가와 사업타당성평가를 통한 가치평가에 필요한 기술성, 권리성, 시장성, 사업성 분석이 마무리되어야 한다. 4가지 분석 자료는 가치금액 산정에 필요한 기술의 경제적 수명, 매출액, 할인율, 기술기여도 등의 다양한 평가요소를 가정하는데 기본적인 근거가 된다. 따라서 이에 대한 분석이 정확하지 않으면 가치금액의 신뢰도가 감소할 수밖에 없다. 기술가치평가를 수행하기 위해서는 먼저 기술을 통해 현금흐름이 발생할 수 있는 기간인 기술의 경제적 수명을 예측한다. 이후 경제적 수명 기간 동안 발생할 매출액을 추정하고, 매출원가, 판관비 등의 재무분석을 통해 현금흐름을 산출한다. 이렇게 산출된 현금흐름에 사업위험 분석을 통한 할인율을 적용하여 순현재가치를 계산할 수 있다. 이렇게 산출된 순현재가치에 기술이 공헌한 비율인 기술기여도를 곱하여 최종 가치금액을 산정할 수 있다.

〈그림 7.4.〉 수익접근법에 의한 기술가치평가 절차

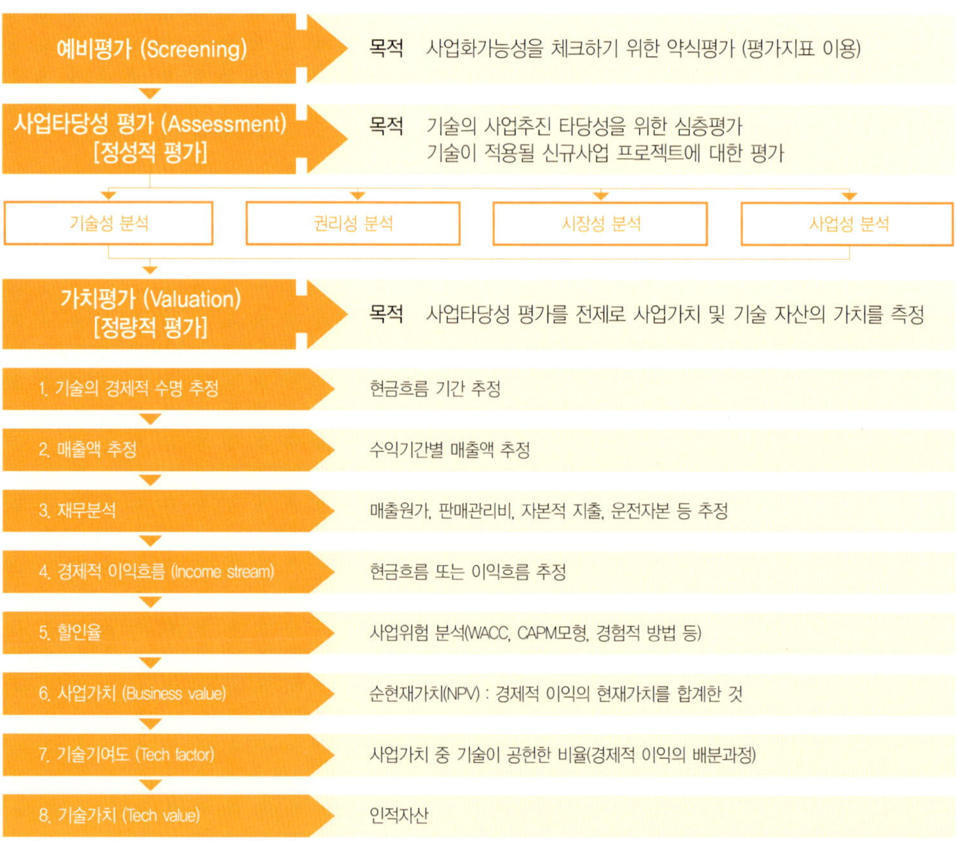

출처 : 기술가치평가 실무가이드, 산업통상자원부, 2014. 12

이와 같이 시장접근법, 비용접근법, 수익접근법 등의 3가지 기술가치평가 방법을 소개했는데, 이 중에 가장 완벽한 방법이 무엇이라고 명확히 말하기가 어렵다. 각 방법들의 장단점이 존재하므로, 이해당사자들은 평가대상기술, 목표시장, 사업주체 등에 따라 적합하다고 판단되는 것을 선택해야 한다. 또한 개별 평가방법이 평가구조가 서로 상이하고 각 평가요소의 추정 결과에 따라 가치금액에 편차가 발생할 수 있으므로, 가치금액의 합리성과 객관성을 확보하기 위해서는 복수의 평가법을 활용하는 것이 바람직하다.

기술가치평가방법은 〈표 7.2〉와 같이 기술의 완성도(개발 단계)에 따라 달리 선택할 수 있는데, 기술의 완성도가 높아질수록 가치의 정확도가 높아지며, 가치금액도 상승할 수 있다.

〈표 7.2〉 기술완성도에 따른 기술가치평가방법

가 치	단 계	방 법	정확도
고	상용화	시장접근법/수익접근법	고
↑	개발완료	수익접근법/시장접근법	↑
	개발중	대체원가법/로열티공제법	
저	초기단계	재생산원가법	저

출처 : 기술가치평가 실무가이드, 산업통상자원부, 2014. 12 재인용

대부분의 경우 이해당사자들이 한 가지 방법에 대해 동의하지만, 경우에 따라 다른 견해가 생기면 다른 방법을 사용해 추가적으로 가치평가를 진행할 수도 있다. 기술창업기업의 창업을 준비하는 기술창업자가 기술가치평가 이론에 대한 완벽한 이해를 갖출 필요는 없지만, 다만 3가지 기술가치평가 방법을 알고 대표적인 방법인 수익접근법에서 가치금액을 산정하는 흐름에 대해 이해하는 것이 자신의 기업과 기술평가를 올바르게 평가하고 판단하는 데 도움이 될 것이다.

7.2.3. 가치금액 높게 받으려면

기술창업기업은 기술가치금액을 통해 자금을 유치하거나 기술을 매각해야 하는 입장이므로 가급적 기술의 가치금액을 높게 평가받고 싶을 것이다. 기술가치금액을 높게 평가받기 위해 다음과 같은 사항을 고려해 볼 필요가 있다.

/ 매출이 발생할수록 유리하다

사업성 분석 관점에서 매출이 발생하지 않은 개발 단계와 매출이 발생한 상용화 단계는 큰 차이가 있다. 매출은 기술이 시장에 적용되어 사업화가 가능하다는 것을 입증하는 가장 분명한 근거이기 때문이다. 특히 수익접근법을 사용하여 매출액을 추정하게 될 때 매출 발생 여부는 평가자에게 미치는 영향력이 크다. 매출이 발생한 경우와 달리 매출액이 발생하지 않는 기술에 대해 향후 매출액을 추정하는 것은 불확실성이 크기 때문에 가치금액을 산정하는데 있어 평가자가 판단력이 더욱 중요하게 된다.
즉 평가자의 부담이 커진다는 것이다. 따라서 평가자는 가능한 매출액 추정을 보수적으로 접근할 수밖에 없다. 그 결과 가치금액에는 부정적인 영향이 뒤따를 수밖에 없다. 따라서 가급적 매출이 발생한 시점에서 가치평가를 받는 것이 유리하고, 불가피하게 매출이 없는 상태에서 가치평가를 진행하게 되면 수주계약서, 구매의향서 등의 향후 매출을 구체적으로 입증할 수 있는 자료를 준비하는 센스가 필요하다.

/ 유리한 시점을 찾아라

평가 시점은 매출과 유사한 점도 있지만 약간 다를 수 있어 소개하고자 한다. 기술가치평가는 기본적으로 평가 기준일이 존재하고 가치평가서의 유효기간을 명시하게 되어 있다. 즉 기준일 시점에서 기술가치평가를 수행하고 유효기간을 명시함으로써 가치금액이 상대적으로 변할 수 있다는 여지를 주고 있다. 기술가치금액은 절대적인 것이 아니라 상대적이라는 사실을 명시할 필요가 있다. 동일한 기술을 동일한 기업이 사업화를 추진하더라도 기술의 목표시장의 상황과 기업의 사업능력에 따라 가치금액이 변동할 수 있다. 따라서 목표시장이 우호적으로 성장하고 있고 기업의 사업능력이 향상된 시점에 평가를 받는 것이 유리할 것이다. 그리고 가치금액이 변동할 수 있다는 사실을 명심하고, 현 시점에서 다소 실망스러운 가치금액을 얻었다 하더라도 향후에 부족한 점을 보완하면 가치금액이 상승할 수 있다는 점을 인식하길 바란다.

/ 노하우 보다는 지식재산권으로 확보하자

사업전략에 따라 기술을 반드시 지식재산권으로 확보해야만 좋은 것은 아니다. 지식재산권으로 등록을 하려면 기술을 외부에 노출시킬 수밖에 없기 때문에 외부에 절대 공개해서는 안 되는 핵심 기술은 전략적으로 등록을 피할 수 있다. 하지만 지식재산권으로 등록되어 있는 경우에는 청구항목에 따라 기술의 범위가 명확하게 주어지고 배타적 권리를 확보할 수 있기 때문에 가치평가 시 경쟁기술과의 차별성, 권리성 분석 항목에서 유리하게 작용할 수 있다.

특히 기술가치평가 시 선행기술 대비 진보성, 경쟁기술의 침해 가능성, 권리 범위 등에 대한 권리성 검토를 반드시 수행하고 있어 지식재산권으로 확보하지 않는 경우 불이익이 발생할 수 있다. 그리고 실무적으로 기술에 대해 자세히 설명해 놓은 문서(특허공개공보) 등을 제시하는 것이 평가자가 기술을 이해하는 데 도움이 된다.

/ 기술가치평가 한계 이해

기술가치평가에 대해 대표적으로 오해하는 것이 가치금액이 '절대적' 이라는 것이다. 기술의 가치는 기술의 완성도, 목표시장의 상황, 사업주체의 역량에 따라 언제든지 변동이 발생할 수 있는 점을 이해할 필요가 있다. 특히 이들 3가지 요소들은 평가 시점에 따라 수시로 변하기 때문에 절대불변의 가치금액을 산출한다는 것은 불가능하다고 생각한다.

예를 들어, 개발단계인지 양산단계인지 차이, 목표시장이 성장기인지 성숙기인지 차이, 창업기업인지 중견기업인지 차이에 따라 동일 기술을 동일 기업이 사업화를 추진하더라도 가치금액에 차이가 발생할 수 있다. 또한 동일 기술, 동일 시장이라 하더라도 중소기업이 아니라 대기업이 사업화를 진행한다면, 즉 사업주체가 달라지면 가치금액에 차이가 발생할 수밖에 없다.

Chapter 07

단원요약

- 기술이전에 따른 수익은 연구 개발비 이상의 이익을 창출하는 것이 가능하며, 기술획득의 시간과 비용을 절감하고 새로운 수익 창출의 재무구조를 가질 수 있다는 것이다.
- 기술가치평가의 목적은 이전 · 거래, 금융, 현물출자, 전략, 청산, 소송, 세무, 기타 등 8가지로 구분된다.
- 벤처기업의 경우에는 특허권, 실용신안, 디자인 등의 지식재산권 뿐만 아니라 이에 준하는 기술도 현금 대신 자본금을 출자할 수 있다.
- 기술가치평가 방법은 반적으로 시장접근법(Market Approach), 원가접근법(Cost Approach), 수익접근법(Income Approach)이 사용되고 있다.
- 수익접근법의 가치 산정에는 기술의 경제적 수명, 현금흐름, 할인율, 기술기여도 등 4가지 평가요소의 추정이 필요하다.
- 원가접근법을 적용할 경우 기술개발비용, 재생산원가, 대체원가 등 상세한 원가 정보가 필요하다.
- 각 기술가치평가 방법들의 장단점이 존재하므로, 이해당사자들은 평가대상기술, 목표시장, 사업주체 등에 따라 적합하다고 판단되는 것을 선택해야 한다.

핵심용어 정리

- 기술이전
- 기술이전 절차
- 기술가치 평가
- 기술가치평가방법
- 시장접근법
- 수익접근법
- 원가접근법
- 표준계약서

학습하기

1. 한국과학기술정보연구원의 STAR-Value(www.starvalue.or.kr) 사이트에서 기술가치평가를 직접 실습해 보자.
2. 자신이 보유한 기술 (또는 제시된 기술)에 대해 유리한 기술이전이 될 수 있도록 협상해 보자 (기술공급자, 수용자로 나누어 팀별 논의).
3. 기술가치평가의 3가지 방법을 적용하여 내 기술 (또는 제시된 기술)의 가치가 얼마인지 평가해보자.
4. 제시된 기술의 기술가치금액을 높게 받기위한 전략에 대해 논의해보자.
5. 기술 이전 계약 성사 시, 어떠한 내용이 계약서에 포함되어야 하는지 살펴보자.

참고문헌 및 보충자료

- 박현우, 조성복, 설성수. 기술사업화론. (사)한국기업,기술가치평가 협회, 2013.
- 산업통상자원부, 기술가치평가 실무가이드, 2014.
- 산업통산자원부, 기술평가기준 운영지침,
  (산업통상자원부 고시 제2014-97호, 2014. 06. 18), 2014.
- 산업통상자원부, 2015년 공공연구기관 기술 이전 · 사업화 실태 조사, 2015.
- 설성수, 박현우, James P.Catty. 기술가치평가 사례연구. (사)한국기업, 기술가치평가 협회, 2013.
- 이정구. 21세기 기술사업화, 책과 나무, 2014.
- 여인국, 기술사업화 이론과 실제, 2013.
- 한국산업기술진흥원, 기술이전 업무매뉴얼, 2010.
- Melissa A.Schilling. 기술경영과 혁신전략, 한국맥그로힐(주), 2011.

Chapter 07

단원 사례연구

실제로 수익접근법을 활용해 '저장탱크의 다층 플랜지형 원통유닛 제조' 에 대한 기술가치평가 결과를 사례로 소개하고자 한다. 본 사례는 기술가치 평가 실무요령에 소개된 사례로, 기술수명 10년 동안 현금흐름을 통한 순현재가치금액이 4,352백만 원으로 산출되었으며, 기술기여도 30.56%를 고려하여 기술의 가치금액은 1,330백만 원으로 결정되었다.

가. 기술개요

- 평가대상기술 : 저장탱크의 다층 플랜지형 원통유닛 제조
- 표준산업분류 : 구조용 금속제품, 탱크 및 증기발생기 제조업(D28122)
- 기업규모 : 소기업(상시근로자 29명), 설립연도: 2000.08.
- 산업재산권 : 특허기술(특허출원 : 2001.04., 특허등록 : 2003.12.)
- 특허인용수명 : 판상금속용기 제조(중앙값 : 9년)
- 평가시기 및 목적 : 2007.05., 현물출자용 기술가치 평가

나. 기술의 경제적 수명

- 평가대상기술은 특허 등록된 기술로, 특허인용수명분석 상 "판상금속용기제조" 의 평균값은 9.54년이고 중앙값이 9년이며, 특허출원(2001.04.)일을 고려한 산업재산권의 잔존 법적보호 기간은 14년 4개월임.
- 기술수명을 결정하는 상기 두 독립적인 값들의 차이가 상당히 커서 임의적으로 결정하기가 매우 어렵기 때문에 본 평가에서는 기술수명 영향요인 관련 정량화 평가지표를 고려한 기술수명을 활용하여 다음과 같이 기술의 경제적 수명을 10.67년으로 추정됨. 따라서 최종적인 기술의 경제적수명은 기술수명 영향요인의 정량화 평가지표 범위 내인 10년으로 하여 기술가치 평가를 수행함.

다. 매출액 추정

- 평가대상기업은 동 기술과 관련하여 2006년 10,203백만 원의 매출을 시현하였고, 기술성과 시장분석을 통해 2011년까지는 매출이 지속적으로 성장하는 것으로 전망하였으나 2012년부터는 기술경쟁력이 점차 저하되어 매출이 감소하는 것으로 추정하였음.
- 2007년 이전의 매출은 전액 평가대상기술을 적용한 물탱크 제품으로 구성되어 있고, 2007년 4월말까지 2,016백만 원의 매출을 시현하였음. 동 기술의 경우 관공서 납품 등의 영향으로 관공서의 예산집행이 하반기 많이 이루어지는 측면을 반영하기 위하여 2006.4월을 기준으로 2006년의 매출비중이 2007년에도 계속 적용되는 것으로 가정하여 2007년 매출액을 추정하였음.
- 2008년 매출 추정에는 평가기업의 2007년 추정치의 2006년도 대비 증가율(11.25%)과 저장용 금속탱크업종의 2005년의 전년대비 증가율(17.14%)의 산술평균치인 14.19%를 적용하였음. 이는 평가기업 및 동업종의 매출증가율이 둔화되고 있는 점을 감안하여 보수적으로 산정한 것임.
- 2009년 이후에는 2008년의 성장률인 14.19%가 매년 균등하게(매년 3.55%) 하락하여 2012년에는 0%의 성장률을 달성하는 것으로 추정하였음. 또한, 2013년 이후에는 경쟁업체 출현 등을 고려하여 매년 10% 정도의 매출 감소를 감안하여 더욱 보수적인 기준을 적용하여 평가하였으며, 특히, 매출성장세가 둔화되는 시점인 2011년 이후부터는 평가기업도 신규 사업을 준비하는 시점으로 활용하는 지혜가 필요한 것으로 판단됨.

라. 여유현금흐름 추정

- 평가대상기업은 2000.8월 설립되어 과거 3년 이상 영업실적을 시현하고 있는 기업으로 당해 기업의 과거 재무자료 이용이 가능하지만, 향후 재무비율이 동업종 평균에 수렴하는 것으로 가정하여 제조원가, 판관비, 감가상각비등, 영업이익, 법인세 등 손익계산서 상 각종 재무항목의 추정은 "금속탱크, 저장조 및 유사용기 제조업(D2812)" 업종의 표준재무정보를 이용하여 다음과 같이 추정 손익계산서를 작성함.

단원 사례연구

〈추정 손익계산서〉 (단위 : 백만 원)

구분	재무비율	2007년	2008년	2009년	2010년	2011년	2012년	2013년	2014년	2015년	2016년
매출액	1	11,351	12,963	14,343	15,360	15,905	15,905	14,315	12,883	11,595	10,435
매출원가	0.829	9,410	10,746	11,890	12,733	13,185	13,185	11,867	10,680	9,612	8,651
매출총이익	0.171	1,941	2,217	2,453	2,627	2,720	2,720	2,448	2,203	1,983	1,784
판관비	0.085	965	1,102	1,219	1,306	1,352	1,352	1,217	1,095	986	887
급여	0.027	306	350	387	415	429	429	386	348	313	282
감가상각비	0.003	34	39	43	46	48	48	43	39	35	31
무형자산 상각비	0.002	23	26	29	31	32	32	29	26	23	21
영업이익	0.086	976	1,115	1,233	1,321	1,368	1,368	1,231	1,108	997	897
영업외수익	0.022	250	285	316	338	350	350	315	283	255	230
영업외비용	0.055	624	713	789	845	875	875	787	709	638	574
금융비용	0.022	250	285	316	338	350	350	315	283	255	230
경상이익	0.053	602	687	760	814	843	843	759	683	615	553
특별이익	0.002	23	26	29	31	32	32	29	26	23	21
특별손실											
법인세차감 전 순이익	0.055	624	713	789	845	875	875	787	709	638	574
법인세등	0.011	125	143	158	169	175	175	157	142	128	115
당기순이익	0.044	499	570	631	676	700	700	630	567	510	459

▣ 여유현금흐름의 산출

- 세후영업이익(A)은 영업이익에 (1－법인세/법인세차감전순이익)을 곱하여 얻어짐.

- 감가상각비등(B)은 추정손익계산서 판관비 항목 중 감가상각비, 무형자산상각비 및 제조원가 명세서 중 감가상각비(매출원가×감가상각비비중 3.2%)를 합산하여 산출함.

- 자본적 지출(C)은 총자산증가분(매출액 증가분/총자산회전율(1.13))에 유무형 자산비중(36.1%)을 곱한 값에 당해 연도 감가상각비등을 합산하여 산출함.

- 운전자본 증감(D)은 매출액증가분에 운전자본회전율의 역수 [(1/매출채권회전율(4.56))－(1/매입채무회전율(5.58))＋(1/재고자산회전율(14.29))]를 곱하여 산출함.

- 투자액 회수(E)는 감가상각 잔여액(1,715＝자본적지출 합계－감가상각비 등 합계), 총 운전자본 증감액(25) 과 2006년 기초 유무형 자산(1,619) 및 2006년 기초 운전자본(1,124)이 기술수명이 종료하는 년도에 전액 회수되는 것으로 가정하여 산출함. 다만, 2007년 자본적 지출은 동사의 2006년 무형 자산 합계액(1,619)을 기초 유무형 자산으로 보고 투자액 증가분을 산출하였으며, 2007년 운전자본 증감은 2006년 운전자본(1,124)을 기초 운전자본으로 보고 운전자본 증감액을 산출함.

- 평가대상기업은 매출액이 감소하는 2013년부터 자본적 지출과 운전자본증감이 부(－)의 값을 나타내고 있으며, 할인율 12% 적용 시 2016년까지 미래현금흐름의 현재가치 합계액은 4,352백만 원으로 산출됨.

단원 사례연구

〈추정 여유현금흐름〉

(단위 : 백만 원)

구분	2007년	2008년	2009년	2010년	2011년	2012년	2013년	2014년	2015년	2016년
세후영업이익	781	892	987	1,057	1,094	1,094	985	886	798	718
감가상각비등	358	409	452	484	501	501	451	406	366	329
자본적 지출	2,365	924	893	809	676	501	(57)	(51)	(46)	(41)
운전자본 증감	125	177	152	112	60	0	(175)	(158)	(142)	(128)
투자액 회수										4,482
여유현금흐름	(1,352)	199	394	620	860	1,094	1,668	1,501	1,351	5,698
현가계수	0.893	0.797	0.712	0.636	0.567	0.507	0.452	0.404	0.361	0.322
현금흐름 현재가치	(1,207)	159	280	394	488	554	755	606	487	1,835
현재가치 합계										4,352

마. 할인율 추정

▣ 평가대상기술은 스테인레스 스틸 판재를 이용한 원통형 물탱크 제조기술로, 평가대상기업은 상시 근로자 50명이하의 소기업이고, 2000.1월에 설립하여 현재까지 매출을 정상적으로 시현하고 있어 할인율 추정결과의 기계업종 비상장 소기업_group 3 할인율인 12.0%를 적용함.

바. 기술기여도 추정

- 산업기술요소 : 산업기술요소는 산업업종에서 무형자산이 차지할 수 있는 최대비율에 기술자산이 기여한 비율을 곱하여 산출하며, 동 기술 분야의 산업기술요소 값으로 52.33%를 이용함.
- 개별기술강도 및 기술기여도 : 개별기술강도는 법적인 보호강도와 상업적 우위성으로 구성되며, 법적인 보호강도의 세부항목은 2점, 상업적 우위성 세부항목은 1.2점의 가중치를 부여함. 결과적으로 평가대상기술의 개별기술강도는 100점 만점에서 58.4점으로 나타났고, 산업기술요소를 고려한 기술기여도는 30.56%로 추정되었음.

사. 기술가치 금액

- 기술기여도를 감안한 기술가치 금액은 현재가치 합계액이 4,352백만 원에 기술기여도 30.56%를 곱하여 1,330백만 원으로 결정됨.

출처 : 기술가치평가 실무요령, 지식경제부, 2008

토/의/문/제

1. 단원 사례연구에서는 매출액을 보수적으로 추정하였으나, 긍정적인 시나리오 하에서 매출액을 재추정한 후 산출된 가치금액을 확인해 보자.
2. 기업의 성장단계별로 가치금액에 변동이 발생할 수 있는지 토의해 보자.
3. 기업의 성장단계별로 적합한 가치평가방법이 무엇인지 논의해 보자.

그룹 프로젝트

■ 크린터(Crinter) 개발비용

〈지출된 개발 비용〉

(단위 : 천 원)

	2014년	2015년
인건비	12,000	15,000
직접비	8,000	10,000
간접비	1,000	1,000
소계	21,000	26,000
지출개발비	47,000	

〈원가접근법을 활용한 기술가치평가금액〉

(단위 : 천 원)

	2017년	2018년
인건비	15,000	18,000
직접비	7,800	9,750
간접비	910	910
위탁연구개발비	0	0
신규개발비소계	23,710	28,710
기회비용	1,000	3,000
진부화율	0.1	0.1
소계	22,239	28,539
기술가치금액	50,778	

창업자 관점 기술가치 및 이전

기술 가치를 판단할 수 있는 근거가 부족했고, 매출 위주로 가치를 산정 때문에 정확하게 기술 가치에 의한 가격을 책정할 수 없었다. 따라서, 주로 개발 엔지니어들 인건비 위주로 기술가치 작성하였다.

| 문제점

기술가치 평가기준이 없기 때문에 기술에 대한 가치평가와 가격책정이 어렵다.

투자자 관점 기술가치 및 이전

기술이전 시 자신의 기술이 어느 정도의 평가를 받는지 모르는 경우가 많다. 기술이전계획이 있다면 기술에 대한 지식 재산권을 통한 자산화를 꼭 구비해놓아야 한다. 또한 기술 계약서 기술개발 대비 도입 비용의 차별점이 명확히 해야한다.

기술의 자산화를 통한 기술의 가격 산정을 미리 정해 놓는 것이 좋다.

토/의/하/기

1. 투자자 관점을 토대로 본 주만지의 기술 가치를 산정해 보자.
2. 지식 재산권을 통한 자산화를 어떻게 할 수 있을지 논의해 보자.
3. 기술 이전 시 주만지에 적합한 대상(고객)은 누구일지 논의해 보자.
4. 기술 이전 절차에 따라 주만지의 기술을 유리한 방향으로 협상해 보자.
   (공급자/수요자 팀으로 나누어 협상)

Chapter 8

기술마케팅 실행하기

학습목표 1

마케팅과 기술마케팅의 차이를 알 수 있다.

학습목표 2

기술 마케팅 전략과 방법을 학습할 수 있다.

학습목표 3

적정마케팅의 개념과 유형을 알 수 있다.

학습목표 4

기술마케팅의 로드쇼를 이해 할 수 있다.

Chapter 08

단원도입사례

LG, 전자종이 기술의 이미지앤머터리얼스를 인수하다

2011년에 LG디스플레이는 전자종이 기술을 보유한 이미지앤머터리얼스의 지분 100%를 264억 원에 인수했다. 이미지앤머터리얼스는 대전 유성구에 위치한 기업으로 지난 2006년 설립된 후 2007년 이노폴리스파트너스로부터 자금 30억 원을 투자받아 전자종이 관련 기술 개발에 매진해왔으며, 세계에서 두 번째로 자체 기술의 전자종이 개발에 성공했다. KAIST 박사 출신인 김철환 대표와 서울대 · 삼성전자 출신의 이용의 박사는 전자종이 분야에서 국내 최고로 꼽히는 기술진들이며 이미지앤머터리얼스는 전자종이 관련 기술로는 국내에서 손꼽히는 유망기업이었다.

이미지앤머터리얼스는 전자종이용 전자잉크 기술을 보유한 벤처기업으로 2011년 1월 LG디스플레이에서 지분 전부를 인수하여 자회사로 편입시켰다. 당시 이미지앤머터리얼스의 매각 대금은 264억원으로 벤처기업 매각 대금으로는 상당한 금액이었고, 벤처기업의 성공적인 EXIT 사례라고 할 수 있다.

이미지앤머터리얼스는 초기부터 독자적으로 사업화를 추진하지 않고 핵심기술 확보에 필요한 연구개발에 집중한 후, 확보된 기술을 대기업에 매각하려는 경영 전략을 추진하였다. 이에 기술개발 이후에는 기업의 역량을 기술마케팅에 집중하였다. 이 장에서는 이미지앤머터리얼스 사례를 통해 기술마케팅 로드쇼와 전략에 대해 살펴보고자 한다.

8.1. 기술마케팅

TECHNOLOGY COMMER-CIALIZATION
|기술사업화|

기술마케팅은 다양한 관점에서 정의내릴 수 있다. 그 중에서 기업의 전략적인 관점에서 살펴보면 기업이 어떠한 기술이 필요하며, 그 기술을 어떻게 획득하고, 어떻게 활용할 것인가에 대한 의사결정에 수반되는 전반적인 과정이라 할 수 있다. 많은 경우 기술마케팅을 '첨단기술제품에 대한 마케팅(marketing for hightech products)' 으로 정의하는 경우가 있으나 이는 기술 자체가 거래대상이 되는 기술마케팅과 달리 특정한 제품, 즉 첨단기술을 체화하는 제품에 대해서 마케팅 원리를 적용한 것이다.

기술마케팅은 기업의 전사적 전략 및 기술 경영 전략에 따라서 그 시작 단계가 달라진다. 즉 기술 홍보를 통해서 기업의 기술적 잠재력을 극대화할 수 있으며 기업의 수익 또한 극대화 할 수 있다. 〈그림 8.1.〉과 같이 기술마케팅 프로세스에서 기술마케팅의 전략 및 실행과정은 4단계로 구분할 수 있다. 기술마케팅 전략 수립 및 하부구조 구축, 실행, 사후관리 등으로 이루어진다.

〈그림 8.1.〉 기술마케팅 프로세스

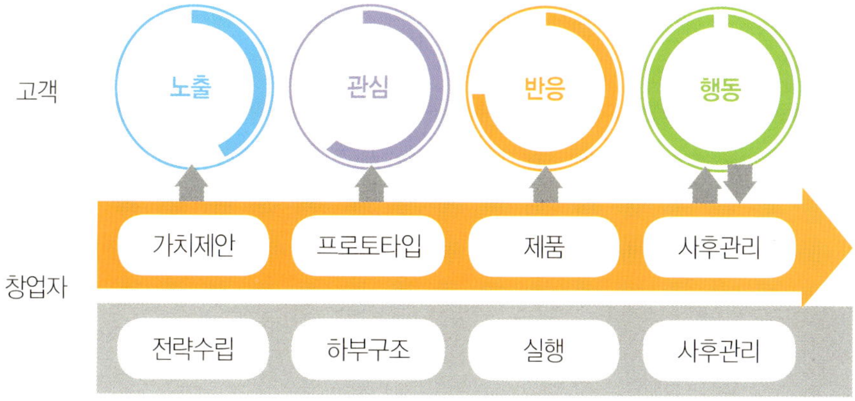

8.1.1. 마케팅 vs. 기술마케팅

마케팅은 표적시장을 선택하고, 우월한 고객가치의 창조, 전달, 및 알림을 통해 고객을 획득, 유지, 확대하는 기술과 과학을 말한다. 〈표 8.1.〉과 같이 기존 마케팅과 기술 마케팅은 본질적으로 다르다.

(1)마케팅 전략의 목표에서 차이를 보인다. 기존 마케팅은 제품 경쟁력의 향상과 관련되어 있지만, 기술마케팅은 기술적 잠재력 극대화, 기술정보관련 네트워크 관계를 목표로 하고 있다.

(2)시장세분화(market segmentation)에서 차이를 보인다. 기존 마케팅은 인구통계적 변수, 심리특성 변수 등에서 시장을 세분화 하지만 기술마케팅은 유사한 기술공정 기능, 대체기술 등에서 세분화할 수 있다.

(3)목표그룹(targeting)의 차이가 있다. 기존마케팅은 제품의 사용자이지만, 기술마케팅은 연구개발(R&D) 전문가, 생산관리자, OEMs(Original Equipment Manufactures) 혹은 ODMs(Original Development Manufactures) 등이다.

(4)가격설정 및 유통채널에서 차이를 보인다. 기존마케팅에서의 가격설정은 거래시장에서 결정되며, 시장이 중요한 유통채널이다. 기술마케팅은 노하우, 특허, 프로토타입, 프로젝트 등 기술정보의 가치를 추정하기가 어렵기 때문에 특정상황에 따른 가격에 의해서 거래되며, 유통채널은 시장뿐만 아니라 비 시장 메커니즘(예 : 조인트 벤처 등)이 모두 중요하다.

〈표 8.1.〉 마케팅과 기술마케팅 비교

기준	전통적마케팅	내용
전략	▣ 경쟁력 제고 ▣ 자본수익률(ROE)의 증대	▣ 기술 잠재력의 최적화 ▣ 제휴 및 네트워크의 구축
목표그룹	▣ 제품사용자	▣ R&D 전문가, 생산관리자
시장세분화 사례	▣ 지역, 인구, 심리적 특성 ▣ 행동상의 특성 ▣ 최종 사용자 ▣ 제품사용자, 핵심고객	▣ 신기술로 대체되는 제품 ▣ 유사한 생산공정 기능 ▣ 신제품 및 신공정의 기능 ▣ 핵심역량 및 아웃소싱, 생산능력
마케팅 수단	▣ 제품, 서비스, 시스템	▣ 노하우, 특허, 프로토타입 ▣ 프로젝트
가격설정	▣ 시장규칙에 따른 가격	▣ 특정상황에 따른 가격
시장관리 수단	▣ 광고, 판촉활동	▣ 전문가들 간의 평가 혹은 평판
유통채널	▣ 상설시장	▣ 시장 및 점두시장 매커니즘
요구지식	▣ 마케팅(기술은 부수적)	▣ 기술과 마케팅

출처 : 홍성도 외. 기술사업화 기술금융 길잡이. 2014

8.1.2. 기술마케팅 STP 전략

기술마케팅은 소수의 기업을 대상으로 하는 산업마케팅으로 일반적인 마케팅전략과 다른 접근이 필요하다. STP전략은 시장세분화(segmentation), 표적시장 선정(targeting), 포지셔닝(positioning)으로 마케팅의 기본적 전략이 된다.

/ STP전략이란?

- 시장세분화는 소비자들의 제품에 대한 욕구와 구매행동이 서로 유사한 집단을 나누는 방법으로, 소비자들을 일정한 기준에 따라 크게 몇 개의 세분시장으로 나누어 각각의 시장에 차별적인 마케팅전략을 구사한다. 시장세분화의 변수는 지리적 변수, 인구통계학적 변수, 심리특성변수, 행동적 변수 등이 있다.
- 표적시장선택은 매력적인 세분시장을 평가하여 어떠한 세분시장을 선택하여 마케팅전략을 실행할 것인가를 결정한다.
- 포지셔닝은 경쟁제품과 다른 차별적인 경쟁우위 포지션을 만드는 과정이다.

/ 기술마케팅 STP전략은 다르다.

- 시장세분화는 기술의 사업화 주체가 기업이 되기 때문에 기술이 필요한 산업군으로 볼 수 있다. 기술마케터는 기술이전 대상을 시장규모, 사업화 가능성, 기술료 규모 등으로 나누어보고, 어느 곳(군)이 최적의 대상(시장)을 구분할 수 있다.
- 표적시장 선정은 세분시장의 기준에 따라 기술이전 대상군이 분류되면, 자사가 기술을 이전하고자 하는 목적과 전략, 업무의 효율성과 기대효과 등을 고려하여 표적시장을 선정하여야 한다.
- 포지셔닝은 기술공급자가 기술수요자로부터 기술이전에 대한 신뢰를 얻기 위한 전략을 수립한다. 기술이전 후 어떠한 기술자문을 제공할 것인지, 어떤 도움을 주어 기술수요자가 사업화에 성공하게 할 것인지, 연속적인 기술이전 기회를 만들기 위해 어떠한 노력을 해야 하는지 등을 고민한다.

8.1.3. 기술마케팅 4P 전략

기술마케팅 4P는 실행계획을 지칭하는 용어로, 상품(product), 가격(price), 유통(place), 촉진(promotion)을 말한다. 혼합(4P' s Mix)전략이라고도 한다.

/ 제품 (Product)

판매기술의 대상은 특허, 저작권, 상표권, 노하우, 표준, 표준연계 특허 프로토타입, 개별프로젝트, 턴키프로젝트 등이 있다. 판매할 기술이 눈에 보이지 않기 때문에 제품전략이 어려울 수 있다. 따라서 '기술에 대한 설명' 을 통해 기술의 성능 및 경제성, 다른 기술과의 연관성, 제품과 생산기술과의 연계성, 기술이 최종고객을 만족시키는 제품의 특징 등의 설명이 필요하다. 제품전략은 경쟁력 높은 우수한 기술발굴 및 개발이 필요하다. 기술마케터는 복합도가 높은 기술을 탐색하거나 다수의 기술을 복합하여 이전하는데 노력의 집중이 필요하다. 그리고 시장의 변화를 예측하여 높은 성장이 예상되는 기술의 탐색과 경쟁사에 앞서 우수한 제품을 시장에 출시하여야 한다. 일상적인 제품과 마찬가지로 우수한 기술일수록 수요자의 선호도가 높아진다. 따라서 기술마케터는 다음의 몇 가지 기준에 따라 우수한 기술을 발굴하는데 노력을 집중해야 한다.

(1) 대부분의 제품 및 서비스들은 다수의 기술들로 구성되어 있다. 이에 기술 수요 기업 또한 단일의 기술보다는 다수의 기술들로 구성된 복합기술을 더 선호한다. 그리고 이러한 수요는 기술과 기술, 기술과 제품, 제품과 서비스의 융복합이 가속화될수록 더욱 확대될 것으로 전망된다. 따라서 기술마케터는 복합도가 높은 기술을 탐색하거나 다수의 기술을 복합하여 이전하는데 노력을 집중해야 한다.

(2) 기업이 이전받은 기술을 사업화하는 데는 많은 추가의 노력이 필요하다. 이전받은 기술을 기존의 기술과 결합하고 수준을 높이며, 공정을 단순화하고 원가를 절감하는 등의 노력이 필요하다. 또한, 무엇보다 중요한 것은 경쟁사에 앞서 우수한 제품을 시장에 출시하여야 한다는 것이다. 따라서 기술수요 기업이 이런 목적을 차질 없이 달성 하려면 이전받은 기술에 하자가 없어야 하는 바, 완성도가 높은 기술을 탐색하여 알선토록 한다.

(3) 기술의 수명주기는 곧 기술수요 기업의 경제적 이익과 직결된다. 도입단계 기술의 경우 제품개발에 많은 비용이 투입되는 반면, 제품에 대한 신뢰부족으로 인해 시장진입에 어려움이 크다. 반면, 성숙기 이후의 기술은 이미 다수의 기업이 관련 제품을 가지고 치열한 시장경쟁을 벌이고 있는 바, 높은 수익성을 얻는 것이 곤란하다. 따라서 시장의 변화를 예측하여 높은 성장이 예상되는 기술을 탐색토록 한다.

(4) 하나의 기술이 단일 제품에만 이용되는 것 보다는 다수의 제품에 이용되는 것이 이전 가능성이 높다. 하나의 기술을 다수의 제품에 이용함으로써 기술수요 기업은 사업의 기회를 확충할 수 있고, 이로 인해 더 많은 기술적, 경제적 이익을 얻을 수 있기 때문이다. 따라서 기술마케팅 관리자는 단순 응용기술보다는 적용범위가 넓은 원천성의 기술을 탐색하는 데 더 많은 노력을 기울여야 한다.

/ 가격 (Price)

일반적인 제품과 달리 유무형의 기술은 정해진 가격이 존재하지 않으므로 적정한 기술의 가치평가가 필요하다. 기술가격은 특정한 상황 하에서 판매자와 구매자와의 협상에 의해서 결정될 수밖에 없다. 통상적으로 기술은 라이선스 형태로 거래되므로 기술활용에 대한 대가, 즉 기술사용료가 결정된다. 로열티 역시 특정한 상황 하에서 라이센서(licensor)와 라이센시(licensee)간의 협상에 의해 결정된다.

기술의 가치평가는 시장성과 사업성을 종합적으로 고려하여 기술료를 정할 수 있다. 고가의 기술로 추정되면서 기술공급자와 기술수요자간 이견차를 좁히기 곤란한 경우에는 수수료를 지불 하더라도 외부의 전문 평가기관을 활용하는 것이 좋다. 그러나 기술료 규모가 작아 평가수수료를 지불하는 것이 낭비라고 판단되거나, 단순히 경상기술료 지불조건으로 기술을 거래하는 경우에는 시장사례의 수집 및 자가 진단을 통해 금액을 결정한다. 금액을 결정하는 방법은 기존 로열티 사례 DB를 참조하여 경상기술료 요율을 정하거나, 〈그림 8.2.〉와 같이 평가기관이 제공 하는 기술가치 자가평가 서비스를 이용하여 기술의 가치를 산출하는 방법을 권장한다. (ex. 한국과학기술정보원, 한국산업기술진흥원 등의 기술가치평가시스템 등)

〈그림 8.2.〉
한국과학기술정보연구원의 가치평가DB

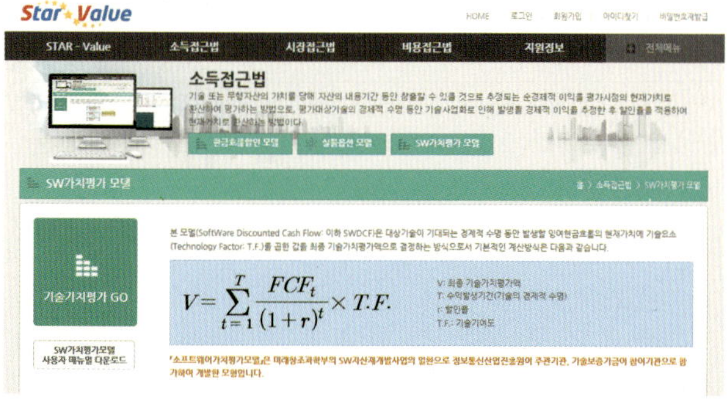

출처 : www.starvalue.or.kr

/ 유통 (Place)

유통전략은 보이지 않는 기술을 국가 간, 산업 간, 기업 간, 기업 내 부서 간, 그리고 개인 간에 쉽게 이전될 수 있도록 채널(Channels)을 구축하는 것이다. 기술이전의 채널은 크게 일반적 인 채널(General channels), 리버스 엔지니어링 채널(Reverse Engineering Channels), 계획된 채널(Planned Channels) 등 세 가지로 나누어 볼 수 있다.

일반적인 채널은 교육, 훈련, 출판, 학술대회, 인력교환 등으로 의도적이지 않으며, 추가적인 자원투입 없이도 기술이 이전된다. 리버스 엔지니어링은 기술수요자가 타사의 제품을 보고 기술의 코드를 분해하여 그것을 복제할 수 있는 능력을 개발하는 것이다. 만약 지적소유권 침해 등 법적인 문제가 없다면 리버스 엔지니어링은 아주 효과적인 기술이전의 수단이 된다. 계획된 채널은 라이센싱, 프랜차이즈, 조인트 벤처, 턴키프로젝트 등으로 기술마케팅과 직접 관련되는 채널이다.

기술거래로 인한 기대치는 기술의 공급자와 수요자가 각기 다르다. 기술의 공급자는 기술이전을 통해 높은 기술료 수입을 얻는 것이며, 수요자인 기업은 기술도입을 통해 큰 수익을 얻는 것이다. 그러나 양측이 기대치를 얻는 방법은 "기술수요자인 기업이 사업화에 성공하는 것" 으로, 동일하다 할 수 있다. 따라서 기술마케팅 관리자는 거래를 의뢰한 고객의 이익을 극대화하기 위해 사업화 성공을 지원해야 하므로 사업역량이 높은 기업을 발굴토록 한다. 이를 위해 기술마케팅 관리자는 추가의 설비투자 없이도 이전받은 기술을 빠른 기간 내에 사업화할 수 있는 기업을 탐색한다. 마케팅 대상기술이 기존 비즈니스와 연관이 있는지를 검토하다 보면 사업화 투자비용 등을 추정할 수 있을 것이다. 또 다른 수요자 선택기준은 기술수용 능력이다. 이전받은 기술의 이해도가 높고 사업화 과정에서 발생할 수 있는 기술적 문제를 해결할 수 있는 기업이라면 사업화에 성공할 수 있을 것이다.

/ 판매촉진 (Promotion)

기술마케팅 관리자가 기술의 수요자를 탐색하는 방법에는 크게 불특정 다수에게 기술을 홍보하는 방식, 특정의 수요자를 표적하여 기술을 알선하는 방식이 있다.

- **특정의 기술을 다수에게 홍보하는 방식**에는 홈페이지, 인쇄물, PR, 전시회와 세미나, 기술설명회, 기술거래기관과의 협력체제 구축 등의 방법이 있다. 기술설명회는 적은 비용으로 기술을 홍보할 수 있다는 장점이 있으나 성과는 크지 않은 것으로 알려져 있다. 대부분의 소개내용이 기술성 위주로 구성되어 있어 기업의 기술수요 욕구를 자극하지 못한다는 지적이 있다. 따라서 향후에는 소개되는 기술이 시장수요에 적합한 것인지, 어떤 전략으로 사업을 추진하면 좋은지, 사업성은 어느 정도인지 등의 정보를 함께 제공하는 노력이 필요하다.

- **특정의 수요자를 표적하여 기술을 알선하는 방식**은 성공 가능성은 높으나 많은 시간과 노력이 소비된다. 따라서 이러한 비용을 줄이기 위해서는 잠재적인 기술수요 기업의 목록을 비치하고 기술개발 및 사업현황을 점검하는 노력이 필요하다. 기술마케터는 기술개발자 등의 협조를 받아 수요기업 목록을 작성하고 꾸준한 정보제공을 통해 교류 · 협력의 기회를 확충토록 한다. 아래 〈그림 8.3.〉과 같이 기술거래기관에서 평가유형을 참고하여 기술거래기관과의 협력체제 구축도 좋은 방안이다.

〈그림 8.3.〉 기술평가 유형

출처 : 기술은행 (www.ntb.kr)

8.1.4. 기술마케팅 전략

기술마케팅 전략은 기업의 잠재력을 실현하는 여러 가지 수단들 중의 하나이다. 즉 기술마케팅을 통해서 기업의 기술적 잠재력을 극대화 할 수 있으며 수익 또한 극대화 할 수 있다. 이 핵심은 기존 제품에 대하여 소비자가 가지고 있는 신념이나 소비행동을 변화시켜 제품을 구매하도록 하도록 하는 것이다.

기술마케팅 전략은 ATL(Above the Line) 방식과 BTL(Below The Line), 브랜드 전략으로 나누어서 정의하기도 한다. ATL은 마케팅의 광고 커뮤니케이션 툴로 활용되는 매스미디어(TV, 라디오, 신문, 잡지), CATV, 위성TV, 인터넷, 옥외 미디어 등 모든 미디어 부분을 포함하고 있으며, BTL은 마케팅의 직접적인 SP(Sale Pro-motion) 도구 또는 가치확대(Value-up) 활동인 전시, 이벤트, 스포츠 스폰서십, PR, DM, TM, PPL(Product Place-ment), CRM(Customer Relation-ship Management), PRM(Partner Relationship Management) 등 간접적인 활동을 포함한다. 이런 개념에서 종합적으로 ATL과 BTL을 모두 대상으로 하며 기업, 브랜드, 캠페인 단위에서 마케팅 커뮤니케이션의 전체 계획을 수립, 집행하는 IMC(Intergrated Marketing Communication)차원으로 대기업을 중심으로 관리방법이 시행되고 있다.

이 전략의 최대 목적은 차별화(differentiation)에 의한 브랜드 이미지의 형성이다. 차별화란, 같은 산업분야에서 기능과 품질에 거의 차이가 없는 제품들 간에 마치 독특하고, 특별한 차이가 있는 것처럼 보이게 하여 고객들에게 제품에 대한 주관적 인상을 가지도록 만드는 것이다. 그 결과로, 특정 브랜드 상품을 선호하게 되는 브랜드 이미지가 형성되게 된다. 이러한 브랜드 전략이 효과를 발휘하는 제품분야는 술 · 화장품과 같은 기호품, 가전제품과 같은 내구소비재, 스포츠용품과 같은 취미상품 등이며, 철강 · 시멘트 · 소맥분과 같은 표준화 제품에는 거의 효과가 없다. 사용되는 브랜드는 메이커 브랜드가 주류를 이루지만, 유통업자 브랜드도 늘어나는 추세에 있다.

8.1.5. 고래잡이가 아닌 새우잡이에 10년 이상 집중하라

기술마케팅의 또 다른 핵심 전략으로는 '집중화' 와 '세계화' 가 있다. 세분화된 시장이나 제품에 오랜 기간 집중하여 고객들로부터 신뢰를 얻고 안정적인 시장 점유율을 확보하는 것이 집중화 전략이다. 이와 같은 맥락으로 알리바바그룹의 마윈 회장도 성공비결에 대해 "고래잡이(큰 목표)가 아닌 새우잡이(작은 목표)에 10년 이상 집중하라" 라고 했다. 집중화 전략으로 인해 축소된 시장을 확장시키기 위해 목표 시장을 자국 시장으로 제한하는 것이 아니라 글로벌 시장으로 확대하는 세계화 전략을 추구한다.

독일, 스위스, 스웨덴과 같은 수출 강국들의 수출경쟁력은 대기업이 아니라 중간 규모의 기업에 있다. 이런 중간 규모의 기업들 중에 세계시장을 선도하고 있는 기업을 '히든 챔피언(Hidden Champion)' 이라고 부른다. 손목시계의 조절장치 즉, 여러 개의 바퀴 모양으로 이루어진 장치를 제조하는 스위스의 니바록스(Nivarox)는 전세계 시장 점유율이 무려 90%이다. 국내에는 미국의 콘에어, 이탈리아의 팔룩스와 함께 세계3대 헤어드라이어 제조사인 유닉스 전자가 대표적인 사례이다. 결국 히든 챔피언은 틈새시장(Niche Market)을 효율적으로 공략한 기업으로, 대기업과의 경쟁을 피하면서 안정적인 성장을 이룰 수 있었다. 기술창업기업은 대기업에 비해 규모와 조직력이 약세이기 때문에 히든 챔피언처럼 틈새시장을 공략할 필요가 있다. 기술창업기업의 목표시장은 대기업이 장악하고 있는 시장이 아니라 대기업이 경제성 때문에 무시하거나, 미처 감지하고 있지 않는 시장이어야 한다. 대기업으로서는 진출해 봐야 수익성이 떨어지는 시장일수록 기술창업기업에게 더욱 유리하다. 최근 공유 경제 흐름에 맞춰 각광받고 있는 에어비앤비가 대표적인 틈새시장 전략으로 성공한 사례라 할 수 있다.

읽어보기

공유 경제로 전통 호텔업의 모델을 바꾸는 에어비앤비

에어비앤비는 전통 호텔 산업과 카우치서핑(현지인이 여행자들을 위해 무료로 자신의 소파를 제공해주는 등 잠자리를 내주는 것) 사이의 틈새시장을 공략하였다. 호텔보다 저렴하면서 현지인들의 생활하는 모습을 경험할 수 있는 장점이 있다. 이런 장점으로 인해 에어비앤비에 등록된 방은 세계 190개국에 140만 개가량에 이른다. 월스트리트 저널에 따르면 에어비앤비는 방을 내놓은 주인에게는 수수료 3%, 방을 빌린 이용객들에게는 수수료 6-12% 정도를 수취해 매출을 발생시킨다. 월스트리트 저널은 익명의 관계자 말을 인용해 에어비앤비 매출이 2013년에는 2억 5000만 달러 정도였는데, 2014년에는 9억 달러 이상으로 급증할 것으로 전했다.

기술창업기업의 생존전략을 도출하기에 앞서 **틈새시장 전략**에 대해 좀 더 자세히 살펴볼 필요가 있다. 이와 관련하여 피터 드러커는 세 가지 틈새시장 전략인 톨게이트(Toll-gate) 전략, 전문기술 전략, 전문시장 전략을 제시한 바 있다. 피터 드러커의 3 가지 틈새시장 전략은 〈표 8.2.〉와 같다.

〈표 8.2.〉 틈새시장 전략 유형

전략 유형	특장점	사 례
톨게이트(Toll-gate) 전략	▣ 톨게이트에서 통행료를 받는 것처럼 필수 제품으로 소비자가 반드시 구입해야 하는 제품전략임 ▣ 제품을 사용하지 않을 때 발생하는 위험이 제품의 가격에 비해 압도적으로 큼 ▣ 시장이 작아서 경쟁자들에게 매력이 없음	유정 개발에는 막대한 자금이 소요하는데 도중에 폭발 사고가 발생한다면 엄청난 손해가 발생 할 수밖에 없기 때문에 원유 개발사는 유전폭발 방지 장치를 보험 차원에서 구매할 수밖에 없음
전문기술 전략	▣ 새로운 산업 초창기에 전문기술을 기반으로 해당 산업에 확고한 위치를 확보할수 있음 ▣ 일단 지배적 지위를 차지한 이후 오랜 기간 동안 그 지위를 유지할 수 있음 ▣ 기술 표준을 독점하고 있기 때문에 경쟁자가 의미 없음 ▣ 일반적으로 톨게이트 전략에 비해 시장 규모가 큼	보슈는 1911년 메르세데스 벤츠를 위해 전기장치를 공급한 이후 현재까지 자동차 부품회사로서는 독보적인 지위에 있음
전문시장 전략	▣ 시장의 흐름을 파악하고 변화하는 소비자의 요구에 맞춘 제품을 적기에 출시하는 것이 중요함	제빵의 수요가 가정에서 공장으로 이동하는 트렌드를 파악하고 제빵용 자동오븐기를 출시한 북아일랜드와 덴마크의 두 회사임

정리해 보면, 틈새시장 전략은 기술창업기업들이 치열한 경쟁을 회피하고 안정적인 생존을 목적으로 한다. 에어비앤비처럼 소비자의 트렌드를 감지하고 전문시장을 공략하거나, 히든 챔피언처럼 전문기술을 기반으로 신규 시장에서 지배력을 확보하거나, 수요자들이 톨게이트처럼 반드시 거쳐 갈 수밖에 없게 하는 것이다. 기술창업기업으로서는 보유한 기술과 목표 시장에 따라 알맞게 틈새시장 전략을 구사할 필요가 있다.

8.2. 기술홍보

8.2.1. 기술홍보를 위한 수요자 발굴

기술홍보를 위해서는 기술 수요자를 발굴하는 것이 급선무이다. 기술 수요자를 발굴하기 위해서는 인적네트워크, 유관기관, 기술이전 설명회를 통한 오프라인 수단과 홈페이지와 기술거래 DB를 활용하는 온라인 수단을 활용할 필요가 있다.

〈표 8.3.〉 수요자 발굴 채널

구 분	발굴 채널
오프라인	기술개발자 인적 네트워크
	기술이전 전담조직 네트워크
	기술거래 유관기관
	지역내 근거리 네트워크
	대기업, 중견기업 내부의 신사업기획팀
	기술이전 설명회 참여
	해외 기업 대상 홍보
온라인	자체 홈페이지 및 기술거래 DB
	업종 별 관련 홈페이지

〈표 8.3.〉과 같이 **오프라인을 통해 수요자를 발굴하는 방법**은 주로 네트워크를 활용하는 것으로, 기술개발자의 인적 네트워크, 기술이전 전담조직의 네트워크, 기술거래 유관기관에서 제공하는 수요자 정보, 동문 및 지역 산업단지 등 지역 내 수요기업 정보, 대기업 및 중소기업의 조직 내 신사업 기획팀, 대학 및 공공연구기관들의 기술이전 설명회를 통해 수요자를 발굴할 수 있다. 오프라인 수요 채널은 개인 간의 대면 접촉이 기본이므로, 수요자에 대한 상세한 정보를 제공할 수 있으며 기술이전 성공가능성이 온라인 수요 채널에 비해 높은 장점이 있다. 반면에 오프라인 수요 채널을 형성하는데 오랜 기간이 소요되고 개인의 역량에 따라 신뢰도가 유동적인 단점이 있다.

온라인을 통해 수요자를 발굴하는 방법은 기술공급자의 홈페이지 및 기술거래 DB를 통한 수요 확보와 각 분야별, 업종별 홈페이지를 통한 기술 홍보가 있다. 대표적인 기술거래 DB로는 기술은행(www.ntb.kr), 미래기술마당(rnd.compa.re.kr), 테크-브리지(tb.kibo.or.kr) 등이 있다.

8.2.2. 기술마케팅 자료(Sales Materials Kit, SMK) 작성

본격적인 기술마케팅을 위해서는 기술수요자에게 기술을 소개하고 기술수요자의 관심을 유도하기 위해 SMK를 작성해야 한다. 일반적으로 SMK에는 기술의 개요, 핵심기술(구현방법) 및 특성, 기술성숙도, 기술동향, 응용분야, 목표 시장분석 등으로 구성되어 있다. 특히 SMK의 작성 목적이 기술거래를 촉진하는 마케팅 수단으로 활용되는 점을 고려하여 일반인도 쉽게 이해할 수 있는 수준으로 작성되어야 한다. 실무적으로 보았을 때 수요자들이 SMK만으로는 기술을 충분히 이해할 수 없기 때문에, 비밀유지계약을 체결한 이후에는 기술을 보다 구체적으로 설명하기 위한 보충 자료가 필요하다. 보충 자료에는 각종 도면, 시제품 사진, 공정도, 원자재 명세서, 작동 매뉴얼 등이 있다.

SMK 작성 사례

2차전지 보호회로용 복합기능 퓨즈보호소자

1. 기술의 개요

2차 전지팩에 사용되는 복합형 보호 소자로 리튬 이온 2차 전지의 과충전이나 과전류를 중단하여 2차 전지팩 폭발 등을 예방 보호 하는 제품. 2차 전지 팩 제조업체가 수요자가 됨.

기존 기술	본 기술
단순히 퓨즈를 이용하여 2차전지팩의 폭발을 방지하는 구조임. 퓨즈란 "전선에 규정 값 이상의 과도한 전류가 계속 흐르지 못하게 자동적으로 차단하는 장치" 이며, 과전류가 흐를 경우 전류에 의해 발생하는 열로 퓨즈가 녹아서 끊어져서 전자기기를 보호하는 차단기 역할을 함. 대부분의 퓨즈는 한 번 사용하고 나면 재사용이 불가능하므로 새것으로 교체해 주어야 함.	기판의 일면에 퓨즈소자와 발열저항체를 함께 배치하고, 플럭스를 이용하여 퓨즈소자의 동작을 원활하게 하고 퓨즈가 녹은 후에도 안전성을 유지할 수 있는 구조임.

2. 본 기술의 구성

보호 소자에 관한 것으로,

- ▣ 저융점 금속(6)과 발열체(5)가 절연층(4)을 통해 접하고,
- ▣ 통전된 발열체(5)는 발열해 저융점 금속(6)을 용단함.

저융점 금속과 발열체가 절연층을 통해 접하는 보호 소자에 있어서, 검지 소자는 소정의 조건을 검지했을 때에, 상기 발열체에 흐르게 해, 상기 통전된 발열체는 발열해 상기 저융점 금속을 용단하는 것을 특징으로 하는 보호 소자임.

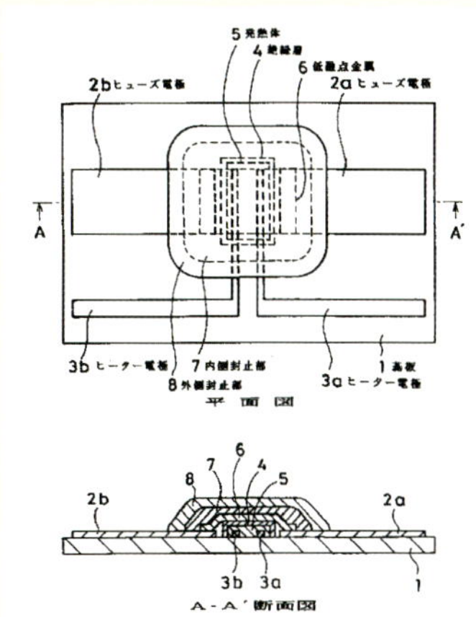

3. 지재권 현황

발명의 명칭	보호 소자 및 회로 기관		
출원인	SONY	출원국가	한국
출원번호	10-2001-01955**	등록번호	10-2790***
법적상태	등록 (권리만료일 : 2021.0*.1*)		
패밀리특허	S 571***, EP 0715***, JP 279***		
기술분류	첨단기기-> 전자부품소자-> 2차전지팩부품-> 회로보호소자		

4. 기술의 성숙도

기술의 생성기 ▶ 기술의 발전기 ▶ **기술의 성숙기** ▶ 기술의 소멸기

5. 특허 동향

〈주요출원인의 연도별 출원 건수〉

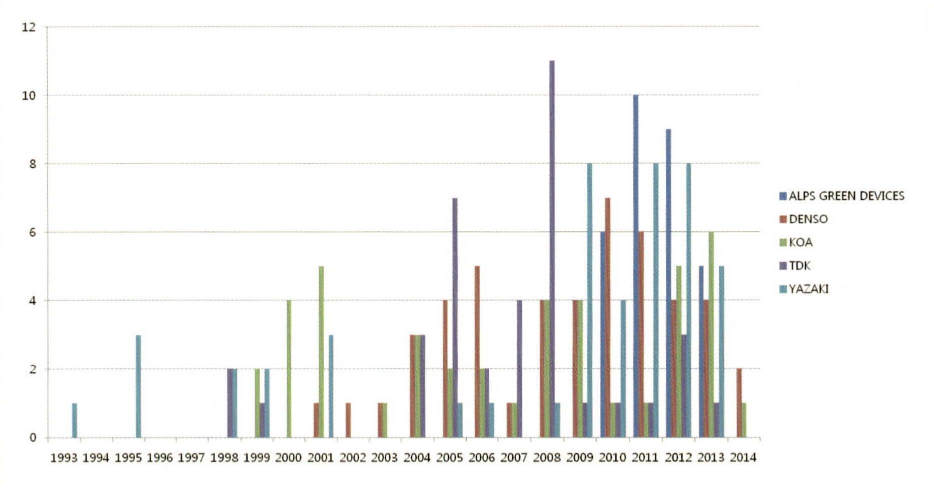

6. 시장 전망

〈2차전지 및 그린카 시장 전망〉 출처 : 전국경제인연합회 FKI 전략산업리포트 자료 재구성

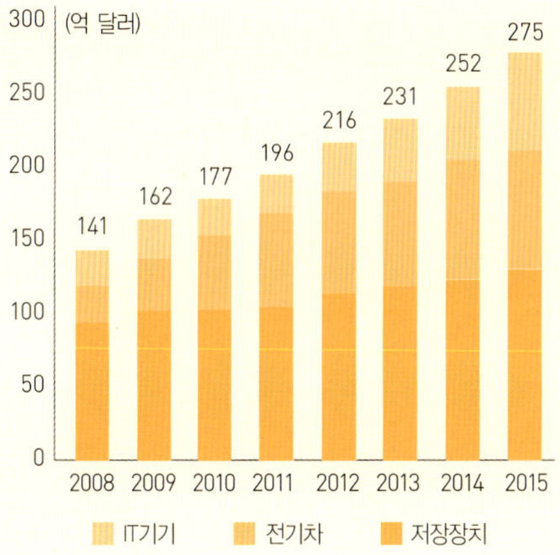

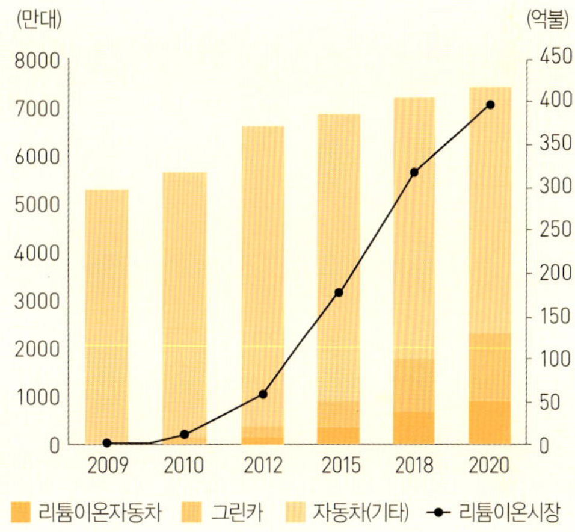

1. 기술관점에서는 전체적으로 미국회사들이 기술적 및 시간적으로 가장 앞서고 있는 가운데, 2008년 이후부터 한국에서도 전류측정소자(션트저항)관련 기술의 개발 크게 증가하였고, 이는 미국 및 일본과도 유사함. 비쉐이라는 회사는 세계시장 점유율이 높은 회사인데, 한국에도 2008년 이후부터 종래보다 더 적극적으로 진출하고 있어 한국 회사들을 견제하고 있음. 알프스그린디바이스, 덴소, 비쉐이, 티디케이 등의 회사들이 본 기술분야에서 상당한 기술력을 축적하고 있으며 또한 큰 시장지배력을 가지고 있는 것으로 분석됨.

2. 시장관점에서는 2차전지 제조 시장이 위 그림에서와 같이 계속해서 증가되어왔고, 2차전지 및 2차전지의 주 수요처인 전기차(그린카)시장도 2020년까지 계속해서 확대될 것으로 전망되어, 주요 부품소자인 2차전지 팩 회로보호소자의 시장도 계속해서 확장될 것으로 판단됨.

8.2.3. 적정마케팅

기술창업은 제한된 자원으로 마케팅을 진행해야 하므로 제품 소개 동영상을 제작하여 투자를 모집하거나 '적정마케팅' 개념을 이해하고 선정하여 마케팅 활동을 실시해야 한다. 최근 기술 창업을 비롯하여 스타트업에 필요한 마케팅기법이 소개되고 있다. 적정마케팅이란 대기업이나 자본이 풍부한 기업에 비해 상대적으로 자금력과 인력이 부족한 기술창업자에게 적정한 수준의 노력과 비용만을 요구하는 마케팅이다. 즉 값싸고 쉬운 마케팅 기술을 활용하여 판매를 촉진시키고 수익을 증대시키고자 하는 것이다. 대기업 위주로 적용되고 활용되는 고비용 구조의 기존 마케팅 기법과 달리, 적정마케팅은 누구라도 쉽게 접근하고 활용할 수 있는 마케팅 방법론과 도구를 응용, 개발 보급하여 초기 기술창업기업이나 중소기업이 마케팅 시장에서 스스로 경쟁력을 갖도록 한다.

적정 마케팅으로 기술창업에 최근 떠오르는 이슈 중 하나는 게이미피케이션(gamification, 게임화) 마케팅이다. 이 기법은 게임의 기술거래에 대한 동기 부여 요소와 중독 요소를 상품과 서비스에 적용해 고객을 유도하는 것을 말한다. 이 기법은 상품과 서비스에 놀이와 도전, 성취와 포상 같은 게임 요소를 가미해 소비자들이 자발적으로 상품과 서비스를 이용하게 하고, 소비 행위를 일종의 게임 플레이어들 간의 경쟁으로 치환해 지속적인 소비가 일어나도록 유도하는 것을 의미한다. 이는 제품 사이트들의 출석체크, 글 작성 수, 구매 실적과 같은 사이트 방문자의 활동을 추적하여 그에 따른 특별한 혜택을 주고 누적된 점수에 따라 이용자 활동 순위를 매겨 사이트에 공개하는 방식이다. 현재 많은 초기 창업자들이 온라인 사이트에서 게이미피케이션 마케팅을 시도하고 있으며, 그 수가 증가하고 있다. 요즘에는 게이미피케이션 전용 애플리케이션을 만드는 곳도 등장하고 있다. 그 이외에도 아래의 〈표 8.4.〉와 같이 적은 비용으로 기술을 노출시킬 수 있는 다양한 방법들이 있다.

〈표 8.4.〉 마케팅 방법 및

게릴라 마케팅 (Guerilla Marketing)	길거리 마케팅이라고 부른다. 소위 게릴라 전술을 응용한 것인데, 버스 정류장 광고, 지하철 등에 게시된 광고 등을 들 수 있다. 이는 대중에게 신선한 자극을 주거나, 쉽게 노출될 수 있다는 장점이 있다.
앰부시 마케팅 (Ambush Marketing)	게릴라 마케팅 중 하나이다. 주로 스포츠에서 많이 사용되는 마케팅으로 공식 스폰서가 따로 있음에도 공식 스폰서인 것처럼 보이게 하는 것이다. 어떤 경기의 공식 스폰서는 경기장에 게시되어 있음에도 선수들이 입거나 신고 나오는 상표가 더 부각되는 경우이다.
래핑마케팅 (Wrapping Marketing)	시간과 장소에 구애받지 않고 이동의 장점을 두고 대중에게 노출시키는 마케팅기법이다 가장 많이 시도되는 것이 버스나 자가용 몸체에 제품을 그려 넣은 방법이다.
바이럴마케팅 (Viral Marketing)	잠재적 고객들로 하여금 자발적으로 홍보하도록 유도하는 마케팅 기법이다. 이는 신속하게 퍼질 수 있도록 하는 메시지를 만드는 것이 가장 중요하며, 고객의 흥미 유발을 위한, 짧고 쉬운 메시지여야 한다.
노이즈마케팅 (Noise Marketing)	제품이나 기업과 관련된 이슈를 더 크게 홍보함으로써 소음을 만들어 내는 기법이다. 이는 그 이슈가 비록 부정적이라 하더라도 사람들의 호기심 자극으로 인해 제품이 각인되어 그 효과를 볼 수 있다.
버즈 마케팅 (Buzz Marketing)	사람들의 관심 집중을 위하여 각종 이벤트나 선전활동을 하는 기법이다. 주로 특이한 방법의 이벤트를 하게 되면 미디어나 온라인 측에 노출되는 경우가 크며, 사람들의 흥미를 유발시킬 수 있다.
입소문 마케팅 (Word of Mouth Marketing)	고객이나 기업 관계자들로부터 입에서 입으로 전달되는 구전 기법이다. 이는 무료체험 등의 이벤트를 통해 소수 고객에게 접근하여 다수 고객에게 전파되도록 하는 전략이다.

출처 : 김진수 외, 기술창업론, 2015

Chapter
08

읽어보기

대다수 기술창업기업은 공통적으로 적은 비용으로 고효율 마케팅을 어떻게 할 수 있을까?

대다수의 기술창업기업은 저비용 고효율 마케팅을 찾고 있고, 온라인에서 오프라인으로, 오프라인에서 온라인으로 다양한 마케팅 방안을 찾고 있다.

1996년 설립된 캐나다의 저비용 항공사 웨스트제트(WestJet) 항공은 적은 예산으로 고효율적 마케팅을 기획한다. 이는 오프라인에서 온라인으로 교차를 이루는 저비용 고효율 마케팅이다. 12월 크리스마스를 기다리는 그 달에, 웨스트제트 비행기에 산타클로스가 등장하여, 탑승하기 전 고객들을 맞이한다. 산타클로스가 "하하하, 성함이 어떻게 되십니까? 크리스마스 선물로 무엇을 받고 싶습니까?" 라고 물어보았고, 재미있는 상황이라 생각하는 승객들은 소소한 것에서부터 큰 것까지 웃으며 대답을 했다. 단순히 재미있다고 생각하는 승객들은 카메라, 양말과 속옷, 믹서와 스카프, 대형 평면 TV까지 말을 한다. 비행기가 착륙하고 250명의 승객들은 착륙한 후 짐을 찾으러 간 그곳에서 이름표가 붙은 정성된 선물을 받았다. 대부분의 승객들은 자신이 잠깐 만난 산타클로스에 대하여 잊고 있었으며, 생각지 못한 선물을 받았을 때의 감동은 유튜브에서 동영상으로 볼 수 있게 되어 있다. 이 동영상은 4000만회 이상의 조회수를 보였다.

바로 2013년 크리스마스 시즌에 실시한 '크리스마스의 기적(WestJet Christmas Miracle)' 이라는 이름이 붙은 바이럴 마케팅이다. 이는 경쟁업체들의 경쟁력속에서 위협을 받으며, 어떤 마케팅을 펼쳐야할지 모르는 불안함 속에서 내린 결단 속에 토론토에서 캘거리까지 운항하는 항공기 2대를 선정해 공항 대기 지역에 디지털 화면이 장착된 선물 상자 모양의 간이 시설을 설치했다. 그리고 승객들이 탑승하기 전 화면 속 산타클로스가 승객들에게 인사를 건네는 방식의 마케팅을 펼쳤다.

창업가들은 때로는 단돈 100만원이라는 돈으로 모든 마케팅을 해결해야할 수도 있다. 적은 돈과 높은 효과라는 한계를 뛰어넘기 위해서는 아이템 및 브랜드를 위한 적정 마케팅을 펼칠 수 있어야 한다. 이 웨스트제트 항공의 '크리스마스의 기적' 마케팅은 전통적인 방식의 광고로 거둘 수 있는 비용의 몇분의 1로 그 이상의 효과를 얻었다. ATL방식과 BTL방식이 혼합된 이 마케팅은 현재 국내에서도 크게 호응을 얻고 있는 마케팅 방법이다.

이러한 적정 마케팅은 아이템의 가치 전달이 명확하고, 적은 비용으로 측정이 가능한 것이어야 한다. 가장 보편적으로 아이템을 영상화 하여, 전시회 등에서 소개를 하는 것이다. 이는 고객에게 가장 빠르게 접근이 가능하며, 크라우드펀딩 유치에도 유리한 작용을 한다. 크라우드펀딩에 관해서는 다음 9장에서 더 자세하게 살펴보기로 한다.

> "크라우드펀딩은 투자자의 모집이자
> Early adaptor 대상의 최고의 마케팅 활동이다"

전문가 Tip

크라우드펀딩을 통해 창업자들은 초기 및 사업확장을 위한 자금을 확보할 수 있고, 잠재적 소비자들이 개발하려는 제품에 얼마나 관심을 가지고 있는지 사전에 파악할 수 있을 뿐 아니라, 제품 개발과정에서 문제점이나 보완해야 할 부분에 대한 아이디어를 투자자들로부터 받을 수도 있다. 또한 모금과정에서 기술의 필요성과 특장점, 그리고 진행(제작)과정의 차별성이 다수의 사람에게 노출되는 마케팅 효과가 있다.

Chapter 08

본 교재에서 그룹 프로젝트 부문의 사례로 제시하고 있는 주만지는 기술의 참신성과 독특성에 대해서는 높은 평가를 받고 있으나, 그 현실 가능성에 대해서는 대부분의 투자자들이 물음표를 던졌다. 주만지는 이런 문제를 타파하기 위하여 설계도가 아닌 제품을 보여주는 것이 가장 좋은 방법이라 생각하여 가장 높은 효율성을 가진 영상촬영을 선택했고, 시제품을 만들어 하드웨어와 작동법을 보여주었다. 이 동영상을 통해 그들의 투자는 성공적으로 이루어졌다.

Crinter youtube 동영상 사이트
https://www.youtube.com/watch?v=hJ5fdu7G7Co

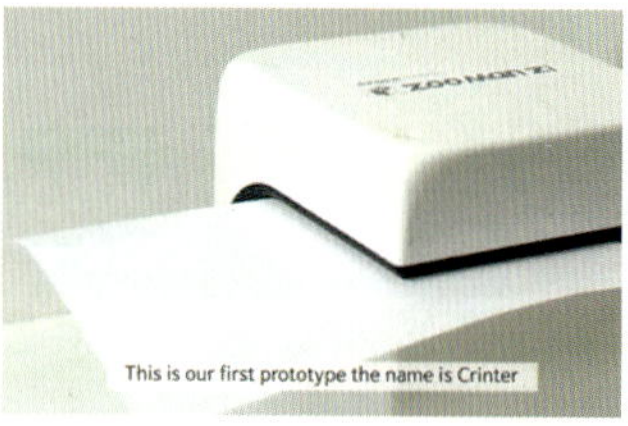

/ 기술마케팅 프로그램

기술마케팅 프로그램은 그 제품 성격에 맞는 매체를 선정하여 시행되어야 한다. 많은 전문가들이 기술창업자들의 첫 마케팅 방식으로 BTL방식을 권고하고 있다. 핸드폰, 카메라 기술이 매우 발달된 시점에서 누구나 손쉽게 자신의 아이템을 촬영하고 유튜브, 페이스북 등에 게시하는 것이 많이 보편화가 되어 있다. 실제로도 이런 방식으로 싸이의 '강남스타일' 같은 유 · 무형의 제품과 서비스들이 성공을 하고 있는 사례들도 있다. 창업자의 아이템에 대한 영상물을 제작하여 전시회 등에서 상영함으로써 가격 대비 그 효율성이 매우 크며, 앞서 언급한 바와 같이 크라우드펀딩 유치에 큰 효과를 낼 수 있다. 홍보 방법 유형은 아래 〈표 8.5.〉와 같다.

〈표 8.5〉 홍보 방법 유형

방법	광고	판매촉진	인적판매	다이렉트 마케팅	PR
주요수단	TV, 라디오, 신문, 잡지, 옥외광고, 전단지, 온라인 배너, 시설물	할인, 할부, 1+1, 무료증정, 샘플, 사은행사 등	영업 등	카탈로그, 우편, 전화, 인터넷, TV 등	보도자료 스폰서십, 출판 등

이밖에도 많은 마케팅 ATL과 BTL 방법을 각 아이템의 성격과 주요 매체 장단점에 맞게 시행하고 있다. 주요 매체 장단점은 아래 〈표 8.6〉와 같다.

〈표 8.6〉 매체 별 장점 및 단점

장점	매체	단점
시의적절성, 많은 지역 시장들에 전달, 넓은 수용범위, 높은 신뢰성	신문	짧은 수명, 낮은 재 간행 품질, 인터넷 신문으로 인한 독자의 감소
시각과 음성, 동작으로 인한 높은 이해도와 집중도, 광범위한 독자층	텔레비전	높은 비용, 순간의 노출, 많은 경쟁자로 인한 고객의 낮은 선택권
독자 선별 용이, 전하고자하는 내용의 전달이 가능, 다른 사람에 전달 가능	직접우편	상대적인 높은 비용, 정크메일로 낙인 우려
지리학적, 인구 통계학적으로 높은 고객 선별력, 중간정도의 도달성, 낮은비용	라디오	오디오만 가능, 비표준적인 비용 구조, 순간의 노출
지리학적, 인구 통계학적으로 높은 고객 선별력, 재간행 시 좋은 품질, 긴 수명, 중요한 기술 내용 포함 가능, 다른 고객에게 전달 가능	잡지	낭비적 유통, 비표준적인 비용
높은 반복적 노출, 낮은 경쟁	야외(광고판)	제한된 독자 선택권, 창의성의 한계
광범위한 지역 사회를 충당, 높은 신뢰성, 저비용	업종별 안내지	높은 경쟁, 창의성의 한계
높은 고객 선별력, 통제 가능	화보	좁은 범위, 고비용
상호접촉, 개인적 키메세지 전달 가능	전화	상대적 높은 비용, 스팸 전화로 낙인 가능
높은 고객 선별력, 광범위한 홍보 효과, 낮은 비용	인터넷	정보 혼란, 높은 경쟁수

앞서 언급한 바와 같이 기술창업기업의 효율적인 마케팅 전략은 그 아이템과 상황에 맞는 적정 마케팅을 펼쳐야 한다는 것이다. 무형의 기술은 고객에게 그 가치를 전달하는 것이 매우 어렵지만 기술을 구현함으로써 얻게 되는 이득은 마케터가 생각하는 그 이상이 될 수도 있다.

Chapter 08

8.3. 기술마케팅 로드쇼

/ 시장 수요를 고려한 기술을 개발하자

이미지앤머터리얼스는 2006년 설립된 벤처기업으로 설립 초기에는 물이 필요 없는 프린터 토너 기술을 개발하였으나, 2008년 미국 발 금융위기 이후 수요처의 투자 중단과 함께 친환경 이슈로 인해 종이에 대한 수요가 급감하면서 프린터 토너 시장이 침체하자 다른 시장을 찾을 수밖에 없었다. 때마침 아마존에서 전자북인 킨들이 출시되면서 전자종이에 대한 관심이 집중되고 있었다. 이미지앤머터리얼스의 대표 김철환 박사는 프린터 토너 기술이 전자종이용 전자잉크에 활용될 수 있다는 점을 주목하였다. 그리고 두 기술이 원리적으로 유사하고 기존에 개발한 입자의 크기만 축소하면 가능성이 있다는 판단을 하게 된다. 프린터 토너 개발을 위해 이미 50억 원 가량의 개발자금이 투입된 시점에서 내부적 반발에도 불구하고 김철환 대표는 목표 시장을 변경하는 결단을 내리게 된다. 이후 이미지앤머터리얼스는 전자잉크 개발에 전사적 노력을 기울인 끝에 2009년 드디어 시제품 제작을 완료하였다.

/ 학회발표회의는 기술마케팅의 시작

기술 개발이 마무리 되고 특허 출원이 완료되자, 이미지앤머터리얼스 대표 김철환 박사는 해외 학회인 Eurodisplay와 SID에 참석하여 지금까지 개발한 결과를 정리하여 발표하였다. 발표 당시 미국의 이잉크(E-ink)사의 기술과 차별성에 대한 질문이 나왔는데, 마침 학회발표회의에 참석하고 있던 이잉크사의 CTO가 이미지앤머터리얼스의 기술은 자신들의 기술을 교묘히 피해가고 있다는 답변을 하게 된다. 이잉크사는 전자종이 업계의 독보적인 존재로, 아마존 킨들에 이잉크사의 전자잉크 기술이 적용되고 있다. 이 잉크사 CTO의 답변 덕분에 발표회장에 참석했던 전문가들이 이미지앤머터리얼스의 기술에 주목하게 되었다.

발표가 끝나자 자연스럽게 발표회 참석자들이 관련 업계에 이미지앤머터리얼스의 기술에 대한 정보가 퍼져 나가게 되었다. 이로 인해 LG디스플레이, 삼성디스플레이, MERCK사, Applied Materials 등에서 이미지앤머터리얼스의 기술에 대한 정보 수집활동이 시작되었다. 기술이 알려진 초기에는 이들 기업들의 개발인력들이기술을 이해하기 위해 이미지앤머터리얼스에 기술 세미나를 요청하였다. 세미나를 통해 이미지앤머터리얼스의 기술력이 확인되면서 업계에서 이미지앤머터리얼스의 인지도가 향상되기 시작하였다. 학회는 관련 분야를 연구개발하는 전문 기술인력들이 한 자리에 모인 장소로 신규 기술을 설명하기에는 더 없이 좋은 장소였다. 연구개발 인력들은 신기술에 대한 관심이 높고 기술에 대한 이해도가 높기 때문에 이들에게 새로운 기술을 설명하는 것은 좋은 전략이었다.

이들은 새로운 기술에 대한 이해를 바탕으로 자신이 소속된 기관으로 복귀하여 신기술을 홍보해 주는 매체역할을 하게 된다. 따라서 기술마케팅을 시작하는 데 있어 학회발표회의에서 연구개발 인력들을 설득하는 것은 실마리가 될 수 있다.

/ 기술과 대표자에 대한 검증

이로 인해 LG디스플레이, 삼성디스플레이, MERCK사, Applied Materials에서 접촉해 왔다. 특히 MERCK사와 Applied Materials사는 이미지앤머터리얼스의 대표인 김철환 박사에 대한 다양한 방법으로 검증작업을 진행하였다. 즉 이미지앤머터리얼스가 정말로 자체적으로 기술개발을 한 건인 지에 대해 의구심을 갖고 이를 확인하기 위해 지속적으로 노력을 진행하였다.

MERCK사와 Applied Materials사 입장에서는 당연히 진행할 수밖에 없는 업무프로세스였다고 판단된다. 기술에 관 심을 보였던 네 곳의 회사 중 가장 적극적으로 접근했던 회사는 LG디스플레이와 MERCK사였다. 당시 LG화학은 전자잉크 개발에 실패하였는데, LG화학 개발진들은 자신들의 실패 이유를 파악하기 위해 이미지앤머터리얼스에게 세미나를 요청하였고 이를 통해 기술적 검증이 완료되었다. 이 같은 소식은 같은 LG계열사인 LG디스플레이에 긍정적인 영향을 미친 것으로 판단된다.

Chapter 08

/ MERCK사의 Q&A List

MERCK사는 전자잉크 기술이 자신들이 보유한 액정 기술과 연관성이 높다는 사실에 주목하고 이 미지앤머터리얼스에 관심을 표명하였다. MERCK사는 김철환 박사를 독일 본사로 초청하여 기술 세미나를 진행하고 이후 MERCK사의 생산 공장을 견학시켜 주면서 독일 공장에서의 생산 가능성에 대한 협의까지 진행하였다. MERCK사의 적극성은 다음의 Q&A 리스트를 보더라도 알 수 있다.

관리 Q&A 목록에 대한 주요 항목

IP 기술 및 IP

- 기존의 모든 제품(EPD 재료 및 공법)의 개요 및 모든 R&D 프로젝트의 현재 상황
- 관련 응용 프로그램의 개발 현황 (예 : EPD 디스플레이 장치)
- 전자 잉크 및 다른 경쟁 제품과의 IP 차별화

사업계획 및 운영

- 사업 계획 후 운영에 대한 추측 (예 : 무엇이 판매에 영향을 줄 것인가?)
- 다음 해 투자 계획
- 시장 동향, 경쟁 구도 및 경쟁 기술에 대한 토론

운영 및 생산 시설

- 시설에 대한 기본 정보 (소유 또는 임대, 크기, 분할 생산 및 관리, IT 시스템 등)
- 현재 사용하는 생산 공정 (예 : 시설 방문을 통한생산 기술의 전문화된 생산 설비, 높은 수준의 생산기술자산, 원료 및 포장 과정 개요)
- 관리 원칙 항목 원칙에 따른 일정 (수명, 유형, 유지 보수, 금융 약정 및 관련 평가 보고서)
- 새로운 생산 시절 프로젝트에 대한 자세한 정보 (장비, 스케일업 시험, 타이밍 등)
- 환경 문제 : 현황과 조치에 대한 지속적 업데이트 수행
- LGD와의 관계

MERCK사의 질문리스트는 기술뿐만 아니라 비즈니스 플랜, 향후 생산 계획까지를 구체적으로 묻고 있다. 기술 매각을 준비하는 예비창업자는 이를 참고하여 개발 초기부터 이러한 점들을 고려하길 바란다. 단순히 기술의 성능에만 집중하여서는 매수자들을 설득할 수 없다는 사실을 인식해야 한다.

8.4. 기술마케팅 유의사항

기술 마케팅은 그 의미 그대로 기술을 거래하는 것이며, 일반 마케팅과는 그 거래 형태와 거래방식이 다르다. 기술을 거래한다는 것은 기술의 가치를 고객에게 전달을 하여야 한다는 의미이다. 기술 가치는 무형의 자산이므로 고객이 그 기술을 이해하는 것에 있어 제약이 있으며, 기술의 가격을 책정한다는 것 역시 보편적인 형식을 모르는 고객에게는 거래에 어려움이 따른다.

(1) 기술은 제품에 비하여 구매에 따르는 부담이 크다. 일반 제품은 검증된 사례를 찾기가 쉬워 구매를 결정하기가 생각보다 쉽다. 하지만 기술은 외부기술을 활용하거나 이전을 받아서 사업화하는데 자사의 사업에 적합한 개량 및 개선이 필요하고, 그 과정에서 발생할 기술적 문제를 예측할 수 없다. 뿐만 아니라 기술적 문제를 해결한다 하더라도 사업화에 성공했을 때 초기 계획대로의 수익 창출과 시장 창출이 이루어질지는 아무도 예측할 수가 없다. 현실에서는 소위 복불복인 상황이 더 많다. 이렇게 기술이 가진 모호성과 불확실성은 고객과의 거래에 대한 위험부담을 발생시키고, 이는 곧 기술마케팅 관리자가 고객에게 기술 구매를 유도하고자 할 때에 문제 요소가 된다.

(2) 기술은 일반 제품에 비하여 거래과정이 복잡하고 오랜 시간이 소요된다. 대부분의 기술 시장은 아주 역동적이고, 특히 기술창업 시장은 그 중에서도 틈새시장을 공략해야한다. 다시 말해서 이미 정해진 시장이 아니라, 수시로 변하며, 남이 만들어 놓지 않은 황무지를 개척할 경우가 크다는 것이다. 이미 만들어진 시장이라면, 출시 즉시 제품 거래가 성사 될 수 있으나, 황무지라면 얘기가 달라진다. 하지만 틈새시장의 특징을 보았을 때 내가 원하는 길을 만들 수 있으며, 길이 만들어졌을 때 높은 진입장벽을 만들 수도 있으므로, 이를 감안하여 마케팅 전략을 수립하여야 한다.

(3) 기술은 거래 타이밍이 중요하다. 앞서 언급한 바와 같이 기술시장은 매우 역동적이다. 수시로 변화될 가능성이 크다는 것이다. 따라서 적절한 시기에 기술을 내놓기만 해도 높은 수익 창출이 가능하다. 그러므로 기술마케팅 관리자는 시장의 변화를 항상 체크하고, 적기에 기술이 거래되어 사업화가 추진될 수 있도록 해야 한다.

(4) 기술은 거래 당사자 간 협상이 더 어려울 가능성이 크다. 일반 제품과 달리 기술은 거래를 했다고 해서 바로 원하는 방식으로 사용이 가능하지 않을 가능성이 더 많다. 즉 구매한 기술을 가지고 제품을 생산하려면 하고자 하는 아이템에 맞게 개량 또는 개선해야 한다. 따라서 고객과의 심도 깊은 거래가 이루질 가능성이 크며, 기술을 구매할 시 반드시 주변의 이해 관계자 즉, 기술개발 부서, 제품생산 부서, 마케팅 부서와의 협의와 협조 등의 공동 협력이 필요하다. 만에 하나 조직내에서 반대하는 의견이 나올 경우, 이를 조정하는데 많은 노력과 시간이 필요하게 된다. 이에 기술마케터는 이런 점을 고려하여 잠재적인 소비자 그룹을 선정해야 할 것이다.

(5) 기술은 기존 제품들과는 거래되는 시장의 형태가 다르다. 기술거래 사실 자체가 기술의 판매자 및 고객과의 영업비밀을 알아야 할 상황이 많으므로 대부분 당사자 간 은밀한 거래를 원할 가능성이 크다. 특히, 고객 입장에서는 기술구매 사실이 밖으로 알려 지는 경우, 자사의 사업전략에 부정적인 영향을 줄 수 있음을 걱정하여 공개하지 않는 경우가 많다. 최근에는 기술 설명회를 통해 기술을 소개하는 것이 사례가 많지만, 질적인 상담 및 협상은 당사자만 참석해서 이루어지는 것이 일반적이다.

단원요약

- 기존마케팅과 기술 마케팅은 전략적 목표, 시장세분화, 목표그룹, 가격설정 및 유통채널 부분에서 다르다.
- 기술을 거래한다는 것은 기술의 가치를 고객에게 전달한다는 것이며, 기술가치는 무형의 자산이므로 고객과의 거래에 있어서 기존의 제품들과 다르다.
- 기술창업은 제한된 자원으로 마케팅을 진행해야 하므로 적정 마케팅 전략을 수립하여야 한다.
- 마케팅 전략은 ATL(Above the line)과 BTL(Below the line)로 나누어서 정의하기도 한다. ATL은 마케팅의 광고 커뮤니케이션 툴로 활용되는 매스미디어(TV, 라디오, 신문, 잡지), CATV, 위성TV, 인터넷, 옥외 미디어 등 모든 미디어 부분을 포함하고 있으며, BTL은 마케팅의 직접적인 SP(Sale Pro-motion) 툴 또는 가치확대(Value-up) 활동인 전시, 이벤트, 스포츠스폰서십, PR, DM, TM, PPL(Product Place-ment), CRM(Customer Relation-ship Management), PRM(Partner Relationship Management) 등 직접적인 활동을 포함한다.
- 현재 가장 활발한 마케팅으로는 게이미피케이션, 바이럴, 게릴라, 앰부시, 래핑, 노이즈, 버즈, 입소문 마케팅 등이 있다.
- 무형의 기술가치를 고객에게 전달할 때 제품을 영상화하는 것이 적합한 경우가 많으며 크라우드펀딩 유치에 유리하다.

핵심용어 정리

- 기술마케팅 로드쇼
- 기술마케팅 전략
- 적정마케팅
- 게이미피케이션
- STP 전략
- 크라우드펀딩
- 4P 전략
- 틈새시장 전략
- ATL, BTL
- 기술 PR

Chapter 08

학습하기

1. 나의 기술을 적정 비용으로 홍보할 수 있는 방안을 토의해 보자.
2. 기술전문가들이 모이는 공간, 장소, 사이트 등을 알아보고 어떻게 나의 기술을 알릴 수 있을지 알아보자.
3. 기술 매수자나 투자자의 관심을 끌기위한 최고의 방법은 무엇인지 논의해 보자.
4. 앞의 1,2,3에서 논의된 방법으로 나의기술 또는 제시된 샘플 기술을 홍보해 보자.
5. 마케팅과 기술마케팅의 차이점을 설명해 보자.

참고문헌 및 보충자료

- 기술은행 홈페이지. www.ntb.kr
- 기술이전 업무매뉴얼, 한국산업기술진흥원, 2010.
- 김길해, 여인국, 2015년도 기술거래사 등록교육 교재, 한국기술거래사회, 2015.
- 성태경, 기술사업화 수단으로서의 기술마케팅 : 개념, 전략, 과정의 정립 및 시사점, 지식재산연구, 2012.
- 안광호, 하영원, 박흥수, 마케팅원론, 학현사, 2014.
- 연구성과실용화진흥원, 미래기술마당 브로셔, 2015.
- 정보통신산업진흥원, 제품 및 기술 수명 주기 활용 동향, 주간기술동향, 2012.
- 특허청/한국발명진흥회, 특허제도와 출원서 작성, 2007.
- 한국과학기술기획평가원, 대형 국책연구개발사업의 성과 및 성공요인, 2009.
- 한국과학기술기획평가원, 2013년 연구개발활동 조사보고서, 2014.
- Gerber, E. M., Hui, J. S. & Kuo, P. Y., Crowdfunding: Why people are motivated to post and fund projects on crowdfunding platforms, In CSCW Workshop, 2012.
- Margaret A. White, Garry D. Bruto, 이청호, 정진철, 황윤용 역, 기술경영, 한경사, 2010.
- Schwienbacher, Armin & Benjamin L., Crowdfunding of small entrepreneurial ventures, HANDBOOK OF ENTREPRENEURIAL FINANCE, Oxford University Press, 2010.

단원 사례연구

카메라 대박의 꿈 바이럴 마케팅으로 승부하다

아이디어를 기술사업화 할 때 중요한 몇 가지, 특히 적은 돈으로 큰 효과를 노리는 바이럴 마케팅에는, 고객이 원할 때, 고객이 원하는 가치를 전달 할 수 있는 콘텐츠가 있어야 한다.

닉 우드먼(Nick Woodman), 그는 익스트림용 스포츠용 카메라인 액션캠코더 고프로(GoPro)의 창업자이다. 24살의 젊은 창업자는 전자제품 쪽에서 두 번의 창업을 도전하였으나, 미처 꽃을 피워보기도 전에 시장에서 사라지는 실패를 맛보았다. 서핑 광이었던 그는 좌절감을 씻어내기 위해 서핑을 위한 여행을 갔고, 자신의 서핑 모습을 찍기 위해 카메라를 손바닥에 고정시키다가 한 아이템을 떠올렸다. 하지만 그는 디자인과 문예창작을 전공하여 기술 분야에는 문외한이었다. 이런 그가 식음을 전폐하고 오직 카메라 개발에만 몰두를 하고 마침내, 방수형 플라스틱 케이스에 담은 작은 카메라를 만들어내며, 현재 액션캠코더의 시장 1인자인 고프로를 개발하였다. 이렇게 개발된 고프로(GoPro)는 전통적인 마케팅으로 대기업들인 카메라 제조사들과 경쟁하기에는 하드웨어 제조 역량, 기술, 브랜드 인지도가 미흡했다. 더 중요한 것은 개발에 모든 걸 투자한 상황이었기 때문에 마케팅 비용이 턱 없이 부족했다.

하지만, 20명의 인원으로 시작한 이 창업기업이 액션캠코더 시장에서 점유율 1위를 차지한 데는 고프로의 마케팅 전략이 큰 몫을 차지하였다. 고프로는 기존의 카메라 마케팅과 같이 카메라의 기능에 초점을 두지 않고, 카메라를 사용하는 고객들의 여가활동에 중심을 두었다. 고프로는 자사의 제품이 카메라가 아니라 '익스트림 스포츠 영역의 문화 아이콘' 으로 정의하며, 마케팅을 펼쳤다. 그는 소비자들이 직접 촬영한 영상들을 유튜브 등 온라인에 업로드 할 수 있도록 하여, 커뮤니티의 회원들이 고프로를 사용하여 촬영한 영상들을 유튜브 등에 올릴 수 있게 하였다. 이 영상들이 다시 페이스북 등의 SNS를 통해 공유되면서 고프로의 액션캠코더 판매량은 지속적인 증가를 보였다. 2014년 기준 고프로의 매출은 14억 달러, 영업이익은 1.9억 달러에 달한다.

Chapter 08

지금도 매일 유튜브에 '고프로' 라는 내용이 포함된 비디오가 6천개 이상 업로드되고 있다. 이에 그치지 않고, 유튜브 고프로 브랜드 채널에 소비자들이 잘 만든 비디오를 소개하여, 선물 등을 제공함으로써 지속적인 영상들이 업로드 될 수 있도록 독려하고 있다. 고프로는 고객들이 원하는 콘텐츠와 특성에 대한 정확한 이해를 바탕으로 적은 비용의 바이럴 마케팅을 통해 세계에서 가장 빠르게 성장하는 카메라 제조 전문기업이 되었다.

토/의/문/제

1. 고프로의 성장에 있어 강점과 약점, 기회와 위협은 무엇인지 논하여 보자.
2. 소비자 제작 비디오는 양날의 검이 될 수도 있다. 케이블 방송회사 캠캐스트는 불친절한 소비자 상담전화 녹음 내용이 온라인상에서 바이럴되어 큰 이슈가 되었다. 이에 비추어 현재 고프로의 마케팅 기법에 대한 장점과 단점을 논하여 보자.
3. 만일 고프로가 사업을 확장하게 된다면 어떤 분야와 어떤 마케팅 기법이 효과적일지 논의 해 보자.

그룹 프로젝트

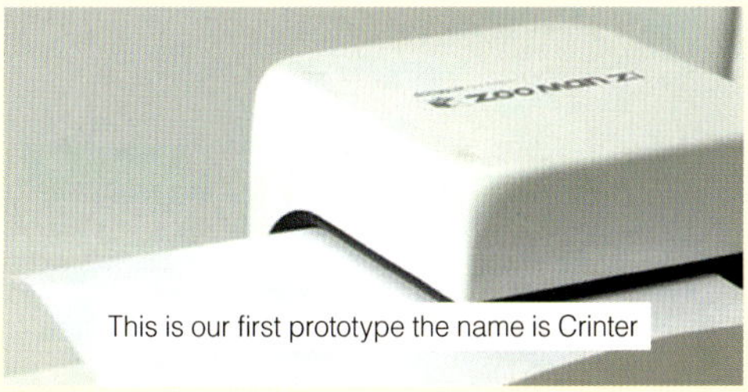

창업자 관점 기술 마케팅

기술의 내용설명만으로는 이해도가 낮기 때문에 실제 프로토타입을 영상제작하여 고객에게 이해도를 높이는 BTL 마케팅을 시작하였다.

| 문제점
마케팅 및 홍보비용의 한계로 인해 초기 고객을 잡는 것이 어렵다.

투자자 관점 기술 마케팅

얼리어댑터 고객을 잡아라.

기술 마케팅 시작 시 영상화를 하거나 크라우드펀딩 사이트에 올려 고객의 관심과 이해도를 높이는 것이 좋은 방법이다.

토/의/하/기

1. 주만지 영상제작과 같이 프린트와 관계된 영상을 만들어보거나 또는 다양한 도구를 활용하여 기술아이템을 설명하고 홍보 해 보자.
2. 크라우드펀딩 사이트를 알아보고 만들어진 기획안(프로토타입)을 홍보해 보자.

Chapter 9

4부 시장 진입

기술금융 투자받기

학습목표 1

기술사업화를 위한 예산 추정의 중요성을 이해하고
예산 산정 방식의 기본 요소들을 알 수 있다.

학습목표 2

기술사업화를 지원하는 다양한 지원과 융자, 투자 제도를 알아보고
각각의 특징과 주의할 점들을 파악할 수 있다.

학습목표 3

다양한 투자자의 종류와 나에게 맞는 투자자들을 찾는
방법을 이해하고 기본적인 투자 프로세스를 알 수 있다.

Chapter
09

단원도입사례

윙쉽테크놀러지는 선박과 항공기의 특징과 장점을 융합한 새로운 해상수송수단을 연구하던 정부 출연연구소 소속 연구원들이 정부의 국가연구개발 실용화 사업을 수행하기 위해 2007년 설립되었다. 이전에 상용화 된 적이 없는 신개념의 운송수단을 개발하는 관계로 정부와 민간에서 지원한 개발비용만도 500억 원에 이르렀다. 4년간의 개발기간을 거쳐 2011년, 드디어 50인승의 시운전에 성공하게 된다.

하지만 2012년 공장 화재로 인하여 시제기의 엔진이 손상되면서 영국 로이드선급의 이수시험이 지연되었고 제주 애월항의 계류장도 자체 자금으로 설치해야 하는 상황으로 자금 압박이 가중되기 시작했다. 로이드선급으로부터 국제 안정 인증만 획득하면 국내뿐만 아니라 협상 중이던 말레이시아, 인도네시아 등에 수출이 가능한 상황이었다. 상황이 다급해지자 회사는 2013년 중고 엔진을 장착하고 로이드선급에 인증을 신청하였는데, 이로 인해 선체 인증은 획득하였지만 최종 안정성 인증 획득에 실패하고 말았다. 엔진 교체 비용과 추가 시설비를 조달하기 위해 회사는 대기업의 투자 유치를 시도하였으나, 사업성에 대한 불확신으로 인해 무산되게 된다. 결국 회사는 선체 구조에 대해서만 인증을 받고, 엔진을 비롯한 장비인증 및 시운전 테스트를 통한 최종인증을 받는데 실패한 채, 2015년 도산하고 말았다.

아무리 좋은 기술을 가지고 있더라도 사업으로 이어지기 위해서는 결국 자금이 필요하다. 자기 스스로의 돈으로 충분하면 좋겠지만 대부분 그렇지 못하기 때문에 주위의 투자를 받거나, 신용이나 담보를 제공하고 대출(융자)을 받아 필요한 자금을 확보하게 된다. 초기기업에게 대출은 결코 쉬운 일이 아니다. 대출은 신용이나 자산담보를 제공해야 하는데, 이제 막 설립한 기업에게는 담보로 내세울 것이 거의 없는 편이다. 그럼에도 불구하고 우리나라에는 보유하고 있는 기술이 우수하다면 그것을 담보물로 인정하여 자금을 대출하여 주는 금융기관이 있는데, 그것은 바로 기술보증기금이다.

기술금융은 협의의 관점에서는 기술보증기금의 대출제도를 지칭한다고 볼 수도 있을 것이다. 다시 말해서 기술금융과 일반 금융의 차이는 신용(대출을 의미한다)을 일으키는 기본이 되는 것이 기술이냐 그 외의 것이냐의 차이라고 할 수 있겠다. 일반 금융의 경우 신용의 기본이 되는 것이 집이나 자동차, 토지 같은 유형 자산들, 적립된 예·적금들, 수출이나 매출이 예상되는 계약들이나 대출자 본인의 신뢰도등이 신용을 만들어 내서 대출을 가능하게 한다. 기술금융의 경우, 기술의 가치를 측정하여 그 가치를 신용으로 삼아 대출이나 투자를 일으키는데, 이러한 이유로 매우 공격적이고 상환하지 못할 가능성이 있으므로 일반 금융권에서 쉽게 접근하기 어려운 점이 있다.

이러한 자금 확보 프로세스는 기술 기업이나 서비스 기업에 상관없이 단계별로 비슷한 과정을 겪게 된다. 예를 들어 투자 측면에서는 회사 설립 시에 창업자들의 첫 번째 투자(설립자본금)가 이루어지고, 이후 사업 개발 단계에서 개인 자금인 엔젤투자, 상업화 단계에서 기관투자(Financial Investment) 또는 전략적 투자(Strategic Investment)를 유치하게 된다. 여기서 투자자는 회사에 자금을 투자하고 그 대가로 주식을 취득하게 되는데, 그 투자대상 주식의 가치가 높아지느냐 낮아지느냐에 따라 투자수익이 결정된다.

이 장에서는 일반적인 투자유치와 대출을 통한 자금 확보 방안을 살펴보고, 그 중에서도 기술 기업에게 유리한 투자와 대출 방식, 그리고 각종 지원제도 등을 알아본다. 또한 기술사업화를 실행하는 창업자 입장에서 향후 필요한 자금을 예측하고 확보하는 기본적인 프로세스와 전략을 수립할 수 있는 방안을 알아본다.

Chapter 09

9.1. 얼마의 자금이 필요한가?

잠깐 동안의 해외여행에서도 예산 짜기는 필수 항목이다. 물론 정확하게 짤 수도, 정확하게 집행할 수도 없다. 예상하지 못하는 변수들이 너무 많기 때문이다. 하지만 대략의 예산 가이드라인을 통해 하루에 얼마를 써야하는지 알게 되면 그 범위 안에서 지출하려고 노력하게 되고, 하루 예산보다 더 많이 쓴 날이 있으면 그 다음날은 조금 더 절약하려고 노력하게 된다. 여행 예산을 짜는 것을 통해 무사히 귀국하여 여행을 "완성" 하고 하루의 여행 경비에 대한 "가이드라인" 을 얻게 된다.

사업을 시작하면서 얼마의 자금이 필요한지 생각하지 않는 사람은 없을 것이다. 문제는 사업을 처음 시작하는 사람이 다양한 비용요소들의 가격, 돌발 변수, 자금 조달 환경에 대해서 알기 어렵다는 것이다. 기술사업화의 총 예산을 측정해보는 것은 사업화를 완성할 때까지의 예상 소요 자금을 측정해보고 내가 과연 그 정도의 자금을 조달해 낼 수 있는가 가늠해 보는 것이다. 이렇듯 소요자금을 측정해 보는 것은 기술사업화의 계획수립이나 전략 변경 등의 가이드를 제시해 줄 수 있기 때문에 매우 중요하다.

9.1.1. 소요자금 측정의 중요성 I – 완성의 의미

/ "99억 원의 자산인가 99억 원의 쓰레기인가?"

〈그림 9.1.〉 100억짜리 건물과 100원짜리 껌

〈그림 9.1.〉과 같이 100억 원짜리 건물을 짓다가 마지막 1억 원이 부족하여 건물 지붕의 마감 공사를 하지 못했다면 과연 그 건물은 99억 원짜리 건물인가 아니면 99억 원짜리 쓰레기인가 생각해봐야 한다. 99억 원이 투자되었다고 해서 99억 원의 가치로 남아있지만은 않게 된다. 완성되지 않은 지붕으로 인해 분양이 안 될 뿐만 아니라 비나 눈이 왔을 때 건물이 보호되지 않기 때문에 오히려 폐기처분하는데 돈이 더 들게 될 수도 있다. 기술을 사업화하고 상업화될 때까지 아무리 많은 노력과 돈이 들었더라도 마무리가 되지 않으면 그동안 노력했던 것이 자산으로 팔릴 가능성은 높지 않다.

100원짜리 껌을 팔더라도 포장이 되어있고 가격표가 붙어있어야 한다. 얼마의 자금이 필요한가?의 문제도 이와 같은 것이다. 기술사업화의 총 예산을 측정해보는 것은 과연 사업화까지의 예상 소요자금을 측정해보고 내가 과연 그 정도의 자금을 조달해 낼 수 있는가 가늠해 보는 것이다.

9.1.2. 소요자금 측정의 중요성 II

/ "우주인은 지구에서 훈련된다"

사업을 처음 시작하기 때문에, 아니면 전공이 회계학이 아니라, 또는 아무도 만들어 보지 않았기 때문에 자금과 예산을 측정해 보는 것이 매우 어려운 일이고 "어차피 맞지 않을 숫자들을 왜?" 라는 생각을 할 수 있다. 하지만 우주인은 지구에서 충분한 훈련을 통해 실제 우주에서 필요한 거의 모든 활동을 익히게 된다. 사업도 마찬가지다. 어쩌면 당장 사업을 시작하는 것보다 시작하기 전의 시뮬레이션이 더 중요할 수 있다.

더욱이 "연구 개발은 초기기업에게는 사치" 일 수도 있다. 연구라는 것은 수익을 목적으로 하지 않고 새로운 것을 발견하기 위한 성격이 더 커서 파산이나 부도의 개념을 갖지 않는다. 기업은 초기기업이든 대기업이든 시작하면 "수익" 부터 따지기 때문에 사업 시작 전 시뮬레이션을 하는 시간이 더욱 중요할 수 있다. 그래서 "시뮬레이션을 통해 나오는 숫자가 과연 맞을까?" 라는 질문에 대부분 "그렇지 않다" 가 많을 것이다. 그럼에도 불구하고 왜 해야 할까? 그것은 숫자는 비교하지 않으면 그 의미를 알 수 없기 때문이다. 모든 숫자는 비교를 통해 그 정성적 가치를 파악할 수 있다. 예를 들어 올해 100억을 벌어 30억을 남겼다고 하면 매우 잘한 것 같이 보이지만, 내 경쟁사는 100억을 벌어서 60억을 남기는 장사를 했다면 어떨까? 아니면 작년에는 200억을 벌어 100억을 남겼다고 하면 올해 100억을 팔아서 30억을 남겼다는 것이 과연 잘하기만 할 숫자일까? 숫자가 비교를 통해서 그 가치를 갖게 되는 경우이다. 비교할 숫자는 동종업계, 시계열 분석 아니면 자기 자신의 또 다른 숫자와 비교(예를 들어 순이익률, 매출과 순이익의 비교)를 하게 된다. 재무제표가 2년 치를 같이 보여주는 이유가 그렇다.

/ 회사는 어떻게 현금을 창출하는가?

창업자는 당연히 제품을 팔아서 현금을 창출할 것이다. 하지만 제품 값을 6개월 후에 받는다면? 당장 현금 창출은 못할 것이다. 제품 값은 못 받았어도 은행에서 6개월간 버틸 수 있는 돈을 빌렸다면? '현금창출' 이라는 측면에서는 제품을 판 것보다도 은행에서 돈을 빌리는 것이 더 중요할 수도 있다. 왜냐하면 직원들의 월급은 매달 나가야하기 때문이다. 사업을 계획하면서 현금의 보유여부 및 조달 방법은 매우 중요한데, 회사는 3가지 방법으로 현금흐름을 증가 또는 감소시킬 수 있다. 영업활동으로 인한 현금흐름, 투자활동으로 인한 현금흐름, 재무활동으로 인한 현금흐름이 그것이며, 보통 이것을 합해서 현금흐름표라고 부르고 있다. 기술창업기업은 영업으로 인한 현금흐름을 +로 만들 수 있을 때까지 매우 긴 시간이 필요할 수 있으며, 이를 예측하여 그전에는 재무활동(대출)과 투자로 인한 현금흐름을 발생시켜야 한다.

초기기업의 현금흐름을 잠깐 들여다보면, 영업활동으로 인한 현금흐름은 대부분 마이너스일 것이다. 사무실과 각종 판관비, 인건비등으로 현금은 많이 나가지만, 제품을 본격적으로 판매하지 못하고 있기 때문에 들어오는 돈은 없을 것이다. 그러나 외주용역이나 연구개발지원금을 받았다면 플러스일수도 있다. 재무활동으로 인한 현금흐름은 플러스일 가능성이 있다. 은행에서 대출을 받았다면 빚은 늘어났겠지만 어쨌든 현금은 들어왔기 때문이다. 투자활동으로 인한 현금 흐름은 초기에 외부 투자자들을 유치할 수 있다면 현금이 들어와 플러스를 유지할 수 있을지 모르나 실험실장비들과 기타 유무형 자산들을 취득해야하는 과정에서 마이너스로 곧 돌아설 가능성이 있다. 위의 3가지 활동을 다 더해보면 결국 대규모 외부 자금 유입이 없으면 마이너스일 가능성이 높다. 이러한 추정을 해보는 것은 향후 우리가 얼마의 자금이 필요할까를 알아보고 어떻게 자금을 조달할 예정인지를 계획하기 위함이다. 이를 위한 가장 기초는 우리의 소요되는 예산을 추정해 보는 것이다.

기술사업화를 위해서 얼마의 자금이 필요할까를 예측해보면, 그것은 향후 사업을 시작하게 되었을 때 기본 비교 숫자가 된다. 그래서 이게 정확히 맞으면 좋겠지만 맞지 않더라도, 우리가 수행하려고 하는 다양한 전략들의 수정이 필요하다는 사인을 주게 되어 미래를 예측하는데 많은 도움을 주게 된다. 아래의 3가지 방법을 반영하여 측정하는 것이 매우 중요하다.

/ 고정비 · 변동비로 구분하여 산정해보기

고정비는 임대료, 인건비, 서버 임대료 등 일정하게 지출이 예상되는 경우이고 변동비는 매출이 증가함에 따라 같이 증가하거나, 특정시기에만 발생할 것으로 예상되는 경우의 비용이다. 변동비는 예상되는 특정기간을 측정하여 매출액에서 차지하는 변동비율을 구하여 적용하거나, 매출의 약 몇 %를 변동비로 가정하여 산출하기도 한다.

고정비와 변동비를 나누어 산정하게 되면 손익분기점(Break Even Point)을 예상할 수 있는데 손익분기점이란 비용과 매출이 같아서 순이익이 0이 되는 매출금액을 말한다. 즉, 고정비 + 변동비 = 매출액이 되는 것을 말한다.

전문가 Tip

초기기업 대부분의 비용은 주로 인건비인데, 해고가 자유롭지 않기 때문이며, 임시직의 경우 변동비로 처리할 수 있다. 초기기업이 많이 실수하는 것이 인건비를 월급만 책정하는데, 사실은 4대 보험과 퇴직금등을 포함시켜야하기 때문에 인건비(연봉)+10%정도를 더 추가하여야 하며 복리후생 등 고용을 함으로써 발생하는 추가비용들이 +10% 정도 더 발생한다고 보아야 한다.

/ 월별 소요 비용으로 나누어 산정해보기

사업계획서나 투자제안서에는 지면관계상 3개년 또는 5개년의 재무제표를 제시하는 경우가 많다. 하지만 내부적으로는 제품의 매출과 회사의 비용은 매월마다 작성되어 관리되어야 한다. 왜냐하면 매출이 시작되는 시점과 프로모션계획 등이 연기되는 경우가 많아서 그런 것들을 제대로 반영하려면 월별 계획을 세워야 한다. 투자제안서 등에는 월별로 작성된 것의 통계를 연도별로 보여줄 뿐이며, 실제 투자를 위해 실사를 하게 되는 경우 월별 측정자료, 계획 자료를 요구하는 경우가 대부분이다.

/ 계정별 · 제품별 · 서비스별로 나누어 산정해보기

가능한 세부적으로 나누어 산정해야한다는 것이다. 매출추정이나 비용추정도 마찬가지이다. "내년에 매출 100억, 그 이후에 200억 하겠습니다!" 라고 하는 것은 어떤 제품들을, 어떤 비용을 써서 만들어 팔겠다는 구체적인 추정자료가 없이는 헛된 구호에 불과할 수 있다. 이것은 제3자를 대상으로 하는 사업제안이나 투자제안을 떠나서, 본인이 우리 회사의 첫 번째 투자자라는 측면에서 진솔하게 매출/비용 시뮬레이션을 하는 것이라고 생각해야 한다. 남에게 보여줘야 하는 성취 목표 이전에 실제로 실행될 수 있는 숫자들을 가지고 현실을 직시해보는 것이 필요하다.

앞서 제시한 3가지 방법은 결국 같은 이야기를 하고 있는 것이지만, 사업의 형태나 개발 아이템의 특성, 자금 조달 전략에 따라 표현되는 방법이 다르게 되는 것이라고 봐야할 것이다. 예를 들어 생산량 증가에 따라 마케팅 비용이나 부재료 비용 등이 일정하게 증가하면 고정비/변동비 산정방식이, 확정된 사무실 비용과 인건비가 주된 비용이라면 월별 비용 측정이, 대규모 자금이 특정시기마다 사용되게 되면 계정별로 산정해 보는 것이 더 사업비용을 예측하기에 좋을 것이다. 그러나 보통은 이 3가지 방법을 다 사용함으로써 다양한 측면에서 자금 흐름을 파악하는 것이 유리하다고 할 수 있다. 이에 대한 예시는 아래의 〈표 9.1.〉과 같다.

〈표 9.1.〉 매출/비용 추정 예시

〈단위 : 원〉

<table>
<tr><th colspan="3">구 분</th><th>합 계</th><th>1월</th><th>2월</th><th>3월</th></tr>
<tr><td rowspan="7">매출</td><td rowspan="3">국내</td><td>aaa</td><td>600,000</td><td>100,000</td><td>200,000</td><td>300,000</td></tr>
<tr><td>bbb</td><td>700,000</td><td>200,000</td><td>200,000</td><td>300,000</td></tr>
<tr><td>소계</td><td>1,300,00</td><td>300,00</td><td>400,000</td><td>600,000</td></tr>
<tr><td rowspan="3">해외</td><td>aaa</td><td>600,000</td><td>200,000</td><td>200,000</td><td>200,000</td></tr>
<tr><td>bbb</td><td>900,000</td><td>300,000</td><td>300,000</td><td>300,000</td></tr>
<tr><td>소계</td><td>1,500,000</td><td>500,000</td><td>500,000</td><td>500,000</td></tr>
<tr><td colspan="2">매출합계</td><td>2,800,000</td><td>800,000</td><td>900,000</td><td>1,100,000</td></tr>
<tr><td colspan="3">합계</td><td>2,800,000</td><td>800,000</td><td>900,000</td><td>1,100,000</td></tr>
</table>

▶▶ 뒤에 계속

구 분			합 계	1월	2월	3월
비용	고정비	밀반 고정비	400,000	100,000	100,000	200,000
		소계	400,000	100,000	100,000	200,000
	로열티	국내(10%)	60,000	10,000	20,000	30,000
		해외(15%)	135,000	45,000	45,000	45,000
		소계	195,000	55,000	65,000	75,000
	외주용역비		200,000	50,000	70,000	80,000
	결제 수수료		325,000	75,000	100,000	150,000
	광고/ 판촉	광고비	140,000	40,000	45,000	55,000
		판촉비	28,000	8,000	9,000	11,000
		소계	168,000	48,000	54,000	66,000
	소계		888,000	228,000	289,000	371,000
	합계		1,288,000	328,000	389,000	571,000
영업이익			1,512,000	472,000	511,000	529,000

계정별로 조금 더 살펴보면, 기술창업화 기업이 가장 많이 사용하는 비용은 아래와 같다.

- **인건비_** 연구 개발, 경영관리, 영업 마케팅, 생산
- **설비, 장치비**
- **생산비_** 원재료, 금형, 테스트, 인증 등
- **기타_** 특허, 마케팅비 등

특히 바이오 산업의 경우 연구 개발비가 많이 들고, 여러 가지 인증 시설을 갖추어야 하는 경우가 많다. 그런 인증비용들이 생각보다 크기 때문에 꼼꼼하게 예산을 세우지 않으면 큰 낭패를 볼 수 있다. 또한, 목업이나 금형 또는 인증을 위해 사용되는 금액은 아이템에 따라서 제공 업체마다 편차가 크기 때문에 어느 정도의 여유를 가지고 예산을 잡는 것이 필요하다. 또한 계약을 진행할 때는 계약서를 작성하고 2~3곳의 견적을 받아 진행하는 것이 유리하다. 기타비용 중 특허 비용 자체는 그렇게 크지 않지만, 매년 관리해주어야 한다는 측면에서 특허가 많은 기업의 경우 해마다 부담해야 하는 특허비용이 만만치 않음을 느끼는 경우가 많다. 별도로 변리사 비용이 특허의 경우 150~200만 원, 디자인등록이 40~45만 원, 상표등록이 30~35만 원 정도 별도로 필요하다는 것을 감안해야 한다.

9.2. 어떻게 지원받을 수 있는가?

기술사업화는 다양한 지원과 투자를 받을 수 있는데, 1)정부지원 2)융자 3)투자로 나누어 살펴보려고 한다. 2)융자나 3)투자는 상환하거나 배당 등을 요구한다는 측면에서 지원이 아니라고 생각할 수 있지만, 투자라는 것도 융자나 투자도 원금 손실의 위험을 감수하고 진행된다는 측면에서 창업자들에게는 꼭 필요한 인프라들이라고 할 수 있다. 3)투자와 관련해서는 9.3. 투자자는 어디에 있는가?에서 조금 더 깊이 있게 다루도록 하겠다.

기술창업자를 위한 투자지원 방식은 〈표 9.2.〉와 같다.

〈표 9.2.〉 창업자를 위한 지원(투자) 방식

	정부지원	융 자	투 자
주체	각 정부기관(표 참고), 창업진흥원, 서울산업진원, 창조경제혁신센터 등	은행, 신용보증기금, 기술보증기금, 신용보증재단, 중소기업진행공단	VC, 엔젤투자, 전략적투자자
방식	연구개발비, 시설자금, 인건비, 마케팅비등의 지원 (일정요건충족시)	신용대출,담보대출, 보증부대출	지분투자, 전환사채등
상환여부	상환 의무없으나 사용 전/후 감사. 문제시 지원자금이 회수될 수 있음	상환	투자는 상환의무가 없으나 최근에 많이 투자되는 방식인 RCPS(상환전환 우선주)는 일정조건의 상환조건이 있을 수 있음. 투자자에 따라 별도의 특별상환권 (PUT OPTION)을 둘 수 있음

/ 정부 지원

기술을 개발하고 사업화함에 있어 자금의 원동력 중 정부의 지원이 있다. 이는 그 기술경영능력과 연구개발, 시장환경 등에 대한 충분한 검토를 통하여 지원이 이루어진다. 각 기관마다 그 양식이나, 지원 사항이 조금씩 다르므로, 다양한 기관에서 이루어지는 지원 사항에 대하여 잘 숙지하여 효율적이고 적합한 지원을 받는 것이 중요하다. 각 기관별 지원 사항에 관련된 사업 공고 및 신청은 각 홈페이지에서 관리를 하고 있다.

2016년 정부 R&D 예산은 '15년 대비 1.1% 증가한 19.1조원으로 창의적, 도전적, 질적 성과중심의 R&D를 추구하고 기술개발과 기술사업화, 일자리창출이 연계되며, 미래 유망 분야를 선점하는 연구기관을 중심으로 선도형 R&D를 추구하는데 그 목적을 두고 있다. 2016년 대표적인 각 기관별 R&D 지원 사업 및 금액은 〈그림 9.2.〉와 같이 진행될 예정이다.

〈그림 9.2.〉 R&D지원 기관

/ 융자

융자 또는 대출이라고 하는 것은 기본적인 담보를 제공으로 진행된다. 보통은 유 · 무형의 자산이 담보가 되는데, 창업자들의 유 · 무형 자산이 많지 않을 경우 창업자의 '신용' 을 담보로 하는 신용보증대출과 '기술' 을 담보로 하는 기술보증 대출이 많이 활성화 되어 있다. 신용보증대출은 신용보증기금(www.kodit.co.kr)에서, '기술' 은 기술보증기금(www.kibo.or.kr)에서 신청과 심사를 담당하고 있으며, 각 기금에서 신용과 기술평가를 통해 보증서를 받게 되면 일반 은행에서 그 보증서를 담보로 자금을 대출해주는 구조이다.

이와 별도로 중소기업진흥공단(중진공,www.sbc.or.kr)과 각 지자체의 신용보증재단에서도 기술과 신용을 담보로 별도의 대출 제도를 운영하고 있다. 위에서 언급한 기관들은 일반 은행과 제2금융권에 비해 이자율이 매우 낮고 기술이나 신용, 사업성 등을 주로 판단하기 때문에 매출이나 재무제표의 건전성, 안정성을 보는 일반 은행의 보수적인 접근보다 공격적인 대출을 해주고 있다고 봐야한다. 따라서 창업 초기기업, 특히 기술사업화 기업들은 자신들에 맞는 보증 상품을 찾아서 필요한 대출을 적절히 받는 노력을 해야 한다. 조금 더 자세한 내용들을 살펴보면 다음과 같다.

1. 보증서 발급을 통한 대출 : 기술보증기금,신용보증기금,신용보증재단
2. 직접대출 : 중소기업진흥공단
3. 특히 직접대출은 예산이 한정되어 있어 경쟁률이 치열할 수 있다.
   연초에 신청 스케줄을 살피는 것이 필요하다.
4. 이러한 보증기관들은 동일인에 대한 여신을 공통적으로 관리한다.
   서로 정보를 공유하고 있으며 이중 여신을 받기 어려움이 있으니 주의한다.
5. 보증서를 통해 대출을 받는 경우 1% 수준의 보증료와 대출은행의 일정수준의 이자를 포함하여 대출이 진행된다. (기술보증 보증서 발급 → 은행 → 기업)
6. 이러한 지원제도는 **창업자의 신용도가 매우 중요하기 때문에 평소에 개인 신용등급 관리를 잘 해야 하며** 제2금융권 등에 대출 등이 있고, 평소 신용에 문제가 있으면 자금 대출이 불투명해 질 수 있으니 조심해야 한다.

Chapter 09

읽어보기

벤처기업 A사는 "K팝의 팬들이 음악을 듣고 싶은 가수를 선택하고 선택된 가수들이 콘서트를 여는 가요계의 역경매 방식" 비즈니스 모델을 통해서 전 세계에서 20여 회의 콘서트를 열었다.

최근의 예로, 가수 B · C · D는 올해 3월 캐나다 토론토에서 이와 같은 방식을 통하여 합동 콘서트를 열었다. 현지 팬들이 '콘서트를 보고 싶은 가수' 를 설문방식으로 선출하고 그 결과로 B · C · D가 선정된 것이다. 콘서트 비용은 팬들의 크라우드펀딩을 통해 조달되었고, 팬은 원하는 가수의 공연을 볼 수 있다. 기획사는 안정적 재정지원 속에서 공연을 열 수 있는 상생의 비즈니스 모델이며, 기존의 방식을 뒤집은 발상의 전환에 해당한다.

기술보증기금(기보)은 A사의 사업모델의 성공가능성을 눈여겨 보았고 이 사업모델로 은행에서 5억의 대출을 받는 보증을 회사 측에 제공하였다. 뿐만 아니라, 추가로 5억 원의 직접 투자도 병행했다.

시중의 일반은행에서도 기술사업화 기업을 지원하기 위해서 기술보증기금과 같이 외부 기술심사를 통해 직접 좋은 조건의 대출을 해주려고 노력하고 있다. 보통 **기술혁신금융**이라고도 불리는데, 기술보증기금과 같이 좋은 기술을 담보로 대출을 진행한다. 하지만 기존 대출여부, 대표이사의 신용도, 자본잠식, 설립연수, 은행의 정책 등 각 은행마다 기준이 조금씩 다르고 자주 바뀌기 때문에 많이 활성화되어 있지는 않다.

/ 투자

투자는 회수를 목적으로 하기 때문에 정부 지원과는 성격이 많이 다르지만, 최근에는 투자를 받음으로써 여러 가지 지원을 받는 제도들이 많이 등장하고 있다. 대표적인 것이 TIPS(Tech Incubator Program for Startup)로 TIPS 사업자로 선정된 투자자들에게 1억 원 내외의 투자를 받게 되면 정부의 R&D 지원 자금(5억 원 + α)을 추가로 받게 되는 제도이다(www.jointips.or.kr). 지원금이 많기 때문에 최근에 가장 각광을 받고 있는 제도 중에 하나이다.

(사)한국엔젤투자협회와 (사)한국벤처캐피탈협회에서 진행하는 엔젤투자 매칭 프로그램들도 이와 유사하다. (사)한국엔젤투자협회에서는 엔젤투자를 받은 회사에 정부의 지분투자를 매칭해 주고 있으며 (사)한국벤처캐피탈협회에서도 전문투자가에게 투자와 인큐베이팅을 받을 경우 R&D지원자금을 지원해 주는 프로그램을 매년 운영하고 있다. 이밖에도 엑셀러레이터협회를 중심으로 ㈜씨엔티테크 등 다양한 부문의 민간 엑셀러레이터가 활동 중인데, 지분 투자뿐만 아니라 다양한 물적, 인적 지원을 한다는 측면에서 지원과 투자의 성격이 혼재되어 있다고 볼 수 있다.

9.3. 투자자는 어디에 있는가?

투자자를 찾는 것은 초기기업이나 상장기업이나 가장 중요한 이슈 중에 하나이다. 기업은 지속적으로 성장하지 않으면 안 되기 때문에 끊임없이 투자를 해야 하고 상장기업도 예외는 아니다. 상장기업이라도 성장가능성이 의심되면 투자자들이 떠나게 되고 주가는 폭락하게 된다. 기술창업기업에게 투자자를 찾는 것은 결코 쉬운 일이 아니다. 연구소에서 연구에 매진한 창업자일수록 경영이나 투자 관련 네트워크가 있을 가능성이 없으며 더욱이 투자를 받아본 적도 없기 때문에 설사 투자자를 우연히 소개로 만났다고 하더라도 어떻게 투자를 유치해야하는지 전혀 알지 못하는 경우가 많다.

이 장에서는 투자자들의 종류와 그에 따른 특성, 그리고 어디서 투자자를 찾아야 하는지 기본적인 정보를 제공하려고 한다. 아울러 간단히 투자유치 프로세스를 살펴보고 투자유치 시에 주의해야할 점들에 대해 알아보기로 한다.

9.3.1. 투자자의 분류와 역할

〈표 9.3.〉 투자자의 분류

구 분	엔 젤	금융투자자 (Financial Investor)	전략적 투자자 (Strategic Investor)
투자목적	아이디어의 사업화	투자 수익	본 사업의 성장/확장
투자시기	초기 (설립 시 ~ 기관투자 전)	중기 (사업본격화 ~ IPO)	– (설립시 ~ M&A)
투자금의 주요출처	개인자금	본 계정 + LP모집	회사 자금
투자리스크/수익율	상대적으로 리스크↑ 상대적으로 수익률↑	상대적으로 리스크↓ 상대적으로 수익률↓	상대적으로 리스크↓ 상대적으로 수익률↓
주주권리의 보호	낮음	높음	강함
사후기업관리방안	제한적	다양함	다양함
EXIT 방안	다양함	IPO, M&A	IPO, M&A, 계열사 편입
주요 투자자	엔젤투자자 (적격, 전문 엔젤투자자포함), 엔젤클럽	벤처캐피탈, 은행, 증권사	삼성, 구글, SKT, 네이버 등

/ 엔젤 투자자

투자자의 유형은 〈표 9.3.〉과 같이 엔젤, 금융, 전략적 투자자로 나뉜다. 엔젤투자자와 다른 투자자들의 차이는 개인이 개인자금을 가지고 투자하느냐, 회사가 회사자금이나 타인의 자금을 수탁 받아서 투자 하느냐의 차이가 가장 크다. 엔젤투자자들을 3F(Family, Friend, Fool)로 부르는 경우도 있는데 그만큼 초기기업의 지인들이 엔젤투자자 역할을 많이 하는 것은 사실이지만, 최근의 엔젤투자자들은 성공 경험이 있는 경영자 출신이나 전문 투자자사 임직원 출신들이 많고, 정부에서 다양한 엔젤투자자 육성 정책을 펼치고 있어서 그 스펙트럼이 더욱 다양화되고 있다. 정부의 엔젤투자자 육성 정책의 대표적인 것인 엔젤매칭펀드이다.

엔젤매칭펀드는 엔젤투자자 자격을 갖춘 개인이 초기 창업기업에 투자할 경우 그 투자금액에 매칭하여 투자를 해주는 것으로 엔젤투자자의 자격 기준은 계속 넓어지고 있고 그 매칭 금액도 1:1 매칭에서 1:2, 1:5 등으로 더욱 커지고 있는 추세이다. 엔젤투자자들은 그 경영참여의 강도에 따라 〈그림 9.3.〉과 같이 선의의 투자자, 경영자문, 사업 동반자 역할을 수행하게 된다.

〈그림 9.3.〉 엔젤투자자들의 경영참여의 강도와 역할 수행

선의의 투자자로서 엔젤투자자는 우리 사업에 대해서는 잘 알지 못하지만 나를 믿고 투자해주는 주변인들이며 초기 자금 외에 다른 영역에서의 도움을 기대하기는 조금 어려운 경우를 말한다. 반면에 전문 경영 지식을 가진 엔젤투자자들의 투자를 받는 경우 회사를 꾸려나가면서 발생할 수 있는 경영적인 리스크에 대해 도움을 받을 수 있다. 주식회사가 설립되면, 대기업이나 초기 창업기업이나 처리해야할 업무의 종류는 거의 같다고 봐야한다. 전직투자자나 회계사, 변호사들이 엔젤투자와 함께 사외 이사 또는 자문 역할을 수행하는 경우가 많다.

사업의 동반자로서 엔젤투자자는 공동 창업자와 같은 역할을 수행한다. 단지 시기적으로 설립이후에 조인한다는 측면에서, 공동 설립자는 아니지만 매우 중요한 사업적 파트너의 역할을 수행하는 엔젤투자자라고 한다. 개발이나 연구, 영업 등에서 상근할 뿐만 아니라 일정 지분을 취득함으로써 창업자와의 비전을 강하게 공유하는 경우라 할 수 있다.

엔젤투자를 유치하는 경우 위의 사항들을 참고하여 다음의 3가지를 중요하게 고려해야 한다.

- 초기기업은 창업자, 직원, 주주 할 것 없이 모든 회사 맴버들이 열심히 뛰어야 한다. 따라서 똑같은 돈이라면 회사의 신뢰도를 높이고 여러 가지 도움을 받을 수 있는 엔젤투자자에게 지분을 주는 것이 중요하다. 실력 있는 엔젤투자자들에게 회사에서 필요한 역할의 제안을 통해 자금을 유치해보는 것은 어떨까?

- 엔젤투자자는 우리 주위에 있을 가능성이 매우 높다. 친척이나 친구를 말하는 것이 아니다. 초기기업은 설립초기이기 때문에 어떤 제품이나 서비스도 보여주기 어렵고, 아무리 사업계획서를 잘 만들고 발표를 잘했다고 투자가 바로 결정되지 않는다. 화장품을 하나 사는 소비행위에도 우리는 매우 신중하고, 신뢰도가 있다고 생각되는 제품을 선택하게 된다. 하물며 투자행위는 처음부터 끝까지 신뢰가 핵심이다. 따라서 우리 주위에서 신뢰를 얻지 못하면 아무리 멀리 가서 찾는다고 해도 투자자를 찾지 못할 수 있다. 나를 지켜봐 왔던 교수님, 고용주, 거래처의 사장, 동종업계의 협력자들의 신뢰부터 얻을 수 있어야 한다.

- 선의의 엔젤투자자에게 너무 많은 지분을 주었을 경우 향후 추가 자금 조달이 필요한 경우에 회사가 발행할 수 있는 지분이 부족해지는 경우가 있다. 또한 경영자문이나 사업의 동반자 역할을 기대하고 지분을 많이 주었는데, 그 역할을 수행하지 않았을 때 발생할 수 있는 '무임승차' 의 가능성에 대해서도 신중하게 생각해 보고 엔젤투자 유치를 하는 것이 필요하다.

아래 〈표 9.4.〉는 엔젤투자자의 등록현황을 보여준다.

〈표 9.4.〉 엔젤투자 등록현황

[엔젤투자 등록현황(누적)] (단위 : 명)

구 분	2011년	2012년		2013년		2014년		2015년
		상반기	하반기	상반기	하반기	상반기	하반기	상반기
가입자수	369	1,477	2,610	3,948	4,870	6,292	7,063	8,446

전문엔젤투자자 : 26명

[지역별 엔젤투자 등록 현황]

(단위 : 명, %)

구 분	서울	인천	경기	부산	울산	경남	광주	전남	제주
회원수	4,269	298	2,064	302	50	205	187	58	70
구성비	50.6	3.5	24.4	3.6	0.6	2.4	2.2	0.7	0.8

구 분	서울	인천	경기	부산	울산	경남	광주	전남	제주	제주
회원수	210	85	242	113	86	102	74	8	23	8,446
구성비	2.5	1.0	2.9	1.3	1.0	1.2	0.9	0.1	0.3	100.0

출처 : (사)한국엔젤투자협회 홈페이지 (2015년)

/ 전략적 투자자

전략적 투자자는 새로운 기술의 개발, 품질 좋은 부품 공급처 확보, 신규 사업 추진, 해외시장 진출 등 자신의 사업역량을 강화하거나 성장하기 위해 투자한다는 측면에서 투자 수익률을 최대 목표로 하는 금융투자자와 차이점을 가지고 있다.

전략적 투자자는 이러한 투자목적을 달성하기 위해 투자하는 모든 투자자들을 지칭한다. 페이스북이 적자기업인 인스타그램을 인수하거나 한국의 옐로 모바일이 모바일 사업 확장을 위해 다양한 벤처기업들에 전략적 투자를 하는 것이 좋은 예이다. 우리나라 상장기업의 경우 약 2,000여 곳의 상장사가 약 20,000여 곳의 기업에 투자하고 있는 것을 보았을 때 비상장기업의 전략적 투자를 포함하면 그 규모가 어마어마하다는 것을 예측할 수 있다.

전략적 투자자는 단순히 자금 투자뿐만 아니라 기술창업기업이 생산해내는 제품도 사줄 수 있다는 측면에서 매우 중요하다. 연구, 개발, 영업, 수출 등에서도 시너지를 낼 뿐만 아니라 업계의 현 상황에 대한 정보를 공유할 수 있어 기술창업기업의 경영전략 리스크도 줄여줄 수 있다. 하지만 기술창업기업이 전략적 투자자에게 경영이나 영업, 생산적인 측면에서 독립성을 유지하기는 쉽지 않을 수 있다. 예를 들어 삼성전자에서 투자받은 LCD 제조회사가 삼성전자의 경쟁사인 LG전자에 최상급의 LCD를 우선적으로 공급한다면 과연 삼성전자가 좋아할까? 한번 생각해 볼 문제이다.

〈그림 9.4.〉 전략적 투자자로서의 상장사 예시 – 에이모션

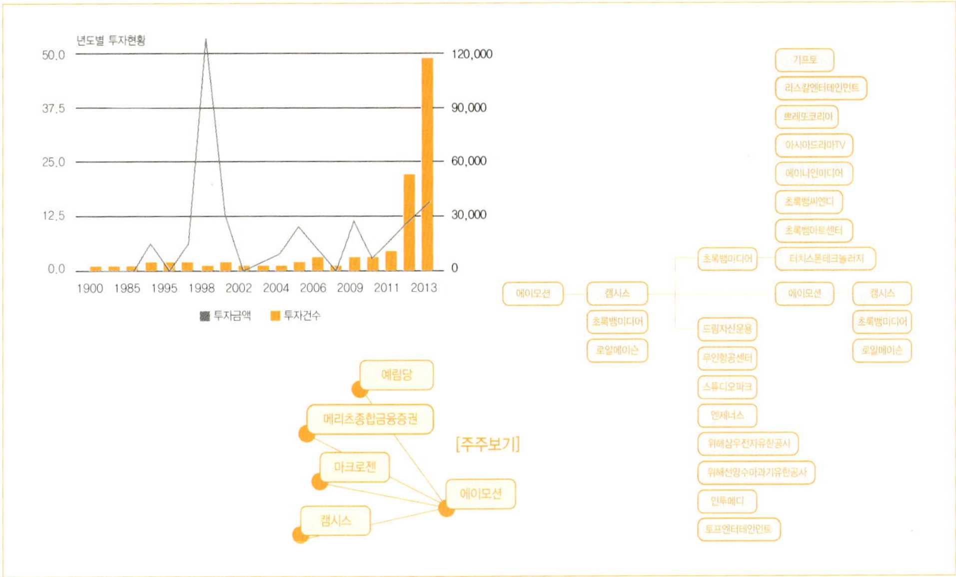

출처 : db.seedream.co.kr

위의 〈그림 9.4.〉는 상장사인 에이모션이라는 회사의 투자관계도를 살펴본 것이다. 매년 조금씩 투자가 증가하고 있으며 5곳의 투자를 받았지만, 본 회사도 여러 곳에 직간접적으로 투자하고 있는 모습을 보여주고 있다.

/ 금융투자자

금융투자자는 은행, 증권, 자산운용사등을 다 포함하지만, 주로 벤처기업에 투자를 하는 벤처캐피탈(VC)를 지칭한다. 우리나라에서 활동하는 벤처캐피탈은 약 110개 정도이다. 보유하고 있는 펀드의 종류, 투자여력이 남아있는 펀드 보유 여부, 투자실적, 근무하고 있는 전문 투자자등을 참고하여 나에게 맞는 벤처캐피탈을 찾아 만나는 것이 중요하다. 벤처캐피탈은 돈이 되는 기업에는 다 투자할 수 있다고 얘기하지만 실제는 그렇지 않은 경우가 많기 때문이다. 〈표 9.5.〉는 벤처캐피탈의 상의 10개사의 투자 실적을 볼 수 있다.

〈표 9.5.〉 벤처캐피탈 투자실적 상위 10개사

순위	회사명	투자실적 (2014.01.01 ~ 2014.12.31)					
		고유계정		조 합		합 계	
		업체수	금액(원)	업체수	금액(원)	업체수	금액(원)
1	한국투자파트너스	6	3,450,509,945	48	114,116,919,504	54	117,567,429,449
2	인터베스트	5	570,403,000	12	84,077,935,200	17	84,648,338,200
3	에이티넘 인베스트먼트	1	189,998,000	17	72,789,781,494	18	72,979,779,494
4	프리미어파트너스	–	–	6	68,599,984,000	6	68,599,984,000
5	LB인베스트먼트	1	1,200,000	18	64,734,289,461	19	64,735,489,461
6	소프트뱅크벤처스	–	–	26	57,393,517,779	26	57,393,517,779
7	KTB네트워크	1	500,000,000	35	56,324,313,874	36	56,824,313,874
8	타임와이즈 인베스트먼트	–	–	66	44,905,000,000	66	44,905,000,000
9	아이엠엠인 베스트먼트	–	–	14	43,773,038,508	14	43,773,038,508
10	에스브이인 베스트먼트	–	–	17	40,226,334,565	17	40,226,334,565

출처 : 중소기업창업투자회사 전자공시 http://diva.kvca.or.kr/

최근에 또 중요하게 등장한 투자자로 **엑셀러레이터** 업체를 주목해야 한다. 엔젤수준의 자금 투자와 다양한 제도적 지원을 한다는 점에서 엔젤투자자와 벤처캐피탈의 중간 정도의 위치에 있다. 〈그림 9.5.〉와 같이 타 투자자들과 경쟁을 하고 있으며, 카이트재단, 더벤처스, 캡스톤파트너스 등 TIPS 운영사와 씨엔티테크, M&C파트너스 등 창업기획사 등이 대표적이다. 서울시 산하의 SBA(서울산업진흥원)은 그 규모면에서 국내 최대를 자랑한다.

〈그림 9.5.〉 치열해지는 투자시장

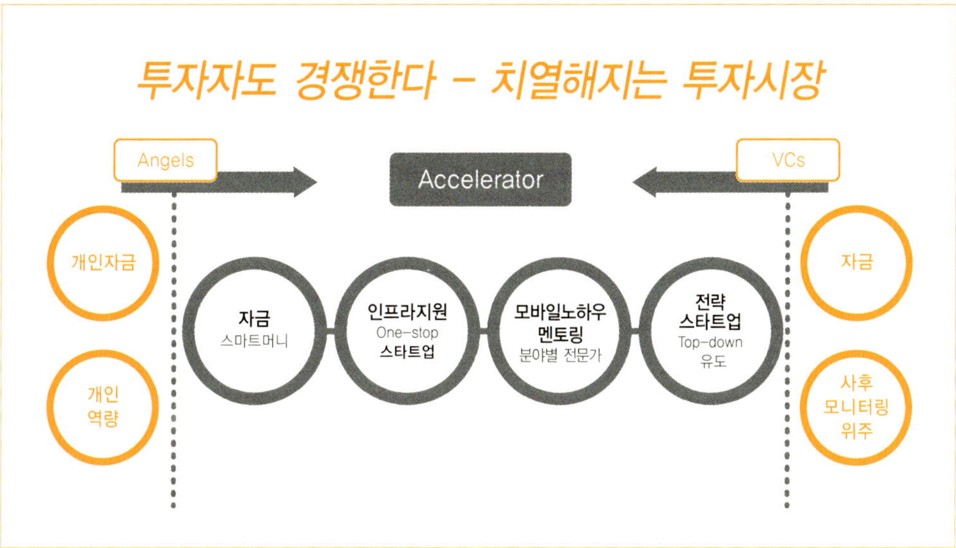

최근에 새롭게 등장한 투자자들 중 하나인 크라우드펀딩 업체도 주목할 필요가 있다.

크라우드펀딩은 기존의 공모제도와 비슷하나, 금융당국에 신고 서류들을 간소화, 생략함으로써 기업들이 일반인들에게 사업자금을 모집하기 쉬워졌다는 측면에서 활성화 되고 있다. 넓은 의미에서 크라우드펀딩은 개인간 대출인 P2P대출을 포함한다고 볼 수 있어 향후 자본 조달 시장의 많은 변화가 예상된다. 크라우드펀딩은 후원형, 지분투자형, 대출형으로 다시 나눌 수 있다.

- **후원형**은 가장 전통적인 방식으로 어떤 프로젝트나 아이템의 완성을 위해 기부나 후원을 하고 그 대가로 그 프로젝트에 참가할 수 있는, 또는 그 아이템을 받아 볼 수 있는 기회를 갖는 것이다. 물론 순수한 기부로 끝나는 경우도 많다. 투자자가 다시 고객이 될 수도 있다는 장점이 있다.

- **지분투자형**은 투자 후 실제 지분을 받는 것으로 기존 공모제도와 유사한 측면이 있다. 그러나 투자금의 제한이나 투자리스크, 주식거래 등에서 공모제도와 차이가 많기 때문에 크라우드펀딩을 하는 기업이나 참여하는 투자자나 주의해서 진행해야할 필요가 있다. 특히 초기기업에게 주주수가 많은 것은 부담이 될 수도 있다.

읽어보기

Team Yper, 3CLAPS, 컷앤컬, 윈윈쿡, 얼티즌, 브링프라이스, 웹드라마박스, 핫초고 주만지 등은 제 5회 청년기업가대회의 본선을 통과한 팀이다. 이 대회는 청년창업의 성장을 도모하며, 기업가 정신의 확립에 뜻을 두고 있다. 이 대회의 심사는 고영하 엔젤투자협회 회장 등 심사위원 (14명)들이 10분 분량의 프리젠테이션(PT) 동영상과 7장의 슬라이드를 심사하여 기업가정신재단 창업지원금 100만원을 추가로 기여한다. 뿐만 아니라 벤처포트(대표 유청연), 씨엔티테크(대표 전화성), 코이스라 시드 파트너스(대표 박대진), 사이버에이전트 벤처즈 코리아(대표 에비하라 히데유키), 더 네스트 앤 컴퍼니(대표 홍상민) 등 국내외 유명 액셀러레이터로부터 멘토링을 받을 수 있는 기회도 주어진다.

본 대회를 통과한 팀들은 총 10회에 걸쳐 '엔젤투자자 네트워킹 데이' 를 제공 받는데 이 이벤트는 국내 최고의 엔젤투자자와 만나 직접 교류할 수 있는 기회를 제공하고자 실시하는 이벤트이다. 본 대회의 결선은 14명의 심사위원 앞에서 진행하는 PT를 거쳐 최대 2팀이 선발된다. 결선 심사에서 선발된 결선 진출팀에게는 공동주최 5개 액셀러레이터 등이 수여하는 최고 600만 원의 특별상이 수여된다. 최종 선발팀은 기업가정신재단으로부터 최대 5000만 원, 결선 진출팀은 대회 수상 여부와 상관없이 공동주최기관으로부터 최고 4억 원의 투자를 받을 수 있다. 젊은 아이디어를 가진 청년 창업자들에게 이 대회는 꿈을 이룰 수 있는 그 첫걸음이 될 수 있으며, 국내 산업기반의 중요한 버팀목을 키울 수 있는 대회이다.

• **대출형**은 P2P(Person To Person)대출을 의미하며 기존에 없던 새로운 형태라고 봐야할 것이다. 엄밀한 의미에서 기술사업화 기업이 개인자격으로 P2P대출을 받기는 어려울 것으로 보이며 개인이 본인의 신용등급을 가지고 대출을 받을 수 있는 것이라고 봐야할 것이다. 이러한 크라우드펀딩은 아직 국내는 해외에 비해 시작단계여서 그 추이를 지켜볼 필요가 있다. 주요 크라우드펀딩 업체는 〈표 9.6.〉과 같다.

〈표 9.6.〉 주요 크라우드펀딩 업체

투자형태	후원형	지분투자형	대출형
국내 주요업체	텀블벅	오픈트레이드, 오퍼튠	8percent
해외 주요업체	킥스타터, 인디고고	클라우드큐브	랜딩클럽

투자유치 프로세스는 아래 〈그림 9.6.〉과 같다.

〈그림 9.6.〉 투자유치 프로세스

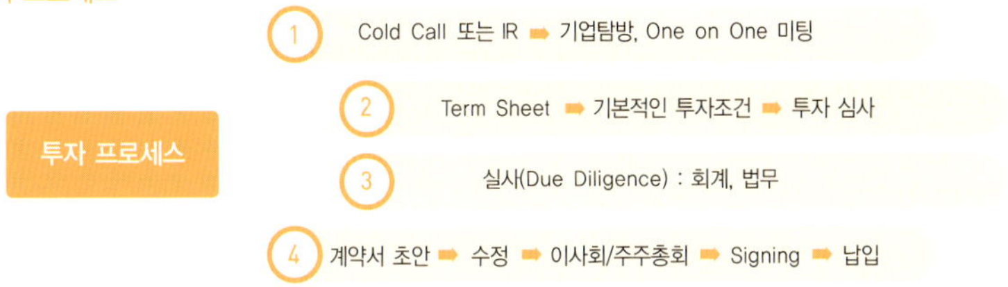

사실 위의 투자 프로세스는 순서가 약간 바뀌거나 투자자에 따라 생략되는 경우도 많은데, 보통 기관투자자의 경우 3개월 이상 걸리는 경우가 많다.

전문가 Tip

- 시간을 가진 자가 승리한다. 아무리 좋은 회사를 가지고 있더라도 시간이 없으면 투자자의 모든 조건을 수용해야할 수도 있다. 따라서 자금 소진 최소 3개월 이전부터 자금 유치 활동에 나서야 한다
- 투자계약서상 리픽싱 조건(Refixing), IPO 강제조항 여부, Put Opion등의 발동 요건 등 다양한 조건들을 면밀히 검토해야 한다.
- 투자자들도 경쟁한다. 우리 회사의 가치를 제대로 평가받기 위해서 최소한 3개사의 투자사와 협상을 진행해 보는 것이 좋다.
- 성공할지 실패할지 도저히 판단이 서지 않을 때 투자자들은 "잠재적 투자자" 의 포지션을 갖는다. 그러나 이런 경우 대부분 투자 리스크가 감당하기에 너무 크다고 판단할 수 있기 때문에 결국 투자를 하지 않는 경우가 많다. 잠재적 투자자에게 너무 많은 시간을 할애하지 말고 TERM SHEET을 요구해 보자. 그럼 확실한 입장 표명을 할 것이다.

Chapter 09

단원요약

- 기술금융은 기술보증기금의 대출제도를 지칭하는 말이다. 기술금융과 일반금융의 차이는 신용(대출을의미한다)을 일으키는 기본이 되는 것이 기술이냐 그 외의 것이냐의 차이이다.
- 기술사업화의 총 예산의 선 측정은 사업화까지의 예상소요자금을 측정하고, 조달 가능성을 가늠하는데 중요한 요소이며, 사업 시작 전 시뮬레이션은 꼭 필요한 과정이다.
- 현금흐름표는 영업활동으로 인한 현금흐름, 재무활동으로 인한 현금흐름, 투자활동으로 인한 현금흐름으로 구성된다.
- 고정비는 임대료, 인건비, 서버 임대료 등 일정하게 지출이 예상되는 경우이며, 변동비는 매출이 증가함에 따라 같이 증가하거나, 특정시기에만 발생할 것으로 예상되는 경우의 비용이다.
- 손익분기점이란 비용과 매출이 같아서 순이익이 0이 되는 매출 금액을 말한다.
- 기술사업화는 정부지원, 융자, 투자로 나누어 지원과 투자를 받을 수 있다.
- 투자자의 분류로는 엔젤투자자, 전략적 투자자, 금융투자자로 나눌 수 있으며, 금융투자자에서 중요하게 등장하는 엑셀러레이터 업체를 주목해야 한다.
- 크라우드펀딩은 기존의 공모제도와 비슷하나, 금융당국에 신고 서류들을 간소화, 생략함으로써 기업들이 일반인들에게 사업자금을 모집하기 쉬워졌다는 측면에서 활성화 되고 있다.
- 크라우드펀딩은 후원형, 지분투자형, 대출형으로 나뉜다.

핵심용어 정리

- 기술금융
- 고정비
- 변동비
- 손익분기점
- 엔젤투자자
- 기술보증기금
- 엔젤매칭펀드
- 금융투자자
- 전략적 투자자
- 엑셀러레이터
- 크라우드펀딩
- 현금흐름표

학습하기

1. 본인이 하고자 하는 사업의 비용이 고정비와 변동비로 분류하여 월별로 상용화시까지 총 소요 예산을 추정해 보자.

2. 위에서 측정된 총 예산을 어떻게 확보할 것인지, 기술사업화 단계별 기술금융자금의 특성을 구분하여 체크해 보자.

구 분		창업기	초기 성장기	고도 성장기	성숙기
정책 금융	기술개발자금				
	R&D				
	창업보육				
융자	기술보증				
	중진공,재단,은행				
투자	엔젤투자자				
	전략적투자자				
	금융투자자				
	크라우드펀딩				

3. 본인의 아이템에 투자할 수 있는 잠재적 투자자(엔젤, 금융, 전략적 투자자) pool을 만들어보자. 위 1번의 총 소요예산을 각 투자자별로 배분해 보고 실제 그 금액별로 투자한 실적이 있는지 체크해 보자.

참고문헌 및 보충자료

- 김진수, 최종인, 임충재, 고혁진, 이유종, 기술창업론 Innovative Start-up Business, 탑북스, 2015.
- 신명철, 아이디어 오디션 2030, CEO를 꿈꾸다, 프롬북스, 2013.
- 전략적투자자 검색 DB(db.seedream.co.kr)
- 한국엔젤투자협회 편, 엔젤투자, 알아야 성공한다, 2015.
- 홍성도, 박노국, 황정희, 기술사업화 기술금융길잡이, 이프레스, 2014.
- 씨드림 투자협상 아카데미.

단원 사례연구

유명 게임 개발사 출신의 개발자들이 앞으로 스마트폰 게임이 대세를 이룰 것이라고 판단하고 회사를 나와 2009년 12월에 독립 게임 개발사를 설립하게 된다.

B社의 성장 과정 M&A (컴투스 출신 모바일 게임개발사)

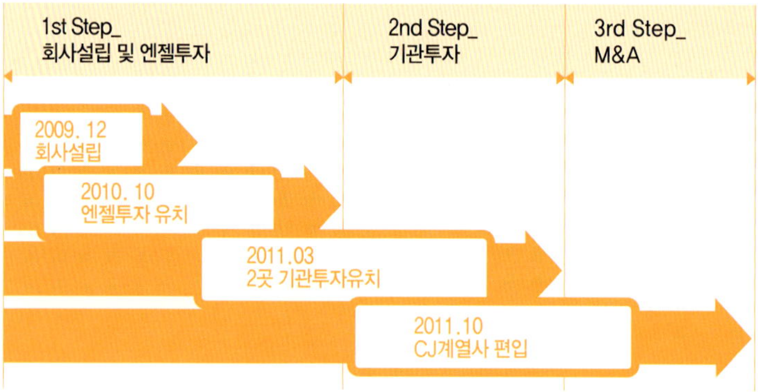

이들은 개발자들 5명으로 시작된 회사였으며 오래지 않아 직원 수는 10명을 넘게 된다. 십시일반으로 모은 설립 자본금이 5천만원 뿐이었던 회사가 어떻게 여러 번의 유상증자(투자유치)를 통해 자본금이 6억이 넘고, 매출이 천억 원에 육박하는 회사가 되었을까?

B사는 설립 후 CJ계열사에 포함되기 전까지 1곳의 엔젤투자, 2곳의 기관투자를 받았으며, CJ계열사에 편입되면서 추가적인 투자를 받아서 4번 이상의 외부투자를 유치하였다. 그러나 CJ계열사에 포함되기 전까지 늘 자금은 충분하지 않았으며, 외부투자 유치가 항상 충분한 것은 아니었다.

그럼에도 불구하고 이 회사가 한 번도 직원들의 월급을 체불한 적이 없었는데, 그 이유는 적절한 융자와 지원 정책들을 활용하였기 때문이다. 이 회사가 받았던 주요 지원내용들은 다음과 같다.

초기에 지원, 융자를 활용해 자금확보	투자와 M&A로 추가 자금 확보
▣ 2010.11 대한민국 게임 대상 (상금) ▣ 2010.09 중소기업진흥공단 기금 신청 (1억원) ▣ 2010.09 SBA 공모지원금 수상 (5천만원) ▣ 2010.05 부설 연구소 인증 ▣ 2010.03 SBA 공모지원금 수상 (2천만원) ▣ 2010.03 기술보증 기금 신청 및 벤처기업 인증 (1억) ▣ 2010.01 퍼블리싱계약 체결 (약 2억)	▣ 엔젤투자유치(노스마운틴 엔젤 클럽) (3억원) ▣ 국내, 해외VC투자유치 (10억원) ▣ CJ E&M(현재 넷마블)의 투자 및 계열회사 편입 (20억원)

토/의/문/제

1. 사례연구 부문에서 '모바일게임' 시장의 폭발적인 성장과 기업의 내부 역량 중 무엇이 더 중요한 역할을 했을지 토의해보자.
2. 기술사업화 기업이 자금을 펀딩하는데 있어서 높은 점수를 받을 수 있는 방법에 대해서 토의해보자.

Chapter 09

그룹 프로젝트

총 사업비 조성내역

합계(총 사업비) (100%)	정부지원금 (70% 이하)	(예비)창업자 부담금 (30%이상)		
		현금 (5% 이상)	현물 (25% 이하)	소계
60,000천원	42,000천원	3,000천원	15,000천원	18,000천원

현물부담 산출내역	품 명	현물환산액(계)	산출내역
	창업자 인건비	12,000천원	1,200천원 X 10개월
	사무실 임차료	3,000천원	300천원 X 10개월(10개월 이내)

월별 사업비 집행계획

(단위 : 천원)

항 목	M1~M2	M3~M4	M5~M6	M7~M8	M9~M10	계
시제품개발비	9,500	6,000	34,470	5,000	5,030	60,000
계	9,500	6,000	34,470	5,000	5,030	60,000

세부항목별 사업비 사용계획

(단위 : 천원)

구 분	세부항목		계 (a+b)	정부지원금 (a)	(예비)창업자 부담금(b)		비 고
					현금	현물	
50% 이상	시제품제작비	인건비	26,350	14,350		12,000	
		외주용역비	19,350	17,350	2,000		
		재료비	6,000	5,000	1,000		
		기자재 구입비	1,000	1,000			모터제어 및 CAD 등 PC
		소계	52,700	37,700	3,000	12,000	

20% 이내	기술정보활동비	지재권 확보비	1,000	1,000			
		회계감사비	300	300			
		사무공간임차료	3,000			3,000	임차계약서 첨부
		소계	4,300	1,300		3,000	
-	마케팅비	전시회참가비	2,000	2,000			
		영상제작비	1,000	1,000			
		소계	3,000	3,000			
합계			60,000	42,000	3,000	15,000	

창업자 관점 기술금융 활용

기술사업화 아이템을 완성시킬 수 있는 자금 계획을 구체적으로 작성할 수 있는가?

| 문제점

기술기반의 창업자들은 현금흐름 및 손익분기점 등의 재무재표의 이해가 부족하기 때문에 자금계획이 구체적이지 않다.

투자자 관점 기술금융 활용

기술사업화를 완성시킬 수 있는 고정비, 변동비 등이 반영되었는가?

자금계획이 합리적으로 작성되었는가 여부를 점검해 보아야 한다.

토/의/하/기

1. 투자자의 관점을 토대로 주만지의 매몰비용(sunk cost) 등 매출/비용을 책정해 보고 현금흐름을 파악해 보자.
2. 금융활용법을 활용하여 주만지의 사업비를 책정해 보자.
3. 주만지의 손익분기점과 매출액 등을 책정해 보자.
4. 주만지가 투자를 받을 수 있는 투자처와 투자 방법을 논의 해 보자.

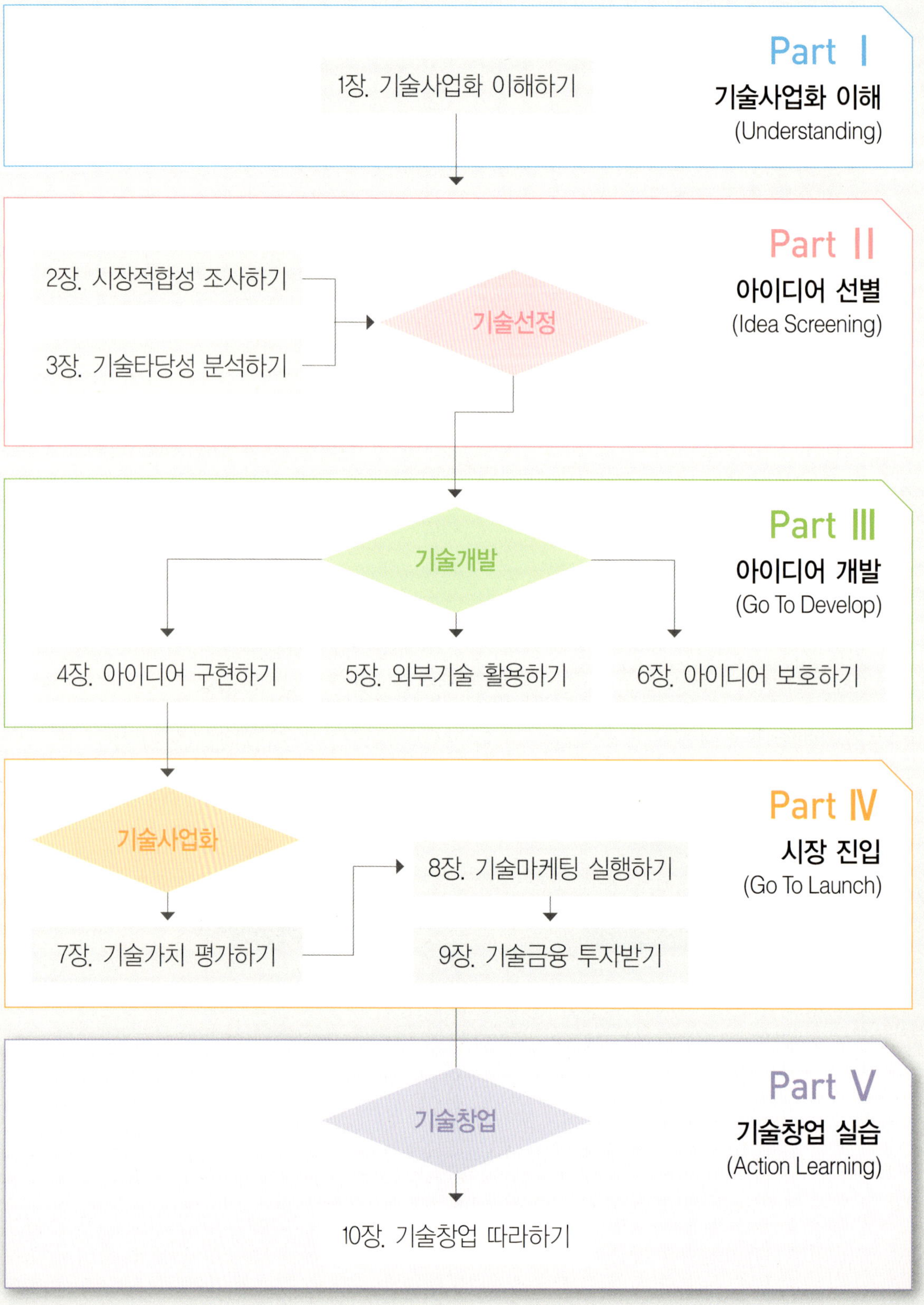
Part Ⅰ
기술사업화 이해
(Understanding)
1장. 기술사업화 이해하기
Part Ⅱ
아이디어 선별
(Idea Screening)
2장. 시장적합성 조사하기
3장. 기술타당성 분석하기
기술선정
Part Ⅲ
아이디어 개발
(Go To Develop)
기술개발
4장. 아이디어 구현하기
5장. 외부기술 활용하기
6장. 아이디어 보호하기
Part Ⅳ
시장 진입
(Go To Launch)
기술사업화
7장. 기술가치 평가하기
8장. 기술마케팅 실행하기
9장. 기술금융 투자받기
Part Ⅴ
기술창업 실습
(Action Learning)
기술창업
10장. 기술창업 따라하기

Action Learning

기술창업 실습

Part V

Chapter 10

기술창업 따라하기

학습목표1

기술창업의 시작을 이해할수 있다.

학습목표2

기술사업화 역량과 투자유치 역량을 이해할 수 있다.

학습목표3

사업계획서를 이해할 수 있다.

학습목표4

기술사업 실행계획서를 작성할 수 있다.

Chapter 10

단원도입사례

유연한 피벗 전략을 구사하자

대학원에서 전기화학식 가스센서를 연구하던 J는 2012년 이를 상용화할 목적으로 E사를 창업하였다. 창업초기에는 자동차 배기가스의 질소산화물과 실내 공기의 질 관련 이산화탄소를 측정하는 가스센서를 주요 아이템으로 선정하였다. 대표자 J는 공대 출신으로 기업 경영에 대한 지식이 부족하였고 사업화 경험이 전혀 없었는데, 이런 약점들을 극복하기 위해 창업보육센터 및 청년사관학교에 입주하여 체계적인 교육과 컨설팅을 받았다. 이후 창업경진대회에서 우승하면서 제품과 사업화 전략의 우수성을 객관적으로 인정받기까지 하였다.

하지만 자동차의 부품인 질소산화물센서를 사업화하기 위해서는 대규모의 자본과 함께 자동차 제조사로부터 품질 인증이 필요했고, 이산화탄소 센서는 소비자의 신규 수요를 유발할 수 있는 가격경쟁력을 갖추지 못함으로써 시장을 창출하는데 고전을 겪었다. 대표자 J는 질소산화물 센서의 독자적인 사업화가 불가능하다고 판단하여 이를 중견 자동차부품사에 이전하고, 사물인터넷을 활용한 이산화탄소센서를 개발하여 냉장고, 에어컨 등의 가전제품에 응용을 추진하게 된다.

초기 사업 아이템의 선택과 집중, 시장 트렌드에 맞는 제품화 전략을 수정하면서 E사의 기업 역량은 비약적으로 발전하였다. 이전까지 투자자들의 외면을 받았지만 변화 이후 E사는 엔젤투자 및 기관투자에 연속으로 성공하게 된다. 안정적으로 자금을 확보하게 된 E사는 현재 글로벌 가전 대기업과 신제품 출시를 준비하고 있다. 창업초기 계획했던 대로 순조롭게 사업화가 진행된다면 얼마나 행복하겠는가! 하지만 기술창업기업이 예상했던 것과 소비자와 시장의 반응은 큰 차이가 발생할 수 있다. 중요한 것은 이런 차이를 인정하고 그 차이를 줄이거나, 시장의 수요와 소비자의 특성에 맞게 제품을 다시 설계하여 개발하는 능력이다. 즉 목표시장의 속성과 변화를 인정하는 자세와 목표시장에 최적화된 제품을 개발할 수 있는 사업화 역량을 갖추는 것이 필요하다.

출처 : 박명일, 하루살이기업, 2016

기업은 사람처럼 끊임없이 발전과 성장을 추구해야 살아남을 수 있다. 그리고 시장이라는 환경에 훌륭하게 적응할 때만이 경쟁에서 승리할 수 있다. 창업초기의 사업전략은 사업화를 추진하는 과정에서 당연히 수정되어야 하고 이런 변화를 받아들이지 못한다면 실패할 확률이 매우 높다.

10.1. 기술창업의 시작

/ 준비상태를 확인해 보자

일반적으로 창업에 필요한 아이템, 인력, 자금, 사업화전략 등을 구상하고 나서 바로 창업을 실행하게 된다. 물론 이 정도로도 충분하다고 생각할 수 있으나, 일단 실행을 하고 나면 되돌릴 수 없으므로 혹시 부족한 점이 있지 않나 검토해 볼 필요가 있다. 현재 기술창업자의 수준을 파악하여 경험부족을 극복하고 약점을 창업 전에 대비하자는 것이다. 즉 실제적으로 기술창업을 실행하기 전에 객관적인 기준으로 기술창업자의 사업화 역량을 냉정하게 확인해 보자는 것이다.

/ 기술사업화 역량 vs. 투자유치준비 역량평가

기업진단을 수행하기 위해서는 기술사업화 역량과 투자유치준비 역량을 평가하게 된다. 기술사업화 역량평가는 경영자, 기술성, 시장성, 사업성 등 4가지 항목에 대한 분석이 필요하다. 기술사업화를 추진하기 위해서는 경영자로서의 경영 능력, 기술 분석, 목표 시장 분석, 사업주체의 사업화 능력 등이 중요하고, 이들에 대한 구체적인 질문들을 통해 해당역량을 평가할 수 있다. 투자유치 준비역량은 투자를 유치하기 위해 투자 관련 기본 개념과 절차, 준비 상태를 체크할 수 있는 평가를 하게 된다. 기술사업화역량과 투자유치준비 역량은 평가의 목적이 다르기 때문에 결과가 상이하게 발생할 수 있다.

기술사업화 역량평가

일반적으로 기술창업기업은 조직 규모가 작고 체계적인 경영 조직을 갖추고 있지 않기 때문에 경영자 개인이 기업에 미치는 영향이 클 수밖에 없다. 즉 기술창업기업 경영자는 제품기획, 개발, 양산, 마케팅, 영업 등 경영 전반에 관여하며 주도적인 의사결정을 내리게 된다. 따라서 기술창업기업 경영자는 기술개발 역량과 함께 경영관리 역량을 겸비해야 기업의 성공가능성을 향상시킬 수 있다. 기술사업화 역량은 〈표 10.1.〉과 같이 크게 기술성, 시장성, 사업성을 평가한다. 10.3. '기술창업 따라하기' 부문에서 기술사업화 역량을 평가해 보자.

〈표 10.1.〉 기술사업화 역량평가

요인	평가
기술성	▣ 기술사업화의 핵심대상 ▣ 경쟁기술에 비해 차별성 및 우수성 평가
시장성	▣ 목표시장에 대한 분석과 예측은 사업화를 위해서는 필수적인 사항 ▣ 목표시장의 내적 요소와 함께 외적 요소를 모두 고려하여 평가
사업성	▣ 기술창업기업의 성패 여부가 결정되는 중요한 항목 ▣ 제품 및 서비스를 추진할 수 있는 능력, 소요 자금 확보 능력 및 수익성 창출 능력 등 평가

투자유치준비 역량평가

대부분의 기술창업기업들은 외부로부터 투자를 받고 싶어 한다. 하지만 투자자 관점에서 보면 투자를 하기에는 준비가 안 된 기업들이 대부분이다. 즉 창업기업과 투자자 입장이 매우 다르다. 투자자는 창업기업에 대해 알고 싶어 하는 기본사항을 확인하고, 투자 유치에 필요한 개념과 투자자를 설득할 수 있는 역량을 갖추고 있는 지에 대해 평가한다. 따라서 기술창업기업이 투자를 유치하기 위해서는 투자자 관점에서 투자받을 만한 준비가 되어 있어야 한다. 10.3. '기술창업 따라하기' 부문에서 투자유치준비역량을 평가해 본다.

읽어보기

벤처투자유치 시 주의사항

자금운용 계획에 따라 투자유치 금액이 결정되는데 처음부터 너무 무리한 투자를 계획하는 것은 바람직하지 않다. 초기단계에서의 과도한 투자금액으로 벤처캐피탈의 지분율이 너무 높아진다면 향후 추가투자를 유치하는데 어려움이 있을 수 있다. 회사의 발전단계에 따라 2~3차례의 추가 투자를 고려한 투자유치 계획을 세우는 것이 좋은데, 보통 IPO 전까지 대표이사(대주주) 및 관계인의 지분이 50% 이하가 되지 않게 조절하는 것이 적당하다고 알려져 있다.

벤처캐피탈은 양산단계의 기업을 선호

투자유치를 최초로 계획하는 대부분의 기업은 기술개발단계나 제품개발단계에 위치하는 경우가 많지만 안타깝게도 벤처캐피탈이 선호하는 투자대상은 생산준비단계나 본격성장단계의 기업일 경우가 많다. 벤처캐피탈의 태동기에는 아이디어만으로 회사 설립 시점부터 벤처캐피탈의 대규모 투자를 유치하는 경우가 있었으나, 벤처버블이 꺼진 이후 최근에는 어느 정도 사업이 진행된 기업에 투자하는 것을 선호하고 있다. 과거에 초기기업 투자로 많은 시행착오와 실패 경험을 축적한 벤처캐피탈이 비교적 안정적 수익이 기대되는 투자와 위험이 높은 투자의 포트폴리오를 적절하게 조절하고 있기 때문이다.

최근 초기창업기업 전문 투자펀드가 조성되고 있는 추세

초기기업의 경우 상대적으로 수익성은 높지만 그만큼 위험도 높다. 그래도 벤처캐피탈의 속성상 초기기업의 투자는 계속되고 있다. 특히 최근에는 정부가 일부 출자하여 창업3년 이내 초기기업에 일정비율을 의무적으로 투자해야하는 조합들이 지속적으로 결성, 운용되고 있기 때문에 이에 해당하는 기업의 경우 어떤 벤처캐피탈이 초기 기업투자조합을 운용하고 있는지에 대해서도 관심을 가질 필요가 있다.

출처 : 기업금융나들목, 금융위원회

10.2. 사업계획서는 사업의 절반

사업계획서란 새로운 프로젝트나 계획하는 사업과 관련하여 투자, 개발, 생산, 판매, 자금 등을 명확히 초점을 맞추어 추진 계획을 요약 정리한 보고서로, 다음과 같이 요약할 수 있다.

- 계획 사업의 목표가 무엇인지 설명하고 향후 사업추진동안 목표를 달성하기 위한 어떠한 수단을 사용할 것인지를 설명하는 서류
- 계획 사업의 사업방향 및 수행능력 등을 외부에 객관적으로 제시하고 투자자들에게 이를 설득시키는 가장 중요한 자료
- 새로운 프로젝트나 사업의 성공을 위해서 하고자 하는 사업의 초점을 명확히 맞추어 간결하게 메시지를 전달하는 것
- 돈 벌 수 있는 아이디어를 실행 가능한 구체적인 계획으로 발전시킨 것

/ 사업계획서 작성의 필요성

체계적 사업추진을 위한 설계

- 단순한 아이디어 또는 경험에 의한 주관적인 사업계획을 방지
- 인사 · 구매 · 생산 · 마케팅 · 재무 등의 기업 경영활동 전반을 사전에 검토

계획 사업을 위한 시뮬레이션 과정

- 사업수행을 사전에 연습함으로써 시행착오를 예방하고 사업기간과 비용을 절약
- 계획 사업의 사전 점검을 통한 실패확률의 감소로 사업자에게 사업성공의 가능성 상승

체계적 사업추진을 위한 설계

- 이해관계자(투자자, 금융기관, 정부 및 지자체 등)를 위한 설득자료로 활용
- 사업자의 신뢰도를 증진시켜 자금조달이나 각종 정책지원을 받는데 활용

사업추진을 위한 소개자료

- 기업 간의 사업제휴, 납품 또는 입점 계약, 대리점 또는 가맹점모집, 공공기관 입찰 서류제출, 인허가신청, 기술 및 품질 인증 등 사업 추진을 위한 회사소개 자료로 활용

/ 사업계획서 작성 항목

다양한 목적에 맞게 사업계획서를 작성해야 하므로 그에 따라 작성항목도 차이가 발생한다. 〈표 10.2.〉와 같이 내부운영용, 자금신청용, 투자유치용, 사업제휴용, IR용, 입찰제안용 등에 따라 필수항목과 권장항목이 상이할 수 있다.

〈표 10.2.〉 사업계획서 작성 항목

● 필수항목 ▲ 권장항목

작성항목	내부운영용	자금신청용	투자유치용	사업제휴용	IR용	입찰제한용
회사개요		●	●	●	●	●
사업개요		▲		●	●	
제품 및 기술현황		●	●	●	●	●
시장환경	●	▲	●	▲		
개발계획	●	●	●		▲	●
투자계획	●	●	●			●
마케팅계획	●	●	▲	●		▲
생산계획	●					
조직 및 인원계획	●	▲				
이익 및 재무계획	●	●	●	●	●	●
투자제안			●			

출처 : 기술금융나들목, www.smefn.or.kr

Chapter 10

읽어보기

사업계획서 얼마나 중요한가?

예비창업자들이 쉽게 범하는 오류 중 하나가 사업계획서와 사업을 별개로 생각하는 것이다. 즉 사업계획서는 창업경진대회, 자금 지원 등을 위해 남들이 보기 좋게 포장하는 것이고 실제 사업은 사업계획서의 내용과 별개로 진행하는 것이다. 물론 투자자를 비롯한 외부인들에게 사업계획서를 제시하기 위해서는 어느 정도의 포장이 필요한 것은 사실이다.

하지만 사업계획서와 실제 사업이 일치하지 않는 것은 심각한 문제이다. 사업계획서에는 기술창업기업의 기술, 인력 등의 내부 역량, 시장에 대한 분석, 사업화 전략이 포함되어 있는데, 이는 일종의 나침반과 같은 지도이다. 사업이라는 미지의 바다로 항해를 떠나는데, 지도가 없다면 어떻게 항해를 할 수 있겠는가! 지도가 있기 때문에 항로를 정하고 운행시간을 예측할 수 있다. 사업도 마찬가지로, 보유한 자원을 투입하여 예상된 경영 성과(매출액, 이익률 등)를 달성하기 위해서는 사업계획서라는 지도가 필요하다. 따라서 사업을 시작하기 위한 첫 단계로 사업계획서 작성은 매우 중요하며 사업을 준비하는 단계에서 구상하고 있는 사업계획에 따라 사업계획서를 작성해야 한다. 실제 사업은 사업계획서에 따라 사업을 실행하는 것이다. 따라서 사업계획서가 없거나 잘못되어 있으면 사업을 실행할 수가 없다. 이래서 "사업계획서 작성이 사업의 절반이다" 라는 말이 나오게 된 것이다.

물론 사업계획서를 작성하는 단계에서 예측하지 못했던 돌발 변수나 시장의 변화 등이 사업을 진행하는 도중에 발생할 수 있다. 솔직히 말하면, 우리는 신이 아니기 때문에 이러한 일은 늘 발생한다. 그렇다고 사업계획서가 쓸모없는 것이 아니냐고 반문할 수 있지만 단연코 아니다. 우선 예측하지 못했던 상황으로 인해 예상이 빗나가는 것은 사업하는 도중에 비일비재하게 발생할 수 있다는 점을 인식할 필요가 있다. 한국은행을 비롯한 국책연구기관에서 매년 초에 정부의 경제성장률을 예측하여 발표하고 있는데, 연말에 가서 정확하게 맞춘 경우가 몇 번이나 되는 지 한번 살펴보았으면 한다. 수많은 경제전문가들을 보유하고 있는 한국은행조차 일반인들도 대부분 알고 있는 거시경제지표를 정확하게 예측하지 못한다. 하물며 기술창업기업이 목표 시장의 변화를 예측한다는 것은 불가능한 일이다.

예측의 정확성이 떨어진다는 사실을 인식하였으면 이에 능동적으로 대처하는 기술이 필요하다. 시장과 기업의 상황은 수시로 변화할 수밖에 없으므로, 이런 변화, 일종의 리스크에 대한 대처 능력이 필요하다. 즉 대내외 상황 변화에 적합하게 사업계획서는 수시로 수정이 필요하다. 사업 구상 단계에서 작성한 사업계획서를 성경책처럼 초지일관 믿음을 주어서는 안 된다. 대내외 상황에 따라 사업계획서를 수정하면서 변화에 대한 대처능력을 길러야 한다. 또한 대처능력의 보유 여부가 기업 생존과 연결될 수 있다는 사실을 명심할 필요가 있다. 사업계획서를 심사하는 투자자 관점에서는 기업을 판단할 수 있는 기준이 바로 사업계획서이기 때문에 예비창업자가 구상하는 실제 사업에 맞게 사업계획서가 작성되어 있는 지를 신중하게 살펴볼 수밖에 없다. 이들 심사자들은 수많은 기업들의 사업계획서를 검토한 경험이 있기 때문에 실제와 다르게 포장된 사업계획서를 분별할 수 있는 역량이 있다. 대면 평가를 진행하는 이유 중에 하나가 바로 사업계획서의 내용과 실제 사업에 대한 내용의 일치 여부를 확인하기 위한 것이다.

전문가 Tip

창업기업의 생존이 결정되는 곳은 시장이다. 그리고 창업자라면 누구나 자신이 창업한 기업이 장수할 수 있는 전략을 수립하고 싶을 것이다. 따라서 창업자는 기업 생존을 위해 시장의 속성을 반드시 이해해야 한다.

시장은 본질적으로 불공정하다.

미성숙한 상태의 중소기업들이 완숙한 상태의 대기업들과 아무런 방어장치 없이 경쟁을 하고 있는 곳이 시장이다. 시장에는 중소기업만 경쟁하는 시장, 대기업만 경쟁하는 시장이 존재하지 않는다. 즉, 창업을 하는 순간 자신보다 우월한 존재와의 경쟁을 피할 수 없다.

시장은 본질적으로 경쟁이 치열하다.

업종에 따라 시장에 진입할 수 있는 장벽이 높은 곳이 있지만 기본적으로 기업이면 누구나 시장에 진입할 수 있다. 따라서 기술이나 자본 등의 진입 장벽이 상대적으로 낮은 시장에는 다수의 경쟁자들이 포진할 수밖에 없다. 그리고 대부분의 중소기업들은 대기업들에 비해 기술, 자본 등이 부족하기 때문에 자연스럽게 치열한 경쟁이 펼쳐지고 있는 시장을 선택하게 된다.

10.3. 기술창업 따라하기

앞서 2장부터 9장까지 기술사업화 흐름을 통해 학습한 이론 및 실습 내용을 토대로 기술사업 실행 계획서를 작성해 보자. 창업자와 투자자 그룹으로 나누어 각 팀의 기술사업 실행계획서를 발표, 평가해 본다.

기술창업자 관점_ 실제 자신의 아이템을 적용하여 실행계획서를 작성한다.
기술사업 투자자 관점_ 작성된 기술사업 실행계획서에 대해 엑셀러레이터나 투자자의 관점으로 평가해 본다.

기술창업 아이템을 보유한 창업동아리 참여학생 및 창업자들은 실제 아이템으로 각 단계별 창업자와 투자자 관점을 이해하고 해당 평가를 실행하여 사업실행 계획서를 작성해 본다. 실제 아이템이 없지만 기술사업화에 관심이 있는 참여학생은 투자자 관점 또는 예시된 아이템으로 다음의 단계를 따라해 본다.

10.3.1. 시장적합성 조사하기

기술, 제품, 시장 조사를 통해 고객이 원하는 기술제품은 무엇인지, 어떠한 기술을 사업화하려하는지 등의 기술사업 기회를 확인한다. 페르미 추정법, 카노기법 등을 활용하여 해당기술의 시장분석과 품질기능을 예측해 보자.

창업자 관점	투자자 관점
▣ 기술아이템에 대한 타겟시장 고객의 가치 분석 ▣ 정확한 시장규모 산정 ▣ 타겟고객이 필요로 하는 기술인지 판단	▣ 기술아이템이 고객입장에서 가치를 제공하고 있는지 확인 ▣ 신규진입 시장일 경우 타겟시장의 규모를 과대평가하고 있는지 확인

10.3.2. 기술타당성 분석하기

기술사업화를 추진하기 위해서는 경영자로서의 경영능력, 기술 분석, 목표시장 분석, 사업주체의 사업화능력 등에 대한 구체적인 질문들을 통해 기술타당성을 평가해야 한다.

창업자 관점	투자자 관점
▣ 기술아이템에 대한 차별성, 독창성, 모방용이성 등을 확인 ▣ 기술아이템에 대한 시장규모 및 시장성을 확인	▣ 기술아이템을 사업화하려는 창업자의 역량 평가 ▣ 기술아이템의 수익성, 사업성, 지속가능성 평가

위의 관점을 숙지하고 해당기술의 사업화 가능성을 다음 항목을 토대로 평가해 보자. 단답형이나 예/아니오 등으로 답한다.

항 목	진단 내용
경영자 역량	1. 동일업종에 대한 경험이 있다 2. 직장생활 경험이 있다 3. 해당기술분야의 기술자격이나 관련 학위가 있다 4. 본인 자금 투자 규모 (담보포함) 5. 리더쉽과 팀워크 유지 능력 (발기인 주주 + 창업파트너의 수) 6. 사업성공화 경험 (창업 또는 공동 프로젝트 등) 7. 공개적인 신청을 통한 공공지원자금을 획득, 사용한 경험이 있다 8. 사업지연 시 자금 조달 방안을 가지고 있다 9. 경영/회계 관련 교육 이수 경험이 있다 10. 외부투자유치 경험이 있다 11. 본사업과 관련된 사업적 네트워크 확보 12. 본 사업과 관련된 기술적 완전성 확보방법 13. 사업을 하면서 신용불량, 제2금융권 대출 경험이 있다 14. 핵심인력에 대한 확보 전략과 보상 계획이 있다
기술성	1.5 기술개발전담조직과 인원 16. 기술개발 수상 또는 인증 실적이 있다 17. 관련 특허를 가지고 있다 (상표, 디자인, 특허등) 18. 기술의 차별성이 높다 19. 모방 기술이 등장할 가능성 20. 원천기술 여부 21. 제품의 완성도 22. 뛰어난 외부 기술 파트너를 가지고 있다 23. 공인된 연구전담부서 24. 기술 자체로 구동 가능여부 25. 연구개발인력의 동종분야 학위 26. 연구개발인력의 동종업계 경력 27. 연구개발 투자 금액 28. 벤처기업 인증 여부 29. 외부의 공식적인 기술성 테스트, 평가서 유무

항 목	진단 내용
시장성	30. 우리 제품 외에 대안은 없는가? 31. 예상하는 시장의 규모 32. 시장의 성장률 33. 대기업 참여 업종 34. 독과점이 가능한 시장이다 35. 법규제의 도움을 받거나 정부정책에 부합하는 장점이 있다 36. 해외진출가능성 37. 인지도 있는 브랜드를 가지고 있다 38. 대체품과의 가격경쟁력 39. 대체품과의 성능 차이 40. 진입장벽 유무 41. 사용 패턴에 대한 소비자 교육 42. 시장의 인프라 43. 정부나 지자체의 등록이나 인증이 필요
사업화	44. 제품 생산 시까지 필요한 추가 투자자금 45. 생산시설(솔루션)의 확보 46. 생산인력(개발자 등)의 확보 47. 판매처의 확보 48. 마케팅전략, 유통망, 유통조직 등의 확보 49. 설문경험 등 시장 테스트 유무 50. 첫 번째 매출까지의 예상 기간 51. 매출 계약의 체결 또는 진행 수준 (퍼블리싱 계약 등) 52. 타겟 고객 53. 수익모델 54. 유통, 마케팅에 필요한 자금 55. 예상 당기순이익률 56. 투자금 회수 예상 시기 57. 최초 진입자의 우위 요소

10.3.3. 아이디어 구현하기

고객중심의 문제해결을 하고자 하는 것이 핵심이다. 아이디어를 기술로 사업화한다는 것은 사용자/고객 관점의 아이디어 개발과 시나리오 작성이 중요하다.

창업자 관점	투자자 관점
▣ 공감지도, 디자인사고 등을 적용하여 고객관점의 아이디어 창출 및 구현 ▣ 프로토타입, 린 프로세스 활용을 통해 아이디어를 구체화	▣ 창업자가 제품에 대한 기술과 기능을 명확히 이해하고 있는지 평가 ▣ 고객관점의 기능과 아이디어를 도출했는지 평가 ▣ 구체화된 시제품의 개선점 및 방향제시

- 공감지도를 활용하여 해당 기술이 고객의 문제점을 어떻게 해결할 수 있을지 점검해 보자.
- 프로토타입 기법을 활용하여 위의 아이디어를 구체화 시켜보자. 종이, 주변도구 등 간단한 재료에서부터 실제 시제품 제작을 통해 아이디어를 형상화해 보자. 고객의 관점에서 개선방향과 문제점 등을 평가 진단해 본다.

10.3.4. 아이디어 보호하기

특허를 통한 기술의 자산화는 기술가치 평가나 차별화에 매우 중요하다. 해당 기술의 핵심기술과 주변기술을 확인해 보자.

창업자 관점	투자자 관점
▣ 특허맵 등을 활용해 선등록 특허 유무확인	▣ 기술아이템의 특허보유 여부 판단
▣ 보호해야할 핵심기술과 주변기술 이해	▣ 특허로 방어 및 공격할 수 있는 역량평가
▣ 특허를 통한 기술아이템의 자산화 유무 판단	▣ 특허로 인한 가치평가 및 성장가능성 판단

- 특허맵 등을 이용해 선등록특허가 존재하는지 확인해 보자.
- 해당기술에 대해 6장 〈그림 6.5.〉 국내 출원 명세서를 참조하여 작성해 보자.

10.3.5. 기술가치 평가하기

대다수 초기단계의 기술창업자들은 기술가치에 대한 이해 부족과 평가기준이 없기 때문에 자신의 기술이 어느 정도 평가를 받는지 모르는 경우가 많다. 기술사업화 과정에서 흔히 발생하는 실수로 기술의 기능을 과도하게 확장하여 기술가치를 높게 책정하거나, 반대로 기술의 전체가치를 인식하지 못하는 경우가 많다. 따라서, 기술의 가격책정 및 가치평가 등 기술의 자산화는 미리 이해하고 합리적으로 평가하여 준비해 놓는 것이 기술이전 시 유리하다.

창업자 관점	투자자 관점
▣ 기술 아이템의 가치를 평가할 판단 근거를 확인	▣ 기술이 지식재산권 등으로 자산화가 되어있는지 확인
▣ 기술 아이템의 자산화 확보	▣ 기술 아이템에 대한 가치를 이해하고 있는지 판단
▣ 기술아이템의 가격산정 준비	▣ 기술 아이템의 가격을 산정해 놓았는지의 여부확인

10.3.6. 기술 마케팅 실행하기

자원이 부족한 기술창업초기 기업은 각종 대회 및 세미나, 워크숍 등에 적극적으로 참여하여 자신의 아이템을 알리거나 기술의 영상화나 크라우드펀딩을 통해 기술을 홍보하는 것이 효과적인 방법이다. 해당 기술을 홍보하기 위한 영상을 제작해 보고, 유투브나 기술공유 사이트에 등록하여 기술을 홍보해 보자. 제작된 영상을 투자자/창업자 관점으로 나누어 평가, 토의해 보자.

창업자 관점	투자자 관점
▣ 초기 창업자의 자원과 비용의 한계를 고려.	▣ 기술아이템의 마케팅전략 확인
▣ 기술아이템 홍보를 위한 영상제작	▣ 각종 창업 대회 및 워크샵 참여정도 평가
▣ 시제품, 프로토타입 제작	▣ 기술마케팅 실행을 통한 시장반응 평가
▣ 크라우드펀딩을 활용한 기술마케팅 전략	▣ 기술아이템에 대한 투자자들의 관심 확인

10.3.7. 기술금융 투자받기

기술기반의 창업자들은 현금흐름 및 손익분기점 등의 재무재표의 이해가 부족하기 때문에 자금계획에 어려움을 겪는 경우가 많다. 하지만 자금계획은 구체적일수록 좋고 합리적으로 작성되어야 한다.

창업자 관점	투자자 관점
▣ 다양한 금융지원제도 확인 및 장단점 이해	▣ 창업기업의 재무구조 평가
▣ 재무구조 및 현금흐름을 이해하고 있는지 판단	▣ 기술아이템을 통한 사업모델의 가치평가
▣ 사업일정계획 수립 및 투자계획서 작성	▣ 투자유치에 필요한 개념을 이해하고 있는지 평가
▣ 잠재적 투자자 탐색	▣ 투자자를 설득할 수 있는 역량이 있는지 판단

- 다음의 투자유치준비항목은 투자자가 피 투자기업에 대해 알고 싶어 하는 기본적인 사항이다. 투자유치에 필요한 개념과 투자자를 설득할 수 있는 역량을 갖추고 있는 지에 대해 평가해 보자.

항 목	진단 내용
투자 유치준비 항목	1. 고정비용, 변동비용등을 파악하고 있으며 월별 BEP(손익분기점)을 대략 알고 있다
	2. 투자자에게 제시할 우리 회사의 기업가치를 산정한 것이 있다
	3. 투자자에게 요청할 투자금의 크기와 사용계획에 대한 내용을 가지고 있다
	4. 투자자에게 제안할 지분율을 산정하고 있다
	5. 투자자에게 제안할 EXIT 방법을 가지고 있다
	6. 투자자에게 제안할 수익, 배당, 매입계획 등을 가지고 있다
	7. 투자유치 될 때까지 최소 3개월의 자금을 확보하고 있다
	8. 엔젤투자자의 개념과 타 투자자와의 차이를 알고 있다
	9. 기관투자자의 개념과 타 투자자와의 차이를 알고 있다
	10. 전략적투자자의 개념과 타 투자자와의 차이를 알고 있다
	11. 엔젤투자제도와 엔젤투자자 네트워크 또는 POOL을 알고 있다
	12. 벤처캐피탈 네트워크 또는 POOL을 알고 있다
	13. 전략적 투자자 네트워크 또는 POOL을 알고 있다
	14. 투자자를 대상으로 IR, 일대일 미팅, 모의 IR 등을 진행해 본 경험이 있다
	15. 투자자의 기업탐방을 받아본 적이 있다
	16. 투자자의 TERM SHEET를 받아본 적이 있다
	17. 기업실사(Due Diligence)를 받아본 경험이 있다
	18. 투자유치를 위한 사업계획서를 가지고 있다
	19. 투자자의 피드백을 받아본 경험이 있다
	20. 잠재적 투자자(엔젤,SI,FI)의 네트워크를 가지고 있다
	21. 투자이후 독립적인 경영권 유지에 문제가 없다
	22. 잠재적 엔젤투자자 네트워크를 보유하고 있다
	23. 잠재적인 기관투자자의 네트워크를 보유하고 있다
	24. 잠재적인 전략적 투자자의 네트워크를 보유하고 있다
	25. 투자자에게 제시할 투자 조건 및 EXIT 전략들을 가지고 있다
	26. 투자계약서에 대한 기본적인 조건들에 대해 이해하고 있다 (RCPS 등)
	27. 자본조달의 다양한 방법에 대해 이해하고 있다 (CB, BW, PF, RCPS, 보통주, 대출등)
	28. 기업 실사를 받을 준비가 되어 있다

- 다음의 대차대조표와 손익계산서를 작성해 보자.

대차대조표 (B/S)

자 산	금 액	부채,자본	금 액
유동자산 현금예금 매출채권 재고자산		유동부채 구입처채무 단기차입금	
고정자산		고정부채 사채	
유형고정자산 건물,기계장치		**부채합계**	
무형고정자산		자본금 자본준비금 이익잉여금	
투자 등 투자유가증권 관계회사주식		**자본합계**	
자산합계		**부채, 자본합계**	

손익계산서 (P/L)

자산부		금 액
매출액		
매출원가		
매출총이익		
판관비	판매비	
	일반관리비	
	소계	
영업이익		
영업외수익		
영업외비용		
경상이익		
특별이익		
특별손실		
세전 당기 순이익		
법인세 등		
당기순이익		

경영분석

성장성(매출액증가율), 수익성(매출액순이익율), 활동성(총자본회전율), 안전성(부채비율), 생산성(인당 매출)

• 현금흐름표를 작성해 보고 해당기술의 현금흐름을 파악해 보자.

현 금	1월	2월	3월	4월
현금유입 매출액 현금 매출				
외상매출액 수금				
매출 총유입				
자금 조달 유입 이자 수입				
부채 유입				
자금조달 총유입				
기타 현금 유입				
총현금유입				
현금 유출 비용 재고				
운영비				
판매 수당/반환/충당금				
자본 구매				
부채 상환				
소득세				
배당				
인출				
총현금유입				
순 현금 흐름				
기초 현금				
현금 유입				
현금 유출				
기말 현금				

10.3.8. 기술사업 실행 계획서 완성

- 앞서 제시한 학습을 종합하여 기술사업 실행계획서를 완성해 본다.
- 창업자팀은 본인의 기술아이템 또는 전 장을 통해 소개한 주만지의 크린터 기술제품을 바탕으로 다시 한 번 기술사업 실행 계획서를 재작성 해 보고, 처음 작성했던 계획서와 비교하여 얼마나, 어떻게 개선되었는지 확인해 본다.
- 투자자팀은 사업화 역량평가모델과 사업계획서를 바탕으로 심사보고서를 작성해 본다.
- 각 항목에 대해 투자자와 창업자의 관점차이(gap)를 줄일 수 있는 방안과 해결책을 모색해 본다.

핵심용어 정리

- 기술사업화 역량
- 투자유치준비 역량
- 사업계획서
- 기술사업 실행계획서

참고문헌 및 보충자료

- 기술창업가이드, (사)한국창업보육협회, 2015.
- 기술금융나들목, www.smefn.or.kr
- 박명일, 하루살이 기업, 2016.

단원 사례연구

전자주민증의 기술사업화

지금은 보편화되어 누구나 한두 장씩은 가지고 있는 스마트카드나 교통카드 또는 하이패스를 20여 년 전에 기획하고 실천에 옮긴 사람들이 있었다. 당시 현대전자 출신 연구원들이 주축이 되어 설립한 H사가 그 주인공이다. 처음부터 그들의 기술이 스마트카드에 적용되어 이렇게 많이 쓰일 줄은 몰랐을 것이다. 이 회사가 처음 만들 것은 전자주민카드였다. 모든 국민이 한 장씩 들고 있는 주민등록증은 개인 정보의 시작점임에도 불구하고 위조가 너무 쉬운 것이 문제였다.

또한, 다양한 정보를 담기에는 부족함이 너무 많았다. 주민등록증에 생체정보나 전자 정보를 가미해서 보안을 강화하고 활용도를 높여야 된다는 말들이 많이 나올 때였다. 하지만, H사는 전 국민에게 전자주민증을 보급하겠다는 생각으로 기업을 설립하였고 그것을 자신하였다. 그들에게는 누구도 따라오기 힘들 정도의 최고의 기술력을 가지고 있었기 때문이다. 이들은 한 달에 한건 이상의 특허를 낼 정도로 기술력이 뛰어났다. 실제로 특정분야의 특허 출원 개수가 많아서 기네스북에 올랐다는 기사를 낼 정도였다. 특허청장상을 받았고, 벤처기업으로서 중소기업청장상을 받고 이후 대통령상도 수상했다.

'전자주민증'에서 '스마트카드(IC카드)'가 주력으로

회사는 전자주민증을 목표로 설립되었고 최고의 기술력을 보유하였지만, 전자주민증은 20여년이 지난 지금까지 도입되지 않았다. 전자주민증이라는 것이 국민적인 합의가 필요한 부분이 있고, 정부정책에 의해 진행여부가 결정된다는 것은 기업이 사업 외적인 부분을 간과하면 안 된다는 사실을 여실히 보여주는 사례이다. H사도 이러한 외부영향을 받지 않을 수 없었다. 다행히 공공분야에서는 스마트카드가 도입이 되지 않았지만, 민간부분에서는 그 편리성으로 인해 활발히 도입되기 시작했다. 그래서 은행 및 대기업, 도로공사 등에도 대규모 납품이 시작되었고, 해외에도 수출이 진행되었다. 이러한 실적들을 바탕으로 코스닥 상장까지 성공하게 된다. 이는 기업이 외부환경에 유연하게 대처하는 것이 얼마나 중요한지를 단적으로 보여주는 예시라 하겠다.

여기까지만 보면 H사의 이야기는 해피엔딩인 것처럼 보인다. 전형적인 기술사업화 성공기업의 모범사례인 것처럼 보인다. 그런데 H사는 지금 상장 폐지된 회사이다. 대기업에 납품실적, 뛰어난 특허, 코스닥 상장까지 갖출 것을 다 갖춘 이 회사의 운명은 어떻게 된 것일까?

Chapter 10

단원 사례연구

10년 동안 최대주주와 대표이사가 10번 바뀌다.

불행하게도 H사는 상장 후 10년 동안 최대주주와 대표이사가 10번이나 바뀌는 대혼란을 겪게 된다. 그 시기는 H사가 비자카드와 하이패스, SKT등 대기업에 본격적인 납품을 하는 영업적인 호황기와 맞물린다. 10번의 최대주주와 대표이사가 바뀐다는 것은 무엇을 의미하는 것일까?

진정한 주인이 없다.

주인이 10번 바뀌었다는 것은 회사를 길게 보고 키우려고 들어온 사람들이 없다는 뜻이었다. 단기적인 호황을 보고 자본 수익을 얻기 위해 회사를 사고 판 경우가 더 많다는 뜻이다. 회사의 영업이 더 잘 될수록 회사는 주인을 더 많이 바꿨다. 진정한 주인이 없다는 말은 그 누구도 현재의 주인을 의식하지 않거나, 직원들조차 주인의식을 갖기 어려워진다는 얘기다. 주인이 없는 회사에서 사무실에 떨어진 휴지는 누구도 줍지 않는다. 회사의 내부통제 시스템이 제대로 작동하기 어려운 상황에 도달하는 것은 필연적이라 할 수 있다. 다들 조금 버티다 더 좋은 곳으로 떠날 생각만 하게 된다.

경영권을 방어할 수 있는 지분이 없었다.

경영권을 방어할 수 있는 지분이 없다는 것은 주인이 없다는 말과 비슷한 말 같지만 약간 다른 측면이 있다. 누군가 진정한 주인이 되고자 하는 사람이 나타났다고 해도 경영권을 방어할 수 있는 수준의 지분율이 없을 수 있다는 것이 다르다. 즉, 상장할 당시의 주주 구성에 문제가 있었는데, 최대주주의 지분이 13.6%정도였고, 2대주주인 A기업의 지분도 13.3%정도였다. 임원중 5%를 가진 이가 있어서 상장 시 이 모든 특수 관계인들의 주식보유량은 33% 수준으로 주총의 특별결의를 막을 수 있는 수준은 되어 있었다. 문제는 엄밀한 의미에서 2대주주인 A기업이 전략적으로 H사와 큰 이해관계가 없었다는 것이다. 주주로서 회사가 잘되기를 바라고 지지하겠지만, 본인의 이해관계가 맞으면 언제든지 떠날 수 있는 상황이었다. 실제로 A기업은 보호예수기간 2년이 끝나자, 장내에서 주식을 매도해서 엄청난 차익을 남기고 H사를 떠나게 된다. 엄청난 자본이익을 남길 수 있는데 주식을 팔지 말라고 말릴 수는 없는 일이다.

하지만, 그 사이에 장기적 투자자를 발굴하여 그 주식을 블록딜(Block Deal : 장외에서 매수, 매도자가 만나 한 번에 진행하는 주식거래. 장내 매각은 급격한 주가하락을 불러일으킬 수 있으나 블록딜은 주식물량을 시장에 유통시키지 않기 때문에 급격한 주가 변화를 어느 정도 막을 수 있으며, 기관투자자들이나 전략적 투자자를 유치하기 좋은 딜이다.)로 진행하였다면 어땠을까하는 아쉬움이 있다. 여러 장기 펀드나 국민연금 등의 연기금 펀드 등은 경영자와 회사 편에서 기업의 경영권을 안정화시키는데 큰 도움이 되기 때문이다.

창업자들의 EXIT을 방관했다.

5%의 주식을 가지고 있던 임원은 보호예수 기간이 지난 후부터 본격적으로 장내매각을 시작하여 5% 수준의 주식을 모두 팔게 된다. 상장기업의 지분 5%라는 것은 엄청난 지분으로 장내매각 보다는 역시 블록딜을 해서 장기적 투자자에게 넘겨주었다면 어땠을까하는 아쉬움이 있다. 물론 회사입장에서 말이다. 아니면 그 주식을 회사가 매입하거나 우리사주조합에서 인수하여 경영권을 강화하는 방향으로 진행했어도 좋았을 것이라는 생각이 든다. 그리고 H사는 상장 시에 공동대표체제였다. 최대주주와 전문경영인이 공동대표를 맡아 상장에 성공한 것이다.

그러나 상장 후에 최대주주는 대표이사직을 내려놓고 전문경영인에게 대표이사직을 수행하게 하는데, 이것은 경영과 소유의 분리라는 측면에서 좋게 보일 수 있으나, 최대주주가 주식을 팔기 위해서라면 조금 불편한 부분이 있다. 기본적으로 대표이사가 주식을 팔기 시작하면 그것은 주식시장 전체에 좋지 않은 영향을 준다. 왜냐하면 대표이사가 자기 회사의 주식을 판다는 것은 어떤 뜻이겠는가? 비전이 없다는 것을 스스로 인정하는 것이기 때문이다. 실제로 최대주주는 대표이사직을 내려놓고 보호예수 기간이 지난 후 몇 년 후부터 주식을 팔기 시작했다. 회사 창업의 1등 공신들로서 그들의 주식 매각은 개인으로서는 성공적인 보상이었지만 회사의 우호지분을 잃어버렸다는 측면도 있다는 사실을 간과해서는 안 될 것이다.

단원 사례연구

공동대표제, 전문경영인 체제의 한계성

앞에서 언급했듯이 H사는 최대주주가 공동대표이사였지만, 궁극적으로는 대표이사직을 버림으로써 소유와 경영이 분리된 모습을 보여준다. 보통 중견기업 이상에서는 소유와 경영의 분리는 투명하고 전문적인 경영을 담보한다는 측면에서 매우 바람직하고 권장되는 상황이나 초기기업이나 벤처기업에게는 꼭 좋은 것이 아닐 수도 있다. 초기기업들은 자기자금으로 창업하여 최대주주가 됨과 동시에 본인의 사업을 진행하기 때문에 이 회사가 곧 내 회사이고 누군가에게 경영의 책임을 돌릴 수 있는 여지가 없게 된다.

회사가 망하면 나도 망하고 내가 망하면 회사가 망한다는 생각으로 온힘을 다하게 된다. 비록 코스닥에 상장해서 그 기업의 성장성과 안정성을 인정받았다고 하더라도, 기술 변화가 급격하고 지속적인 혁신을 이뤄야하는 기술기업 입장에서 경영을 전문 경영인에게 맡기고 최대주주겸 창업자는 회사를 떠날 생각을 한다면 지금 당장은 성공했다고 하지만 앞으로의 미래가 그리 밝아보이지는 않을 것 같다. 적어도 전문경영인이 상당한 지분을 인수할 수 있게 해서 책임 경영을 조금 더 강화하는 방향을 모색해 볼 수 있어야 할 것이다.

대기업에 납품한다는 것의 의미는?

대기업에 납품하면 그 제품과 서비스의 품질을 인정받았을 뿐 아니라 안정적인 수익이 확보되었다고 안심할 수 있을 것이다. 사실이 그렇다. 그러나 여기서 조심해야할 것은 H사는 대기업 납품을 통해서 지속적인 기술과 기술 인력의 유출을 경험했다는 것이다. 특히 주인이 없는 회사의 경우 대기업 입사의 달콤한 유혹은 쉽게 거절하기 어려운 것이었으리라. 대기업에 납품하기 위해서는 안정성 테스트를 거쳐야하는데 보통 그런 테스트를 하면서 많은 기밀 정보들도 함께 전달되는 경우가 많고, 핵심개발자들이 외부에 노출되게 된다. 그리고 대기업에게 적정한 가격의 보상을 받는게 쉽지 않을 수도 있다. 하드웨어는 물론이고 소프트웨어도 사실 원가개념을 철저하게 갖지 않으면 헐값으로 납품을 하게 될 위험성이 있다.

특허가 많으면 좋은가?

H사처럼 특허를 많이 낸 중소벤처기업도 많지 않을 것이다. 하지만 그들이 처음 목표로 했던 전자주민증은 아직도 현실화되지 않았다. 그러나 그 당시에 출원한 이와 연관된 특허는 돈을 벌지 못했음에도 불구하고 매년 특허유지비용이 발생한다. 그것이 한두 개가 아니라 몇십 건에서 몇 백건이라면 오히려 회사를 살리는 특허가 아니라 회사를 잡아먹는 특허가 된다. 그뿐 아니라 특허가 있다고 자신하고 있다가 무효가 되거나 특허 침해가 아니라고 소송을 통해 다투게 되었을 때 지게 된다면 그동안 애지중지 살려온 특허들은 보험이 되는 게 아니라 믿든 도끼에 발등 찍히는 형국이 발생하게 되는 것이다. 돈이 되는 시의적절한 특허가 아니라면 아무 의미가 없을 수 있으며, 어설픈 특허는 얼마든지 회피가 가능하거나 무력화 될 수 있음을 명심해야 한다.

【예시】

1. 사업계획(개요)

□ 사업목표

시제품(기술) 개발범위	다양한 크기의 용지(A4등)를 분할인쇄 할 수 있는 크기 가로*세로*높이 20cm를 넘지 않는 상·하단 분리 프린터
최종결과물	상하분리 그리고 휴대가 가능할 정도로 소형화와 경량화를 완성, 분할인쇄를 통하여 A4 용지 또는 그 이상 규격의 용지도 인쇄함으로써 진정한 의미의 프린터의 소형화를 완성한다. 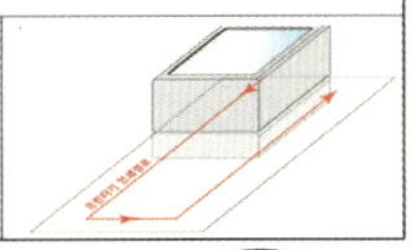

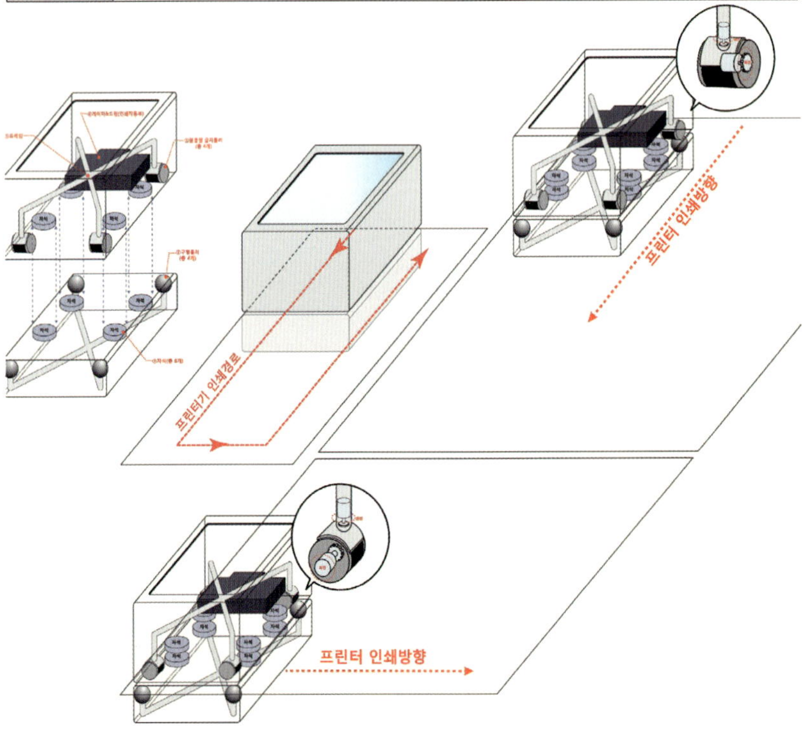

□ 창업아이템 요약 설명

<table>
<tr><td>아이템명</td><td colspan="2">더블피(Double P) = Portable Printer 의 앞 두 글자 P를 의미합니다.</td></tr>
<tr><td rowspan="3">아이템 요약설명</td><td colspan="2">상하단부 분리 결합을 통해, 다양한 크기의 용지를 인쇄
휴대가 가능한 크기로 소형화 하여 장소나 위치에 구애받지 않음
외형에 디자인적 요소를 부여</td></tr>
<tr><td>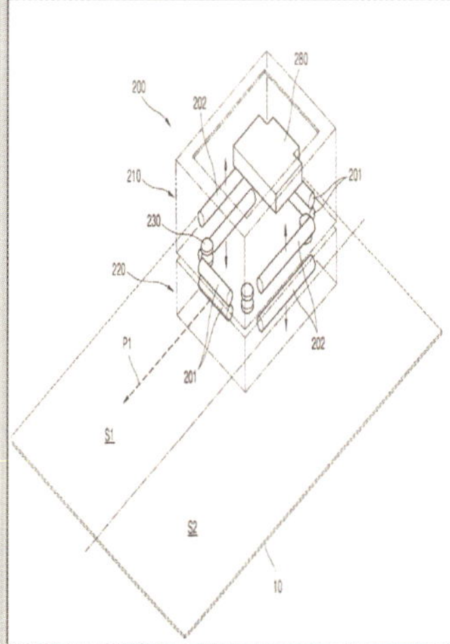</td><td>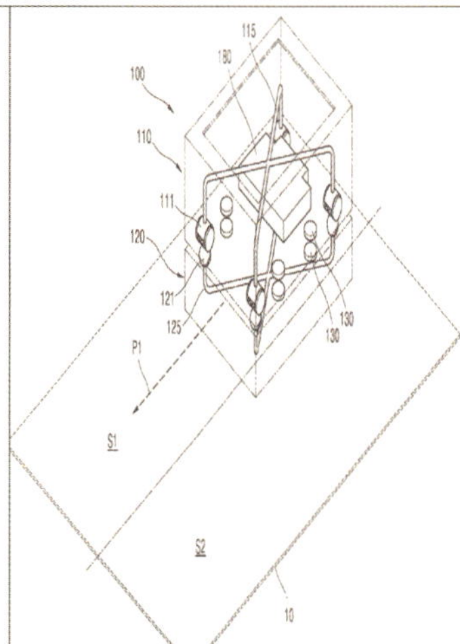</td></tr>
<tr><td>1단계 목표 설계도</td><td>2단계 최종 설계도</td></tr>
<tr><td>고객 세분화</td><td colspan="2">① 군 기관 및 정부기관 등 야외훈련 보안 업무상 사용 대상
② 공공프린터 설치가 필요한 협소한 공간을 가진 기관(ex;대학교, 공공기관)
③ 대자보등 A4용지보다 큰 용지나 다양한 용지에 인쇄가 필요한 학생, 직장인 등</td></tr>
<tr><td>고객 관계관리</td><td colspan="2">① 외형보호케이스를 고객이 원하는 디자인으로 제작해줌으로써 제품 개발에 참여</td></tr>
<tr><td>가치 제안</td><td colspan="2">① 언제 어디서나 다양한 크기의 용지를 인쇄 가능하게 실현</td></tr>
<tr><td>채널</td><td colspan="2">① 온라인 판매와 직접 정부기관 등 활로개척</td></tr>
<tr><td>수익원</td><td colspan="2">① 1차 제품 판매비, 2차 외형케이스 판매, 3차 잉크카트리지 공급</td></tr>
<tr><td>핵심 자원</td><td colspan="2">① 프린터 기술 관련 엔지니어, 프로그래머</td></tr>
<tr><td>핵심 활동</td><td colspan="2">① 지속적인 무게의 경량화, 내구성강화, 정밀하고 선명한 인쇄기술 개발</td></tr>
</table>

2. 창업가로서의 역량

□ 창업자 소개

진정한소형화

이것은 크기는 작지만 기능은 축소화 되지 않은 것이라 생각합니다.
대부분의 가전제품은 소형화가 이루어졌습니다.
하지만 프린터의 소형화는 아직 미개척 된 분야이기 때문에 직접 그것을 이룩하고자 제가 먼저 발 내딛으려 합니다.

발명특허 2건, 출원 1건

제가 가지고 있는 창업역량입니다. 아직 재학생이지만 집요한 호기심과 열정으로 발명특허 2건, 출원 1건을 보유하고 있습니다. 이러한 저의 역량을 바탕으로 이 사업에 도전합니다.
이를 이끌어가기 위해서 호기심과 도전정신이 기업가 정신의 핵심 근본이 될 것입니다.
어렸을 때부터 사업에 관심이 있던 저는 타국의 땅에서 도전을 해왔습니다.

바로 호주에서의 스마트폰 케이스 판매입니다

호주와 국내의 가격과 환율, 그리고 짧은 교체주기를 철저히 분석 하고 한 치의 망설임도 없이 처음 뭔가 40만원 상당의 케이스를 사가 100%에 해당하는 이익을 창출했습니다.
해외뿐만 아니라 이것을 통해 국내에서도 SNS, e-bay 그리고 국제등기를 통해 판매를 이어가서 제 도전에 대답을 스스로 내릴 수 있었습니다.

경험으로 일군 의지와 긍정적 주인의식

이 시도를 통하여 저는 느낀 바가 있습니다.
처음 계기는 단순한 재미였고, 술 먹는 돈을 아껴 뭔가 보람찬 일을 하자는 것 이었습니다.
적은 돈 이였지만 이익을 내면서 좋은 아이디어 또는 아이템, 전문적 지식, 시장에 대한 통찰력, 무엇보다 해내겠다는 의지 그리고 긍정적 주인의식이 좋은 성과를 낸다는 것을 몸으로 깨닫고 제 사업가 정신의 큰 자산이 되었습니다.
저 성정학은 타국에서 돈을 쓰기는커녕 오히려 벌어온 아직은 작은 창업 후보생입니다.
저의 열정과 경험으로 제 나라, 한국에서는 더더욱 못할 것이 없다고 생각합니다.

운칠기삼(運七技三) 이라 흔히들 말합니다.

저의 창업역량 3할 그리고 이 창업지원이라는 외부의 도움 7할이 융합하여 반드시 100% 좋은 결과를 이루어 낼 것이라 확신합니다.
글을 쓰는 지금도 조금은 떨리고 불안합니다. 첫발의 불안과 떨림은 전혀 두렵지 않습니다.
전 이미 제 또래와는 달리 이 어려움을 여러 번 경험하고 극복해보았기 때문입니다.
이번 휴대용프린터 창업도 반드시 성공으로 이끌 것이고, 어떠한 고난과 장애의 과정도 극복해 나갈 것입니다. 이 첫발이 저에게도 큰 첫발의 의미를 또 새로운 산업 고용을 창출할 수 있는 이정표의 시작이 되기를 간절히 기원해봅니다.

3. 비전과 창업로드맵

□ 창업로드맵 개요

목 표	① 크고 이동이 불가능한 프린터에 휴대성을 부여 ② 분할 인쇄를 통해 용지크기와 소재의 한계를 극복 ③ 교체형 외형케이스를 통해 디자인적 요소 부여 ④ 기능과 성능은 그대로 유지하는 진정한 의미의 소형화 ⑤ 새로운 산업개척과 고용창출

↑

창업자 개인역량	창업아이템의 기술성	창업아이템의 사업성
① 발명특허 2건 보유 ② 집중력과 전문성 ③ 이윤창출 능력	① 프린터 부품의 소형, 경량화 ② 분할 인쇄를 실현 다양한 용지를 인쇄	① 잉크 카트리지 판매 ② 외형케이스 판매 ③ A4용지 이외의 인쇄

□ 창업로드맵 실천전략

목 표	소형화 전 단계
전 략	기존프린터부품으로 소형화전 샘플 모형
시 기	2014년 5-6월

→

목 표	제작 업체 선정
전 략	샘플 모형을 통해 구체적 치수를 통한 부품 소형제작 의뢰
시 기	2014년 7-9월

→

목 표	1차 시제품 테스트
전 략	1차 시제품 테스트를 통해 문제점 수정 보완
시 기	2014년 10월

↓

목 표	2차 시제품 생산
전 략	1차 시제품 문제점 보완한 2차 제품 생산 및 테스트
시 기	2014년 11월

←

목 표	전시회 및 시연회
전 략	발명 전시회 출품 및 시연회 통해 의견수렴
시 기	2014년 12월

←

목 표	최종 시제품
전 략	수렴한 의견 등 오류 수정한 최종 시제품
시 기	2014년 1-2월

SUPPLE-MENT

4. 창업아이템의 기술성

□ 창업아이템 기술의 차별성(기술의 독창적 구성)

기존에 없던 혁신적인 구조 → *상단부와 하단부의 자유로운 분리·결합* + *4방향 Quattro 롤러*

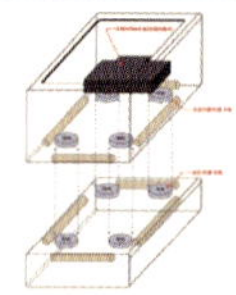

인쇄영역의 파괴 (분할인쇄)　　소형화(Miniaturization)　　휴대성(Portability)

But Performance = Constant.

① 기존의 고정 및 거치되어있는 프린터와 다르게 상단부와 하단부가 자유롭게 분리 및 결합 가능.
② 기존 용지양옆의 가이드를 제거하고, 4방향 Quattro 롤러를 채택.
③ ①~②번의 혁신적인 구조를 통하여 인쇄용지에 따른 제약을 받지 않으며, 소형화를 통해 휴대성을 극대화.
④ 소형화에 따른 성능 및 기능이 감소되지 않는 진정한 의미의 소형화.

□ 창업아이템 기술의 모방가능성(기술의 난이도)

<지식재산권>
- 본 고안방식을 특허 출원 (유사방식 청구항 포함 및 모방가능성 사전 차단)
- 추가 대안 모델에 대한 지적재산권 확보 중

→

<이미 해결된 기술>
- 소형화된 잉크카트리지
- 소형화된 롤러
- 배터리 용량
- 프린터 헤드 (기존 업체의 유리함)
⋮

→

<해결해야 할 기술>
- 분할인쇄 된 부분의 연결성 (오차와 유격제어기술)

① 본 아이디어를 고안한 이후 지식재산권 확보를 위해 노력한 결과 현재 특허를 출원. (모방가능성 사전 차단)
② 프린터 제조업체들의 제품제작 시도는 없지만 프린터 제작능력에 있어서는 매우 유리. (몇몇의 휴대용 프린터 특허는 보였지만 본 고안과는 거리가 멀었으며, 소형화에 따른 프린트 기술적인 축소가 아주 큼.)
③ 휴대용 프린터를 만들기 위한 기존 부품들의 소형화 기술이 이미 충분한 수준에 도달해 있으므로, 구조적인 기술진입장벽이 낮음.
④ 프린트를 시작하여 이미 프린트 된 부분과 후에 프린트 된 부분의 오차와 유격을 조정하는 데에 높은 수준의 제어기술을 요구할 것으로 예상됨.

□ 창업아이템 기술의 구현가능성(실현가능성)

기존 프린터 부품을 이용한
기초프레임 설계 및 1차 시제품 제작
(구조적 문제해결 단계)

↓

부품배치 최적화 및 소형화를 통한
2차 시제품 제작 및 케이스 디자인
(소형화 및 외형디자인 단계)

구조적 보완

↓

소프트웨어적 보완

프린트 제어기술 개발 및 탑재
(진정한 의미의 소형화, 프린트 성능개선 단계)

↓

최종 시제품 구현

① 고안해낸 혁신적인 프린터 구조는 표면적인 문제는 없지만 부가적인 문제를 발견 및 수정하기 위해 일차적으로 기존의 프린터 부품을 이용하여 제작.(1차 시제품 제품)

② 일차적인 구조 문제들을 해결하고 나면 실현가능성은 아주 명백해진다. 이후 소형화를 위한 부품 배치 최적화와 고객의 취향을 고려하여 교체 가능한 케이스를 디자인 할 것이다.
(2차 시제품 제작)

③ 진정한 의미의 소형화를 위해 센서와 제어기술에 중점을 두어 프린트 성능에 있어서 기존의 제품에 뒤떨어지지 않을 수준으로 끌어 올릴 것이다.

④ 이후 기술의 틀이 어느 정도 확고해 지면 부가적인 기능들을 탑재 및 테스트를 거쳐 양산 직전 최종적인 시제품을 내놓고 평가할 것이다.

5. 창업아이템의 시장성

□ 창업아이템의 시장분석

<1>

현재 프린터산업의 성장은 레이저 프린터가 2011년 최초로 100만대의
문턱을 넘어 프린터 산업의 성장세를 유지 시키고 있다.

↕

하지만 레이저 프린터마저도 아래 그래프와 같이 성장이 정체될 전망이다.

+

프린터와 스마트폰의 성장한계로 이미 대기업들이 스마트폰과의 연동되는 기기에 관심을 쏟고 있다.

∥

이 모든 것을 종합했을 때 우리의 해결책은 바로 휴대용 프린터이다.

↓↓

컴퓨터와 프린터의 관계처럼 스마트폰 산업과 휴대용 프린터도 필수적 관계로서
프린터산업의 수요도 증가할 것이다.

<2>

스마트폰과 연동 가능한 타사의 휴대용 프린터의 경우 명함사이즈의 사진만 인쇄한다.
그러나 이러한 한계점에도 불구하고 높은 판매량을 기록하고 있다.

−

하지만 이것은 사진애호가나 테크파탈족 같은 일부 소비자만을 겨냥한 형태의 프린터의 모습일 뿐,
모든 소비자들을 만족시킬 수 있는 소형 프린터의 모습은 아니다.

∥

용지의 크기에 상관없이 사용할 수 있고 휴대성이 용이한 프린터.
그래서 우리는 휴대용 프린터라는 이름에 맞게 휴대와 프린터에 초점을 맞추었다.

↓↓

신속한 일처리와 이동이 많은 국방부 및 공공기관을 주요목표로
또 다른 역할을 창조하는 프린터로서 자리매김을 할 것이다.

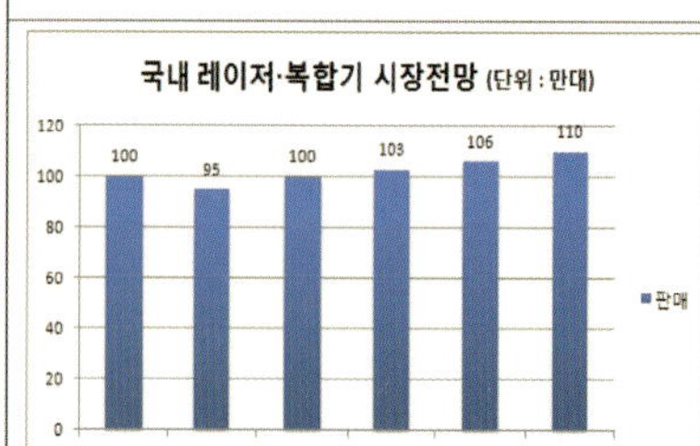

<자료 1>

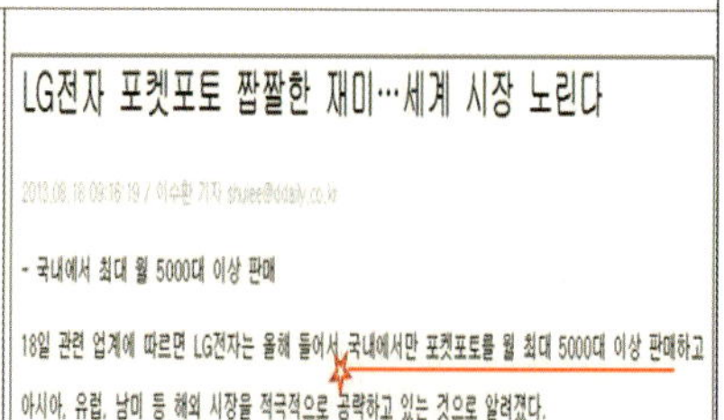

LG전자 포켓포토 짭짤한 재미…세계 시장 노린다

2013.08.18 09:16:19 / 이수환 기자 shulee@ddaily.co.kr

- 국내에서 최대 월 5000대 이상 판매

18일 관련 업계에 따르면 LG전자는 올해 들어서 국내에서만 포켓포토를 월 최대 5000대 이상 판매하고 아시아, 유럽, 남미 등 해외 시장을 적극적으로 공략하고 있는 것으로 알려졌다.

<자료 2>

□ 창업아이템의 성장가능성

<완제품>

휴대용 프린터 제작의 초읽기에 들어간 프린터 산업은 아직 초기 단계이나
전년대비 20%(2014년 기준)의 높은 성장률을 보여주고 있다.

↓↓

급격하게 증가하게 된 원인은 스마트폰의 등장이다.
스마트폰의 등장과 동시에 그에 맞는 소형화 기기가 개발되고 있다.

↓↓

다음 소형화의 주자는 프린터이다.
급격한 성장률이 소비자의 수요를 말해주고 있다.

↓↓

휴대용 프린터라는 최종단계는 프린터뿐만 아니라 스마트폰과의 연동 등과 같은 부수적인 것까지
고려하여야하기 때문에 계속적으로 산업은 진화 할 것이다.

<소모품>

현재 프린터 시장은 완제품이 아닌 소모품전쟁을 치루고 있다.
즉, 완제품보다는 소모품으로써의 수익창출이 더 안정적이라는 뜻이다.

↓↓

따라서 우리는 프린터의 소형화된 부품과 소모품을 통해서 지속적인 주요수익을 창출할 것이다.

↓↓

소형프린터에 맞게 소형 카트리지나 작은 소모품을 개발을 통해
특화된 부품을 만든다면 소형프린터도 안정적 수익을 이어나갈 것이라 예상된다.

↓↓

또한, 프린터 케이스 같은 액세서리로 부가적인 수익통로를 개척할 것이다.
개인화가 강조되고 나만의 것을 가지고 싶은 현대인에 맞춰 디자인적 요소를
더할 액세서리산업도 충분히 수익을 창출해 낼 것이다.

↓↓

즉, 프린터 산업뿐만 아니라 부수적인 산업까지 광범위한 영역의 성장과 효과를 도모할 수 있다.

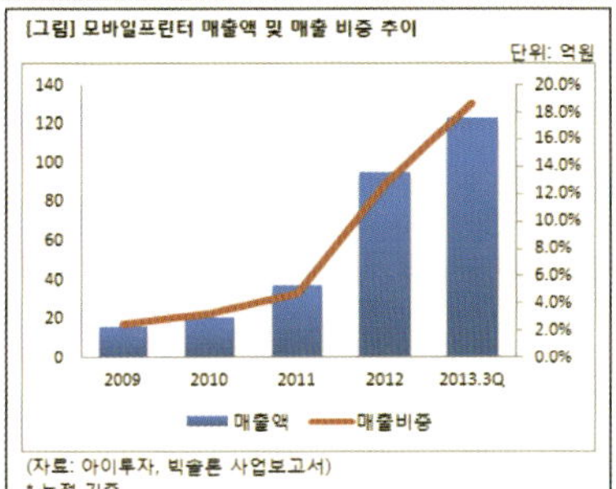

<완제품 ; 휴대용프린터 성장률>

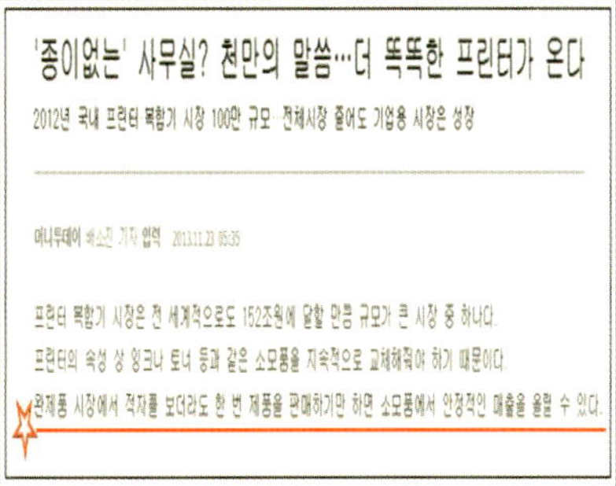
'종이없는' 사무실? 천만의 말씀…더 똑똑한 프린터가 온다

2012년 국내 프린터 복합기 시장 100만 규모 전체시장 줄어도 기업용 시장은 성장

머니투데이 배소진 기자 입력 2013.11.23 05:35

프린터 복합기 시장은 전 세계적으로도 152조원에 달할 만큼 규모가 큰 시장 중 하나다.

프린터의 속성 상 잉크나 토너 등과 같은 소모품을 지속적으로 교체해줘야 하기 때문이다.

완제품 시장에서 적자를 보더라도 한 번 제품을 판매하기만 하면 소모품에서 안정적인 매출을 올릴 수 있다.

<소모품 수익 ; 안정성>

6. 창업사업화 추진계획

□ 창업사업화 추진일정[2)]

창업사업화 추진내용	M1	M2	M3	M4	M5	M6	M7	M8	M9	M10	비고
시제품 부품 구입 및 제작	■	■									
시제품 제작업체 선정			■								
시제품 조립 및 테스트				■	■	■					
전시회 출품 및 시연회							■				
일반 고객 및 전문가 의견 수렴								■			
오류 수정 및 보완									■	■	

□ 총 사업비 조성내역[3)]

합계(총 사업비) (100%)	정부지원금 (70% 이하)	(예비)창업자 부담금 (30%이상)[4)]		
		현 금 (5% 이상)	현 물 (25% 이하)	소 계
60,000천원	42,000천원	3,000천원	15,000천원	18,000천원
현물부담 산출내역	품명	현물환산액(계)	산출내역	
	창업자 인건비	12,000천원	1,200천원 × 10개월	
	사무실 임차료	3,000천원	300천원 × 10개월(10개월 이내)	

□ 월별 사업비 집행계획[5)]

(단위 : 천원)

항 목	M1~M2	M3~M4	M5~M6	M7~M8	M9~M10	계
시제품개발비	9,500	6,000	34,470	5,000	5,030	60,000
계	9,500	6,000	34,470	5,000	5,030	60,000

2) M=월, 사업기간 내 추진하고자 하는 창업아이템 사업화 추진내용을 기입하고, 해당기간에 음영표시, 비고란에는 특이사항을 기입
3) 창업아이템의 속성 및 사업화 계획 등에 부합한 사업비 조성내역 기재, 신청 사업비의 기준이 됨
4) 학부 재(휴)학생의 경우, 현금 5%이상, 현물 25% 이내로 조성할 수 있음
5) 사업비 집행항목별 집행(예상)금액을 기재

□ 세부항목별 사업비 사용계획[6]

(단위 : 천원)

구분	세부항목		계(a+b)	정부지원금(a)	(예비)창업자 부담금(b)		비 고
					현금	현물	
50% 이상	시제품 제작비	인건비[7]	26,350	14,350		12,000	
		외주용역비	19,350	17,350	2,000		
		재료비	6,000	5,000	1,000		
		기자재 구입비	1,000	1,000			모터제어 및 CAD용 pc
		소 계	52,700	37,700	3,000	12,000	
20% 이내	기술정보활동비	지재권 확보비	1,000	1,000			
		회계감사비	300	300			
		사무공간임차료	3,000			3,000	임차계약서 첨부
		소 계	4,300	1,300		3,000	
-	마케팅비	전시회참가비	2,000	2,000			
		영상제작비	1,000	1,000			
		소 계	3,000	3,000			
합 계			60,000	42,000	3,000	15,000	

6) 비고에 명시되지 않은 사항은 동 사업 사업비관리기준 [별표 ④]를 참고하여 작성(필수 준수사항)
7) 신청자(대표자)의 인건비는 현물로 계상(현금 계상 불가)

꼭 알아야 할 기술사업화 바이블

TECHNOLOGY COMMERCIALIZATION

집필진 소개

성창수 | 동국대학교 일반대학원 기술창업학과 주임교수로 교내 창업교육과 사업화를 전담하고 있다. 중앙대학교 창업학 박사, 아이오와대학교 기술사업센터(LACT) 자문위원, 실제 창업경험을 토대로 창업교육 확산을 위해 (사)한국창업교육협의회 감사, 기획실무위원장, 창업유관기관 자문평가위원, 「창업보육론(2012, 공저)」, 관련정책 제언 및 연구 과제를 수행하고 있다.

박명일 | 기술보증기금 차장으로 창업기업의 기술사업성 관련 업무를 수행하고 있다. KAIST 공학 석·박사, 前 삼성전자 근무, 「하루살이기업」(2016), KAIST, 대전테크노파크 등 창업유관기관 자문평가위원 등 창업과 기술사업화 관련 전문 컨설팅 활동을 하고 있다.

박주연 | 연세대학교 연구교수로 연세대학교 경영학 박사, 조지워싱턴대학교 경영학 석사, 뉴햄프셔대학교 프랭클린 피어스 로센터에서 기술사업·지식재산권(MIP/CT) 석사, 「정보시스템의 이해」(2009, 역서), 창업유관기관 자문평가위원 등을 맡으며 기업경영과 기술창업교육 관련 연구 활동을 하고 있다.

윤재승 | 예준국제특허법률사무소 대표변리사로 아주대학교 공학박사 수료, UCLA 기술경영과정(TMP) 수료, 「서브노트 특허법」(2001, 공저), 대한변리사회 연수위원, (사)웰니스IT협회 상임이사, 방위사업청 기술보호 자문관, 저작권위원회 찾아가는 저작권 서비스 지원 전문위원 등 창업유관기관 자문평가위원으로 기업가치와 지식재산권 관련 전문컨설팅을 하고 있다.

조용국 | 노스마운틴(주) 대표이사로 (사)한국엔젤투자협회 부회장을 맡고 있다. 고려대학교 정치외교학 학사, 「엔젤투자, 알아야 성공한다」(2012, 공저), IBK기업은행 문화컨텐츠 자문위원, 창업유관기관 자문평가위원, IPO 전문컨설팅, 엑셀러레이터, 투자자 DB구축 등 기술사업화 관련 정책제언 등 활발한 활동을 하고 있다.

전병훈 | 동국대학교 전자전기공학과 교수, 일반대학원 기술창업학과 학과장으로 교내 창업교육센터장, 기술사업실 실장을 맡고 있다. 게이오대학교 공학 박사, 「창의적상상과 문화기술융합」(2013, 공저), 창업교육 확산을 위해 (사)한국창업교육협의회 이사, 수도권대학 위원장, 서울시 100인 창업포럼 위원, 창업유관기관 자문평가위원으로 관련 정책제언 및 활발한 활동을 하고 있다.

2016년 3월 15일 1판1쇄 발행
2017년 11월 20일 1판2쇄 발행

공저자 | 성창수 · 박명일 · 박주연 · 윤재승 · 조용국 · 전병훈
발행인 | 이수영
발행처 | 도서출판 청람
서울시 마포구 독막로 288(대흥동, 세양상가 109호)
전 화 | 02)3272-2601~2
팩 스 | 02)3272-2603
이메일 | crbooks@daum.net
홈페이지 | www.crbooks.co.kr
등 록 | 2000.8.26 제6-0509호

저자와의 합의하에 인지생략

ISBN 978-89-5972-525-0 93320 [정가 19,000원]